JN308669

新版

法学の基礎

編著者
岩志和一郎

著者
岩 切 大 地
一 家 綱 邦
宮 崎 英 生

成 文 堂

はしがき

本書の旧版は，1981（昭和56）年に，恩師である故高野竹三郎早稲田大学名誉教授とともに分担して執筆した『法学の基礎』である。当時はまだ本格的に民法研究の道に入って間もない時期であったこともあり，執筆には苦労もしたし，不安も大きかったが，先生との共著ということで心に残る仕事であった。そのため，先生がお亡くなりになった後，2002（平成14）年に改訂して第３版を出した時も，先生の執筆部分は，引用する判例や法令を新しいものに替えたほかは，古い印象を与える文章表現を修正した程度にとどめてきた。ありがたいことに第３版も需要があり，今日に至ったが，さすがに内容的にも古さが目立ち，少々の弥縫ではそれら需要に応えられないと考えるようになった。そこで成文堂から改訂を勧められたのを機に，全面的な改訂を計画したのである。

今回の改訂では，第２編の憲法，民法，刑法の概論の部分を，３人の若手の研究者に執筆してもらうこととした。いずれもその分野の新進の研究者であり，概説という作業ではあるが，それぞれに特徴が出た，力の入った仕事をしていただいたと思う。第１編の法一般論については，旧版の構想を基礎に置きながらも，その構成や内容を新しくした。ただ，本書が一般教養の法学を対象とするものであるという基本線は守り，法あるいは法学を学ぶ意義を分かってもらうということを第一目標に据えて執筆した。両編ともに，いくつかコラムの欄を設け，トピックを取り上げたり，全体のトーンとのバランス上本文に書きこむことができなかった事項を取り上げるようにしたのも，新しい試みである。著者らの意図が読者諸氏に伝わり，本書を読むことで法および法学に興味を抱くようになっていただけるならば，これに過ぎる喜びはない。

今回の改訂作業に当たっても，成文堂の阿部耕一社長，本郷三好編集部長，販売部の田中勝家販売総括部長には大変お世話になった。仕事の遅い私を辛抱強く待ち，励ましていただいたことに，深く感謝するとともに，さまざまご迷惑をおかけしたことをお詫びする。

2010年1月3日

岩志　和一郎

目　　次

第2編　法律各論（憲法・民法・刑法）

憲　法

民　　法

刑　法

コラム目次

第 1 編

法一般論

序　論
学習のはじめに

(1)　われわれの日常生活は，さまざまな視点から分析することができる。例えば，田畑を耕して農作物を生産し，これを販売して得た金銭で，衣類や食品などの生活物資，農業継続のための種苗や農作機械などを購入したり，趣味や旅行の費用に充てたり，税金を支払ったりする。これを生産と消費という視点から見れば経済生活，農業政策や税制といった視点から見れば政治生活ということになる。そして，農地に関する規制，諸物資の売買のための契約，納税の義務といった，権利義務の視点からみると，それは法律生活ということになる。テレビのニュースや新聞などマスコミによる情報提供の機会が多く，また実生活中でも意識しやすい経済生活や政治生活にくらべ，われわれはあまり法律生活という視点を意識しないで生活を送っている。しかし，人間生活の場においては，経済や政治のシステムはもちろん，学芸や文化に至るまで，法のシステムが働き，それらを支えているのである。毎日の食物や衣類は売買契約によって他人から購入したものであるし，電車に乗れば電鉄会社と運送契約を結んでいるのだし，会社に出勤して働くのは会社との雇傭契約による。給与から所得税や地方税が天引きされるのはそれぞれの税法によるものであるし，衆議院議員や参議院議員，市町村長などを選挙するのは公職選挙法による。

法学を学び，法を知ることは，われわれに認められた権利義務を理解し，それを適切に行使するための力を与える。しかしそれ以上に重要なことは，法律生活に意識的に目をやり，法という窓を通して社会を見つめることで，現代につながる歴史の中で社会を作り上げ，支えてきた精神，すなわち人間の平等や自由，公正や正義といった考え方に触れることができるということである。

⑵　人間は自分ひとりで生活することはできず，自分の生活を営んでいくために他人との間に相互的な交流関係を構成していく。このような相互的な交流関係の重なりによって形成された人間の集団的生活関係が社会であり，われわれはその中に身を置いている。文明が進み，さまざまな領域での交流関係が重なれば，社会はそれだけ複雑化し，その複雑化が進めばその分，その社会の安定と平和を維持するために大きな努力がはらわれる必要が出てくる。社会の規模が拡大し複雑化が進めば，特定の人が直接にその力を行使して他の人々を統制し，それによってその社会の秩序付けを行うということは不可能となる。そのような中で，人による統制に代わって働くのが，法による統制である。法は，社会の秩序を維持し，社会の安定と平和を実現するために存在する。

⑶　このように，法の本来の目的は社会の安定と平和であるが，その目的を実現するためにはしばしば闘争がともなう。「約束は守られなければならない」，「借りた物は返さなければならない」，「他人の物を盗んではならない」といった命題を通じて，法は安定や平和を期待するが，実際には，これらの命題に示される要請を守らない者も少なくない。しかしそれら違反者をそのままに放置したのでは秩序の維持が達成されないため，違反者に対しては，最終的に闘争という形をとってでも，借りた物を返すように求めたり，約束の履行を求めたりすることになる。ドイツの法学者ルドルフ・フォン・イェーリング（Jhering, Rudolf von, 1818-92）は，その著書「権利のための闘争」（Kampf ums Recht）の冒頭で，「法の目的は平和であるが，それに到達する手段は闘争である」と述べ，法規範を守るということはそれを破る者と闘うことであるとしているが，それは社会の安定と平和のための闘いなのである。

⑷　しかしながら，法は単なる社会の秩序付けの道具にすぎないわけではない。先のイェーリングの著書の題名の原語にあるレヒト Recht という言葉は，権利という意味と，法という意味を合わせ持つ言葉である。ドイツの

学者は，このレヒトを，主観的レヒトと客観的レヒトに使いわけ，前者を「権利」の意味に，後者を「法」の意味に使っている。すなわち，レヒトは，個々人にとっては権利であるが，その権利がすべての人に一般的に認められるものであるとすれば，そのレヒトは法であると解するのである。そしてさらに重要なのは，このレヒトという言葉は，もともと「正しい」という意味を持つということである。権利は正しいから保護されるのであり，法は正しいから遵守されるのである。正しくない権利，あるいは正しくない法というのは，それ自体が語義矛盾である。

問題は「正しい」とか「正しくない」という判断は，何を根拠に行うのかということである。ある事柄の内容の評価は，評価者の価値観によって分かれる。そのため正しさの判断をつけることには多くの困難が伴うが，最終的には人間がこれまで積み重ねてきた経験を踏まえ，個別に判断しなければならないであろう。

(5) このように権利や法はそれ自体が正しいものでなければならないが，それでは正しい権利や法であれば，常にそれを貫徹できるかというとそうではない。権利や法であっても，それは正しく用いられなければならない。

法の適用に当たっては，明文で規定されているわけでなくても，「クリーン・ハンズ（Clean Hands)」と呼ばれる原則が働く。この原則は，イギリスの衡平法（Equity）上の原則で，「衡平法裁判所に来る者は，清い手をもって来なければならない」(He who comes into equity must come with clean hands.）という法に関する格言に由来する。「エクィティー（衡平法裁判所の助力）を求める者は，原告であれ，被告であれ，みずからもエクィティー（その争いとなっている事件に関し良心の要望するところ）をなさなくてはらない」(He who seeks equity must do equity）ともいわれ，道義的にあるいは法律的に非難されるようなことをしている者は，相手方の不法をせめたり，相手方に正義を要求することはできないということ，すなわち，みずから清い手をしていない者は，相手の手の汚れをとやかく非難することはできないということを意味している。

わが国には，このクリーン・ハンズの法理を直接示す規定は存在しないが，その精神は「権利の行使及び義務の履行は，信義に従い誠実に行わなければならない」と規定する民法第１条２項（信義誠実の原則，信義則）や，「権利の濫用は，これを許さない」と規定する同法第１条３項（権利濫用の禁止），さらに「公の秩序又は善良の風俗に反する事項を目的とする法律行為は，無効とする」と規定する同法第90条の解釈を通じて流入し，判例にもそれに依拠したとみられるものがある。その典型的な例として，ここでは有責配偶者からの離婚請求をめぐる判例を見てみよう。

民法は，「婚姻を継続し難い重大な理由」があるときには，夫婦の一方から離婚の訴を提起できると規定する（民770条１項）。では，自らが不貞行為をはたらき，それが原因となって婚姻が破綻した場合，この破綻をもたらした責任のある配偶者から，すでに「婚姻を継続し難い重大な理由」がある状態に至っていると主張して離婚を請求することは認められるだろうか。この点につき，最高裁は昭和27年２月19日の判決（民集６巻２号110頁）において，夫が愛人を持ち妻に離婚を請求したという事案について，「結局上告人（夫）が勝手に情婦を持ち，その為め最早被上告人（妻）とは同棲出来ないから，これを追い出すということに帰着するのであつて，もしかかる請求が是認されるならば，被上告人（妻）は全く俗にいう踏んだり蹴ったりである。法はかくの如き不徳義勝手気儘を許すものではない。道徳を守り，不徳義を許さないことが法の最重要な職分である。総て法はこの趣旨において解釈されなければならない」と判示して，夫からの離婚請求を棄却した。ここには，自らが手を汚しながら，その手の汚れを理由として権利の主張をすることは認められないという，裁判所の法の適用や権利の認容に関する基本的姿勢を見てとることができる。

もっとも，有責配偶者からの離婚請求は絶対に認められるべきではないという考え方は，必ずしも法の精神に合致するというわけではない。いったん破綻した婚姻は，離婚請求が棄却されたからといって元に戻るわけではなく，むしろ離婚を認め，当事者に新たな家族関係形成の機会を与えたほうが望ましい場合もある。そのような考え方を受け入れ，最高裁判所は，昭和62年９月２日の判決（民集41巻６号1423頁）で昭和27年以来の判例を改め，有責配偶者からの離婚請求の容認に道を開いた。すなわち,「離婚請求は,正義・公平の観念,社会的倫理観に反するものであってはならないことは当然であって,この意味では離婚請求は,身分法をも包含する民法全体の指導理念たる信義誠実の原則に照らしても容認されるものであることを要する」としたうえで,「夫婦の別居が両当事者の年齢及び同居期間との対比において相当の長期間に及び,その間に未成熟の子が存在しない場合には,相手方配偶者が離婚により精神的・経済的に極めて苛酷な状態におかれる等離婚請求を認容することが著しく社会正義に反するといえるような特段の事情の認められない限り,当該請求は,有責配偶者からの請求であるとの一事をもって許されないとすることはできない」というのである。

日本の裁判所では,クリーン・ハンズの原則ということばを判決中に使うことはないが,「信義則」とか「正義衡平の観念」あるいは「条理」などということばを用いて,これを判決理由の基礎とすることはしばしばある。その趣旨とするところはクリーン・ハンズの原則と同じに解してさしつかえない。

(6) 本書は教養科目としての「法学」を念頭に置いて編まれている。それゆえ,叙述はまさに「法学の基礎」の部分にとどまり,細かい法律学の知識や解釈まで示してはいない。しかし,本書で取り扱われている法学の基礎的理解は,これから法を専門的に学習しようとしているか否に関わらず,社会の中で法律生活に身を置く者として備えておくべき知識である。法を学ぶ真の意義は,難しい術語や論理を駆使して法を操作することにあるのではなく,法の基本にある人類の英知と時代精神を学ぶことにこそあるのである。

第 1 章
法の概念

1．社会規範

(1) 社会規範の意義

価値実現の法則としての規範　規範とは，一定の価値実現のための法則，すなわち目的とされる一定の価値の実現のためには「どのようであるべきか」あるいは「どのようであってはならないか」を指示する法則である。

法則とは，必然的なきまりのことをいうが，規範の必然性は，水は零度に冷やせば凍るといった自然法則や，商品の供給が過多となれば物価は下落するといった経済法則等が有する必然性とは異なる。自然法則や経済法則は一定の要因が存在すれば必ず一定の結果が出現するという法則であり，例外や違反が存在しない。これに対して，規範は例外や違反の存在を前提として必然性を持つ法則である。「人の物を盗んではならない」というきまりは，人の物を盗む者の存在があるからこそ必然となるのであり，人の物を盗む者がいないところではそのきまり自体が不要となる。

規範による実現の目的となる価値には，抽象的なものから具体的なものまで，さまざまなものがある。「絵画の画面の中で素材を美しく配置するにはどうあるべきか」を示す規範は「美」という抽象的な価値の実現に向けられたものであるし，「足腰を衰えさせないためにはどうあるべきか」を示す規範は「足腰の健康の維持」というより具体的な価値の実現に向けられている。

個人規範と社会規範　規範の多くは，抽象的な基準にとどまらず，人の具体的な価値の実現のための行動の準則として意味を持つ。人の行動の準則となる規範を行為規範といい，それは通常，「……すべきである」とか，「……してはならない」（禁止）という表現を持った命題としてあらわされる。行為規範には，勉強法とか，健康法等のように，もっぱら個人的な価値の実現に向けられたものと，社会構成員が共有する社会的価値の実現に向けられたものとが存在する。前者が個人規範，後者が社会規範である。

⑵　社会規範の形成

社会的存在としての人間　社会とは，一定の共通の利益の実現を目的として集合した個体の集団をいう。人間は，本質的に社会的存在であり，社会から離れては存在することは不可能に近い。縦には血縁関係，横にはすべての生活条件の維持取得を通して，人間の生活は，他の人々との交わりを離れて成立しえず，それゆえにその思想や行動も，すべて社会のなかにおいて，その制約のもとに展開する。

同時に，人間は本質的に自覚的存在である。蜂や蟻なども社会を形成する生物であるが，彼らは生物的本能として社会生活を送っているにすぎない。これに対して，人間は社会の中で無自覚的に存在しているわけではなく，自己の存在を自覚しつつ生活をしている。人間は，自己の行動を単に自己の行動として意識するだけでなく，その社会的な関連性と意義をも意識している。このような自覚性ゆえに，人間はみずからが社会のうちにあるだけでなく，自己みずからのなかに，いわば社会を宿しているともいえる。

このように人間は本質的に「社会的存在」であるとともに「自覚的存在」である。人間は，社会生活の中で悩みや悔恨，幻滅を感ずればそれを克服し，新たな理想や価値を見出してそれを実現しようとする。社会規範はそのような社会的価値実現のための行動の準則として機能するのであり，それゆえ，「社会的かつ自覚的」存在である人間は，いわば宿命的に，社会規範と離れては存在しえない。

社会規範の形成　社会生活を成り立たせ，社会構成員が共有する価値を効率よく実現するためには，その社会に何らかの「秩序」がなければならない。過去の歴史の中においても，人間は，幾度もの秩序崩壊の現象を体験しながら，常に再び秩序を回復し，新たな秩序に従って，新たな生活を展開してきた。現代の民主的社会に相応の秩序があると同様に，かつての封建的社会にも相応の秩序はあったし，資本主義か，社会主義か，経済体制がいかなるものであれ，その社会にみあった秩序がある。このように，時と所とによって内容は異なるが，この「秩序性」こそ，社会生活の本質的な内面的要因である。そして，社会生活のこの秩序性が，自覚的存在である人間の自覚面に作用し，それが種々の社会規範の形成という形で現れるのである。

(3)　社会規範の分化

社会規範の必要性　社会規範は，社会生活における各人の行動の準則である。個々の人間は，それぞれが社会の一員として，他の大勢の人との関連において生活を営んでいる。自らが構成員である社会を有意義なものと認め，それゆえにその社会を維持しようと思う場合には，その社会の構成員各人は勝手な行動にでるわけにはいかない。平和で安定した社会生活が営まれる中でこそ，構成員はその社会を形成する目的となった利益を十分に享受できる。もし構成員各人が勝手な行動に出た場合には，秩序が乱れ，効率のよい社会目的の達成は困難となる。そのためには，社会構成員は秩序付けのための「きまり」に従って行動することになるが，そのような社会構成員の行動を枠づける「きまり」が社会規範である。

社会規範には，その起源も，存在理由も定かではないものもあれば，意図的に，あるいは場合によって強権的に定立されたものもある。またその存在を自覚して従うものもあれば，存在を自覚しなくても自ずと受け入れているものもある。それらは，道徳と呼ばれる種類の規範であったり，慣習と呼ばれる種類の規範であったりするが，法もそれらと並んで重要な社会規範の一種である。

社会規範の未分化　しかしながら，社会規範が分化し，道徳規範や慣習規範，あるいは法規範というように区別されるようになるのは，人間社会の文明化が進んでからのことである。

文明化が進む前の古代社会や未開の社会では，社会規範の分化は明確には見られない。それらの社会では，社会生活の規範は，自然の現象に対する率直なおそれや，それと結びついたシャーマニズムやしきたりと強く結びついていた。また，社会の組織圏が血縁や地縁に基づく限定的なものであり，個人の行動や思惟はそのほとんどが血縁や地縁による団体的統制の下に展開していた。

慣習規範　このように社会構成員が率直なおそれを共有し，かつ団体の統制力の強かった古代あるいは未開の社会では，非合理的なしきたりでもそのまま受け入れられ，また違反者も少なかったから，現に存在する規範を別の目的のもとに改廃する必要も出てこなかった。その結果，古代社会あるいは未開社会では規範の分化は進まず，既存の規範が事実生活とよく結びついていたといえる。このように，しきたりという形で，無自覚な状態のまま，比較的よく守られてきた規範を，慣習規範という。古代あるいは未開の社会では，原始的な信仰心と歴史的伝統の尊重は不可分的に結びつき，そのような単純で一体的な規範への無自覚的服従によって秩序づけがなされていたといってよいであろう。

道徳規範　社会の文明化が進み，自然現象に関する知識の拡大，技術の進歩，生産様式の変化などがもたらされると，社会構成員の意識や欲望は複雑さを増し，もはや単純で一体的な準則に頼るだけでは，共同生活の秩序を保つことがむずかしくなってくる。また征服や平和的な結合による部族間の，すなわち慣習を異にする部族相互の統合が進むことによって，複数の部族を包括する，より大きい社会組織圏が構成され，その中で相互に異なる風習，慣習は，その拡大された社会には必ずしも妥当するものばかりではなくなってくる。そのため，伝統的，無自覚的に受け入れられてきた規範ではなく，明確な規範意識によって順守されるような，また個性的に自覚した多数の構成員を包括するような，社会生活の準則が必要となってくる。ここに無自覚的社会規範と，社会構成員各自の自覚に基づく社会規範の分化が見られるようになる。このような，社会構成員各自の自覚的規範意識に支えられた社会規範を道徳規範という。

法規範

道徳規範は，社会構成員各自の自覚的規範意識によって社会の秩序づけの機能を果たす。しかし社会構成員のすべてがそのような自覚的規範意識を有するわけではない。「他人の物を盗んではならない」とか，「借りた物は返さなければならない」といった規範命題も，それを自覚し，進んで守ろうとしない者には意味がない。違反者との関係でもこれらの規範命題を実現し，失われた秩序を回復しようとするならば，被害者は実力を行使して盗まれた物や貸した物を取り戻すほかはない。しかし，このような個人的な実力の行使，すなわち自力救済あるいは場合によって復讐による回復は，かえって社会秩序に混乱をもたらすことになる。ここに，違反者に対する強制が，組織的な社会力によって統一的に行われるような性質をもった社会規範の必要性が生じるようになるのであり，そのような社会規範が法規範である。

慣習とも道徳とも異なる社会規範としての法

法が道徳や慣習と明瞭に区別されるのは，社会が組織化され，社会団体の中心権力がほぼ確立されるようになった段階からであり，また社会規範の違反者に対して，組織的社会（現在では国家）の権力を背景とした制裁や強制を加えたり，各人の経済生活における紛争を規整したりすることができるようになってからである。法は，慣習とも，道徳とも異なる社会規範の一つである。しかし，われわれの社会の中に存在する社会規範の命題のそれぞれを，法，道徳，慣習のいずれかに明確に分類できるわけではない。一つの規範命題は，そのいずれの性質も兼ね備えることがあるからである。次に，法規範と道徳規範，法規範と慣習規範を比べることによって，それぞれの性質の異同を検討してみよう。

2．法と道徳

(1) 法と道徳の区別に関する諸見解

法と道徳との区別は，法学のみならず，哲学，倫理学などの重要なテーマの一つであり，古来多くの学者によって論ぜられてきた。しかし，それを矛盾なく理論づけたという見解は，いまだに存在しないといってよい。以下にその学説の主なものを紹介しよう。

外面的規範としての法・内面的規範としての道徳

第1は，法は外面的規範であるが，道徳は内面的規範であるとする見解である。その代表的な主張者のひとりであるドイツの法哲学者シュタムラー（Stammler, Rudolf, 1856-1923）によれば，法が外面的規範であるということの意味は，法は，人間の外部に現れた行為や態度を規律の対象にするだけで，内面的な動機や理由，目的などはその規律の対象としないということである。人の物を盗めば，生活に困って盗んだ場合でも，遊ぶ金に困って盗んだ場合でも，窃盗罪が成立するのであり，それは殺人の場合も，放火の場合も同じである。盗む，殺す，他人の家に火をつけるという行為が外面的に存在しさえすれば，動機や目的に関わらず犯罪は成立し，法はその行為を処罰の対象という意味で，法は外面的規範である。

これに対して，道徳は内面的規範であるということの意味は，道徳が対象とするのは人間の内面的な良心であり，たとえ外部に現われた行為がいかに良くみえても，それに内面的な良心がともなわなければ道徳的には良いとはいえない，ということである。実際に人を殺した場合だけでなく，人を殺さなくても，殺したいと考えるだけで，道徳の上からは非難に値すると考えるのである。

このシュタムラーの見解は，一面においては真理を含むが，欠点もある。たしかに法が外面的規範であることは正しいが，法は単に人の行為・態度（行態）を，外部的な行態としてしか取り扱っていないわけではない。法は，その行態を主観的に意味づけている行為者の動機や目的や意図をも，しばしば重要な評価の客体としている。例えば，刑法に目的犯という種類の犯罪がいくつかあるが，これは法律で規定された目的が犯人になければ，行為だけであっても，犯罪とはならないという性質の犯罪である。例えば，通貨偽造罪（刑法148条）は，行使の目的をもって，貨幣，紙幣，銀行券を偽造，変造した場合に成立する。したがって買い物をする目的で千円札を偽造したときには通貨偽造罪が成立するが，面白半分に趣味で千円札をこしらえたような場合は，行使の目的がないため，通貨偽造罪は成立しない。また，わいせつな文書，写真などは，販売の目的をもって，これを所持するときに犯罪となる（刑法175条後段）。したがって，販売の目的がないときは，所持していても犯罪にはならない。このような目的があったか否かは，裁判所が最終的に判断する。このように，法は行為者の内面的な目的をも法の評価の対象とすることがあり，常に外面的規範であるとばかりはいえない。

また逆に，道徳の規律は内心の動機を主たる目標として行なわれるといっても，それは単なる動機としてのみ終わるべきものではなく，外部的な行態に向かって自己を実現すべき必然性を一般に有する。単なる動機たるに止まって行態たりえない動機は，道徳上も低くしか評価されないことがある。例えば，満員電車に乗って腰かけている自分の前に老人が立ったとき，席を譲ろうと考えることは道徳にかなうことであるが，そう考えるだけで行動しなければ，老人が立っているという状態は改善されず，道徳的にも極めて低くしか評価されない。内心的な動機を規律の対象にするとはいっても，外面的な行為と結びついて，はじめて道徳上よしとされる場合もあるのである。

強制を伴う法・伴わない道徳

第2は，法には社会力（国家）による強制が伴うが，道徳にはこれが伴わないとする見解である。古くはドイツの法学者・哲学者であったトマジウス（Thomasius, Christian, 1655-1728）やドイツの哲学者であったカント（Kant, Immanuel, 1724-1804）をはじめ，ドイツの法学者イェーリング（Jhering, Rudolf von, 1818-1892），フランスの法学者デュギー（Duguit, Léon, 1856-1928），ナチス時代にドイツからアメリカに亡命した法学者ケルゼン（Kelsen, Hans, 1881-1973）など，多くの学者がこの考え方を基礎に論を展開している。

例えば，ケルゼンによれば，法は一定の要件に基づいて一定の強制効果を発生させる強制規範である。この強制にはさまざまな形態があるが，いずれにしても，一切の要件の連鎖の最後の帰着点において，強制効果を定立するところに法の法たるゆえんがあるとする。すなわち，ある一つの規定が一見して強制を伴わないもののように見えたとしても，それだけを個別的に見ないで，複合的な規範の意味の連関の一分節として見れば，その規定も最終的にはなんらかの強制効果の定立を目指しているとするのである。この点はイェーリングも同様であり，法を法たらしめる最後の契機は強制であり，強制を伴わない法規は，それ自身として矛盾であると述べている。

ここにいう強制は，刑罰のような制裁に止まらず，より広い意味を有している。殺人罪を犯して死刑や懲役に処せられるのも強制であるが，借金を返済できなくて債務者が債権者から差押えされるのも強制であり，また違法な婚姻をしたために，その婚姻が取り消されたりするのも法による強制とみるのである。また，これらの強制は直接的であると，間接的であるとを問わない。例えば，未成年者飲酒禁止法には，未成年者が飲酒してはならないと定められているが，もし違反して未成年者が飲酒しても，その未成年者を直接処罰する規定はない。しかし同法には，未成年者が飲むことを知りながら酒を売った者を処罰する規定があり（法３条１項），それによって酒を売る者は未成年者が自分で飲むことを知っている場合には酒を売らないことになるため，この規定によって間接に，未成年者も飲酒できないように強制されていることになる。

このように法には強制が伴うということはいえるが，ひるがえって道徳には強制を伴わないかといえば，道徳にも強制を伴うことを否定することはできない。例えば，教職や公職にある者などが不謹慎な行為をした場合，世間からの非難を浴びて辞職せざるを得なくなるといったことはしばしばあり，それは一種の強制である。したがって強制の有無だけでいえば法にも道徳にも共通点があることになるが，法の強制は，国家権力を背景として組織的かつ強力に行なわれるところが道徳と異なっている。

また強制こそ法の本質であるという点についても異論がないわけではない。

すなわち，法に法たる生命を与え，また法を文明的に価値づけるのは，決して強制ではないとする見解である。田中耕太郎博士によると，強制は法にとって必然的な意義をもたない。強制はなくても，法は法たり得る。今日の社会では，法の強行性を有力に保障するのは国家である。したがって法を強制の契機に求め，強制を法の本質とするときは，法と国家とは不可分の関係に結合されることになるが，しかし，法は必ずしも国家のみによって行なわれるものではなく，国家を超えた法，諸民族を横に連結する法もある。すなわち，法には国家法に限らず，国際法もあり，世界法も法であると主張するのである。

その他の見解　以上のような代表的な見解以外にも，(イ)法は団体員としての人を規律するが，道徳は一個人としての人を規律する規範であると考える見解，(ロ)法には制裁を伴うが，道徳には制裁がないとする見解，(ハ)法の制裁は外部的であるが，道徳の制裁は内部的，つまり良心の呵責(かしゃく)にすぎないとする見解など，諸種の見解が主張される。しかし，いずれも一面の真理を含むとはいえるが，欠点もまたかなり大きい。

(イ)の説は，法の社会性と道徳の個人性を対比して論ずるのであるが，法も道徳も社会規範としては同一であるという根本を忘却している欠陥がある。道徳はたしかに，嘘をつくな，人に親切であれ，盗みをするなというように，理想的人間を彼岸に置き，それに少しでも近づくことを人間に要望する性質を持つ。その限りでは，道徳は自分一個で守るべき人の道ということもいえるが，嘘をつかないのも，人に親切であるのも，われわれが社会生活をしているからこそ必要とされる規範なのであって，その点においては，法も道徳も全く同一といわなければならない。(ロ)の説は，すでに述べたように，道徳にも制裁を伴うことがあるという意味で正確ではなく，(ハ)の説は，道徳の制裁は良心の呵責にすぎないというが，良心の麻痺した者には制裁もないことになって正確ではない。

⑵ 法と道徳の相関関係

折衷的な考え方 以上，法と道徳の区別に関する諸説を概観してきたが，それを明確に説明しきるものはない。それは，法と道徳は決して同じものではないものの，全く離れて存在するものでもないからである。法のなかには道徳が含まれ，また道徳と考えられるものにもやがて法の形式が及ぶものもある。法と道徳とはそれぞれが孤立して機能しているのではなく，相互に携えて人間生活を統御，規律している。そのような観点からみれば，法と道徳の異同は必ずしも一つの要素からのみで論じ切れるものではない。上述の第１の見解や第２の見解はいずれもその正当な分析の視点を提供しているということができるが，決してそれだけで十分といえるわけではなく，むしろ両者を折衷総合してはじめて法と道徳の関係が立体的に見えてくるということができる。第１の見解と第２の見解を折衷総合すれば，法は行態を規律するものであるのに対し，道徳は内面的な良心を規律するものであり，かつ，法には強制を伴うが，道徳は個人の良心に基づく順守を要求するに止まり，権力的強制を伴わないということになるが，このような考え方を基礎に置きつつ，なお法と道徳の関係を相関的に見てみよう。

法の外面的規範性 法は外面的な規範である。人の行為は内面的な良心の裏付けの有無にかかわらず，外面的に要求に合致していれば，法的評価において適法とされる。これに対して，良心的な行為であっても，それが外面的に法の要請に合致しなければ，違法である。例えば，病で苦しむ人を苦痛から解放するためにその生命を絶つこと（安楽死）は，そのままでは殺人罪である。しかし，法は，常に内面的な良心を問題としないというのではない。ただ，良心はその発現としての行為があって初めて法的評価の対象となりうることから，結局，法は人の行態を規律するものということになるのである。

道徳の内面的規範性 これに対し，道徳規範にあっては，内面的良心がその規範的権威であり，良心が道徳を支持し，奨励する。その意味で，道徳は内面的良心を規律する規範である，ということができる。しかし，一方で良心さえ正しければ，行動はどうであってもよいというわけではない。道徳も，行為規範である以上，外的行動面が重視されることは法規範と変わりがない。ただ道徳的評価の場合には，その行動が良心によって裏打ちされているということが重要となるのであり，その裏打ちのない行動は，偽善であり，非難に値する。

法による強制と道徳の法化　このような法規範と道徳規範も，規範の内容から見れば，その多くが同一であることが多い。例えば，「人の物を盗んではならない」という規範は，その実現が各人の良心と義務観念に支えられているという点で道徳規範であるが，一方で行為者の良心とはかかわりなく，外形として規範内容が実現できれば，社会秩序維持という目的は達せられるという点で，外部規範たる法規範の特性も持ちうる。同一の規範内容につき，道徳規範か，法規範かを性格づける基準は，強制の有無に求められる。道徳の規範内容は基本的に，強制によらず，各人の良心によって実現されるものであるが，同じ規範内容を，行為者がそのような良心を持ち合わせているか否かに関わらず，権力により，強制に訴えて実現しようとすれば，それは法規範となる。「人の物を盗んではならない」という道徳命題も，「人の物を盗んだ場合には懲役刑に処する」というように，違反に対する制裁を準備するなどしてその実現を強制すれば，それによって法規範化されるのである。このような強制は，刑罰を課すことによって行われるだけでなく（刑事責任），他人に損害を与えた場合に，金銭で賠償させるといった方法で行われることもある（債務不履行責任（民法415条），不法行為責任（民法709条））。

法化に親しまない道徳　しかし，道徳規範のすべてが法規範化されうるわけではない。「人には親切でなければならない」とか，「夫婦関係は夫婦相互の愛情と信頼によって形成されるべきである」というような，個人の愛情や信頼に基礎を置く命題は，もともと強制とは相容れない。例えば，民法第730条には，「直系血族及び同居の親族は，互いに扶け合わなければならない」という規定が置かれているが，この規定に対しては，道徳の範囲に置かれるべき事柄を法によって義務づけたとして批判が多い。扶け合いの内容が不明確であるうえ，親子や同居の親族の連帯は家族として生活をする以上当然のことであるという観点に立つ場合には，その批判には首肯できるところが多い。

最小限度の道徳としての法・最大限度の道徳としての法　このような法と道徳の相関関係をとらえて，しばしば「法とは最小限度の道徳である」とか，「法とは最大限度の道徳である」と表現されることがある。

「人の物を盗んではならない」，「借りた物は返さなければならない」，「人には親切でなければならない」といった行為規範は，人の良心に支持された普遍的な規範であるという点において道徳規範である。しかし，そのような良心を持ち合わせない者は，この規範的要請に従うことはないし，本来そのような良心を有していても，何らかの理由でこれに違反してしまう者もいる。このような非遵守あるいは違反があれば，そこに何らかの社会的秩序が混乱するが，その混乱のすべてが社会の根本的価値実現を阻害するほど重大なものであるわけではない。社会の根本的価値実現のために不可欠な規範的要請に対しては，その非遵守や違反があるとその価値実現が大きく阻害されてしまうことから，これを社会権力によって組織的に強制し，違反を是正，予防するという態度で臨まなければならない。しかし，社会的価値実現のために遵守が不可欠であり，違反が許されないというほどではない規範的要請については，社会における事実上の圧力（世間的不評判や非難など）による是正や，社会教育による予防で臨めば十分であるものが多いし，またそもそも外部的な圧力に親しまないものも少なくない。

「法は最小限度の道徳である」という表現は，法規範と道徳規範はともに自覚的な社会規範であり，内容的にも共通性を有するが，その範囲は一致するものではなく，法規範化して強制を加えてまでも守ろうとする道徳規範は，道徳規範の一部にすぎないということを意味している。また「法は最大限度の道徳である」という表現は，道徳規範は行為者の良心に委ねられるため規範内容の確実な達成は難しく，それゆえ社会秩序維持のために不可欠な規範内容を持つ道徳規範については，法規範化して強制を加えることでその達成の度合いを最大限度にまで高めるという意味で使われる。これら両者は，一見すると矛盾しているようであるが，法は道徳のうち，強制的にでも実現する必要があるものだけをその規範領域の中に採り入れているということを示しているという点で，内容的には同じことを表しているのである。

コラム1　親孝行と法―尊属殺人重罰規定

1995（平成７）年に削除されたが，刑法第200条には「自己又ハ配偶者ノ直系尊属ヲ殺シタル者ハ死刑又ハ無期懲役ニ処ス」という規定が存在した。ここに「自己又ハ配偶者ノ直系尊属」とは，自分の親，祖父母，曽祖父母などの直系血族，配偶者の親，祖父母，曽祖父母を指す。殺人罪については刑法第199条「人を殺した者は，死刑又は無期若しくは５年に以上の懲役に処する」という規定があるが，尊属殺人の場合には適用刑に有期懲役はなく，無期懲役が最低刑とされていたため，第200条は尊属殺人重罰規定といわれていた。刑法には，ほかにも尊属傷害致死罪（第205条２項），尊属遺棄罪（第217条２項），尊属逮捕監禁罪（第220条２項）など，尊属に対する犯罪に関するの重罰規定があり，そのような差を設けることは憲法14条の，法の下の平等に反するのではないかという指摘がなされ，幾度か最高裁でも判断がなされている。これら重罰規定についての，最初の憲法判断は，尊属傷害致死罪に関する昭和25年10月11日の最高裁大法廷判決（刑集４巻10号2037頁）であるが，この判決は「刑法において尊属親に対する殺人，傷害致死等が一般の場合に比して重く罰せられているのは，法が子の親に対する道徳的義務をとくに重要視したものであり，これ道徳の要請にもとずく法による具体的規定に外ならないのであ」り，「夫婦，親子，兄弟等の関係を支配する道徳は，人倫の大本，古今東西を問わず承認せられているところの人類普遍の道徳原理，すなわち学説上所謂自然法に属するものといわなければならない」と述べて，第205条２項を合憲と判断した。この判決には，二人の最高裁判事の反対意見が付されているが，そのうち穂積重遠裁判官はさまざま挙げる反対理由の一つとして，「『孝ハ百行ノ基』であることは新憲法下においても不変であるが，……刑法諸条のごとく殺親罪重罰の特別規定によつて親孝行を強制せんとするがごときは，道徳に対する法律の限界を越境する法律万能思想であつて，かえつて孝行の美徳の神聖を害するものと言つてよかろう。本裁判官が殺親罪規定を非難するのは，孝を軽しとするのではなく孝を法律の手のとゞかぬほど重いものとするのである」と述べている。

尊属殺人罪重罰規定（刑法200条）については，昭和25年10月25日の最高裁大法廷判決（刑集４巻10号2126頁）によって，上記尊属傷害致死罪に関する合憲判決とほぼ同様の理由で合憲とされた。しかし，その後，昭和48年４月４日の最高裁大法廷判決（刑集27巻３号265頁）では，判断を変更し，違憲であるとした。しかし，この判決も25年判決と同様，尊属殺人に重罰規定を設けること自体は「尊属の殺害は通常の殺人に比して一般に高度の社会的道義的非難を受けて然るべきであるとして，このことをその処罰に反映させても，あながち不合理であるとはいえない」とする。違憲と判断した理由は，「尊属殺の法定刑は，それが死刑または無期懲役刑に限られている点（現行刑法上，これは外患誘致罪を除いて最も重いものである。）においてあまりにも厳しいものというべく，上記のごとき立法目的，すなわち，尊属に対する敬愛や報恩という自然的情愛ないし普遍的倫理の維持尊重の観点のみをもつてしては，これにつき十分納得すべき説明がつきかねるところであり，合理的根拠に基づく差別的取扱いとして正当化することはとうていできない」というところにあったのである。それゆえ，その後何件か最高裁で争われた尊属傷害致死罪重罰規定については，「尊属傷害致死罪の普通傷害致死罪に対する刑罰の加重の程度は，尊属殺人罪と普通殺人罪との間における差異のような著しいものではないから，尊属傷害致死に関する刑法205条２項の規定は，合理的根拠に基づく差別的取扱いの域を出ないものであって，憲法14条１項に違反するものとはいえない」として，いずれも合憲という判断が出されている。

しかし，直系尊属に対する犯罪のみ重罰化することの合理性に対する疑いは排除できないことから，1995年に刑法の口語化が行われた際に，すべての重罰規定が削除され，今日に至っている。

３．法と慣習

慣習規範とは　風習やしきたりなど，ある社会において長期間にわたって維持され，その権威によって支持されてきた行為規範を慣習規範という。慣習も，社会に一定の秩序づけを行う行為規範であり，社会規範の一つであるといえる。

慣習規範は，法規範と同様に，外面的規範であり，また強制可能な規範である。内面的な良心の裏付けがあるか否かにかかわらず，その社会の風習やしきたりに，外面的に適合する行為は，単にそれだけで慣習規範の立場からはよしとされる。

しかし同じ外面的規範ではあっても，法と慣習は根本的に異なる。法は組織的社会における規範であるが，慣習は，もともと同族集団とか，地域集団といった非組織的社会の規範である。また，法規範と同様に強制を伴うことがあるが，法の強制が組織的社会力による強制であり，その内容が画然としているのに対し，慣習の強制は，世間からの不評判や非難といった，漠然とした，非組織的社会力による強制である。それゆえ，一定の信念に基づいて従来の慣習を無視する者に対しては，その強制は有効に働かない。

法と慣習の相関関係　このように法と慣習とは異なるものであるが，反面両者は密接な相関関係を有している。法は，その発達の過程において，絶えず慣習を摂取し，その慣習を組織的社会力をもって保障し，組織的規範とすることによって，法にまで転化させてきた。今日法として規定されているものの中には，かつての慣習が組織化されたものも少なくない。その一方で，明文をもって規定されていなくても，組織的社会力によって保障され，法化される慣習（慣習法）も存在する。わが国には，結婚するときに結納の取りかわしをする慣習が見られるが，結納の授受のあった後，破談になった場合には，原則として，相手方に受取った結納を返還する義務を負う。結納について定める法規定は存在しないが，このような返還義務は，法化された慣習の一つとみてもよいであろう。

このように慣習が法化されて法へと移行することをとらえて，慣習は，法の内容的母胎であるといわれたり，慣習は法の予備校である（ラートブルフ Radbruch, Gustuf, 1878-1949）といわれたりする。しかし，一方で法が次第に慣習化していくことにも注意しなければならない。法が国民によって受け入れられ，長年にわたって行なわれていくときには，国民生活のなかに，その法が慣習化していく。たとえば，民法第739条第１項では「婚姻は，戸籍法の定めるところによりこれを届け出ることによって，その効力を生ずる」と規定されるが，現在では，法律規定によるものであるということを認識していなくても，結婚するには婚姻届を市町村役場にしなければならないということは，国民一般の常識ないし慣習として受け入れられているといってよい。

4．法の近接領域

(1) 法と政治

政治の概念　社会を構成する人々は，個々にさまざまな目的を有して生活を営んでいる。それらの目的は時として相互に矛盾し対立する存在であるが，社会が単にそのような矛盾対立する諸目的の集合体であるかぎり，その社会は統一的組織活動を展開しうるまでにはいたらない。すなわち，単なる人々の集合体であった社会が一定の組織構造を有する社会となるためには，個々の目的の統一と調和をはかり，一定の社会意識（社会力）を構成し，それを統一的秩序にまで高める力が必要である。その力が政治であり，そのもっとも顕著な発現場が国家である。

法の原動力としての政治　　政治はこのように一個の目的活動であり，その目的とする社会秩序の形成と実現のために力を発揮する。その際，法はその属性として社会力により強制力が担保され，保障されるがゆえにもっとも強力な政治力発現の手段となりうる。法は最上の政策であるとか，法は政治によって生成するということは，この限りにおいて正しいといえるであろう。

政治の規準としての法　しかしそのような政治の力は，それが社会構成員の諸目的の調和すなわち社会的安定性をたもち，また各構成員の公共の福祉を実現するという範囲で発揮されるものでなければならない。この範囲を逸脱する政治力の発現は政治の恣意であり，社会力に裏打された統一的社会秩序の破壊にほかならない。このような政治力の発現は修正，回避されなければならないが，それには修正，回避のための規準が必要となる。その規準は目的の調和であり，公共の福祉であるが，それは正しい社会秩序ということであり，とりもなおさず法の理念にほかならない。すなわち，法は政治の力によって生成するが，ひとたびつくり出された法は逆に政治の規準となり，政治そのものを規制するはたらきをするのである。

法の支配法治国家　このような考えは，特に民主主義の理念によく合致する。すなわち，イギリスにおいては，はやくから「法の支配」（rule of law）の原理によって，政治的支配者は基本的人権を保障する正義に合致した法の支配に服するものとされ，またヨーロッパ大陸においては「法治国家」（Rechtsstaat）の概念によって国家権力は立法部の制定する法律によって制約されるものとされてきた。これら両者の間には少なからぬ相違があるものの，政治に対する法の優越性を認める点において共通のものである。

わが国における法の支配　わが国においても，憲法99条が国家権力の行使者に対して憲法遵守義務を負わせ，また81条において最高裁判所に法令の違憲審査権を認めていることで「法の支配」が制度的に確立されているとみることができよう。

⑵　法と経済

社会生活と経済活動　われわれの社会は商品交換社会としての側面を有している。すなわち，われわれはその中において相互に商品を交換し，その対価を得るという経済活動を展開している。このように，経済活動も社会生活の中に位置づけられるものである以上，社会生活の準則としての法と無関係ではありえない。

唯物史観　法と経済の関係をいかなるものとしてみるかということについては諸種の視点が存在する。なかでも両者の関係を最も緊密なものとしてとらえるのは唯物史観の立場である。そこでは，その社会の生産関係すなわち経済構造が社会の一切の事象を決定するという視点から，法も一個の社会事象として経済の上部構造をなし，下部構造たる経済の動きによって内容が規定されるものとされる。

法規範に対する経済の影響　それほどまでに経済と法との緊密性を認める立場にはたたないとしても，社会生活において経済活動が大きな部分を占めている以上，それが法の規範構造に強い影響を与えていることは否定できない。そのことはわが国における民法や商法さらには諸種の経済法の諸規定をみても明らかである。

資本主義社会の法と経済　われわれの社会は高度の資本主義経済社会である。そこでは単に生産物のみが商品となるのではなく，生産力そのものも商品として交換の対象となる。このような経済構造は個人に自由競争と利潤追求の権利を認め，その基盤として商品交換の対象となる。このような経済構造は個人個人に自由競争と利潤追求の権利を認め，その基盤として商品交換の等価性を要求する。そしてこのような経済構造にともなう諸要求は，市民社会の取引法たる民法や商法のなかにおいて，私的所有権の尊重，契約自由の原則，自己責任の原則といった原理の上に実現，保障され，またその一方では，大企業による独占など経済構造から生ずる弊害は一連の経済法によって緩和され，あるいは除去されつつある。

5．法の概念

「法とは何か」という問いに対し，完璧な解答を与えることはきわめて難しいことである。ただ，その基本的な特徴を挙げて法の概念を簡潔に示すとすれば，「法とは，組織的社会力（国家）によって保障される組織的な強制的社会規範である」という一文で表すことができよう。その詳細は前節までに述べてきたところであるが，ここではあらためて，それをまとめておこう。

社会規範としての法　法は，社会生活上の行為規範，すなわち社会規範の一種である。規範とは，特定の条件，事情のもとにおいては，特定の価値を実現するための法則であり，事実の領域において違反を伴うが，それでもなお依然として，人間に「なすべきこと（あるいは禁止）」を示す法則，すなわち当為の法則（「当為」とは「まさに為すべし」という意味）である。社会規範は，社会生活を平和に営むための準則であり，法以外にも，慣習や道徳がそのような準則として機能している。

強制的社会規範としての法　法は強制的社会規範である。道徳にも，それに違反すれば世間一般の目という圧力が加わるという意味で，ある程度の強制は存在する。しかし，良心の麻痺した者に対しては，その程度の強制は無力である。これに対して，法は社会の秩序の維持をその使命とし，行為者が内面でどのように考えているかに関わりなく，外形的に規範の要請を実現することを目標とする。そのため，違反の是正や予防のために，強制をもって臨む。借りた物を返還しないとき，道徳では非難されるに止まるが，法は借りた物を強制的に返還させる。また，他人の物を盗むことは，刑事上の処罰をもってまで禁止されるのである。

組織的社会力による保障　法は組織的社会力によって保障される。道徳や慣習にも世間的非難や不評判などによるある程度の強制が伴うが，それは世間一般という漠然とした力によって支えられているにすぎず，必ずしも組織的社会の力によって強制が担保されているのではない。これに対し，法は組織的な社会力によって強制が加えられ，保障される規範である。今日では，この組織的社会力は国家権力にほかならず，国家権力は，そのなかに法の強制機構を具えている。法の現実的強制はこの強制機構の発動によって行なわれるが，同時に，強制機構の存在と，発動可能性とが存在することにより，その具体的発動をまつまでもなく，心理的な強制による違反の予防も行なわれているのである。

組織的社会規範としての法　法は組織的社会規範である。道徳や慣習は，一つの事理ごとに完結した，各個バラバラの何の連関をも持たない非体系的，非組織的規範である。しかし，法は統一的な組織的強制力すなわち国家権力によって強制される規範として，それぞれの規範要請が相互に矛盾しないように整合され，組織化されなければならない。このような法規範の組織性は，社会が複雑化すればそれだけ重要なものとなるのであり，その顕著な例を近代における各国の法典編纂作業の中に見て取ることができる。法は複雑なる社会生活の種々の根本条件を外的に秩序づけることを使命とする限り，その使命に照して組織的性格をその本質としなければならない。そして，近代法治国家においては，組織的社会としての国家の機構も法によって組織され，法の効力を保障する権力機構も法によって組織されることになるのである。

第 2 章
法の構造

(1) 法の重層的構造

法が道徳規範や慣習規範と並び，社会規範の一種であるということはすでに述べたとおりである。社会規範は，社会生活をおくる上での人の行動の準則，すなわち社会的な行為規範であるが，他の社会規範と異なって，法規範では，その規範要請を実現するために，強制が伴うというところにその特徴がある。イェーリングが，法的強制を伴わない法規は燃えない火，照らない灯のようだと言っているのも，強制こそが法を法たらしめるものであるということを表している。

しかしながら，この強制は誰でも勝手に加えてよいというものではない。この強制は，社会団体の中枢権力，近代においては国家，がこれを行使する。国家はその権力機構の中に，法による強制を実現する機関を設置している。これが裁判所である。しかし，裁判所といえども，自ら好きなように処罰したり，制裁を加えたりしてはならない。同一の規範要請につき，その違反が起きるたびごとに，それに加えられる制裁の内容が異なっていれば，かえってそのことによって社会秩序の混乱が深まるだけである。社会規範としての法の強制は，統一的，体系的な基準に従って加えなければならない。そのためには，法規範は，その内容として，単なる行為の要請だけでなく，裁判の場でどのような判断を下すべきかについて示す基準が含まれなければならない。このような裁判にあたってその基準となる準則を，裁判規範という。

裁判規範は，裁判にあたる者，すなわち裁判官に向けられた規範である。裁判規範は裁判官がいなければ機能しない。では裁判官というのは，どのような人をいうのであろうか。また裁判を行う機関である裁判所は，どのように編成されるべきであろうか。裁判を実施し，法規範の内容を実現するためには，このような裁判官の資格や裁判所の組織に関する基準も必要である。裁判官とか裁判所のみならず，国家公務員とか地方公務員，国会とか内閣など，一定の社会団体の組織について定められた基準を組織規範といい，これも法規範にその一内容として含まれる必要がある。

このように法規範には，行為規範，裁判規範，組織規範という，それぞれに性質の異なる規範が含まれる。これらの規範はそれぞれが単独で一つの法命題として表される場合もあるが，相互に重なり合って一つの法命題として表される場合も多い。例えば，「他人の財物を窃取した者は，窃盗の罪とし，10年以下の懲役又は50万円以下の罰金に処する」と規定する刑法第235条は，刑罰による威嚇を通じて窃盗をしてはいけないということを示す行為規範としての性格と，具体的な処罰内容の基準を示す裁判規範としての性格とを重ね持っている。このように法規範は，異なる性質の規範内容が重なり合った構造を有する。これを，法の重層的構造という。以下，このような構造を形成する行為規範，裁判規範，組織規範のそれぞれについて，意味と機能を見ておこう。

(2)　行為規範

行為規範とは，その規範の受け手（受範者）に対して，一定の行為を行うこと，あるいは一定の行為を行わないこと（禁止）を要請する規範である。行為規範には，個人的な目的達成のための行為規範と，社会的目的達成のための行為規範があるが，すでに述べたように，法規範は社会規範であり，その大半が社会的行為規範である。社会的行為規範には，不変的行為規範と呼ばれるものと，可変的行為規範と呼ばれるものがある。不変的行為規範とは，「人の物を盗んではならない」とか，「借りた物は返さなければならない」などといった規範のように，古くから人間の共同生活の準則として一般に認められてきたもので，時と所とを問わず妥当する行為規範をいう。これに対して，可変的行為規範とは，ある特定の目的のために設けられたもので，時代によって変化したり，所によって異なったりしうる行為規範をいう。例えば，「車は道路の左側を走れ」とか，「５階建て以上の建物は建ててはならない」といったものがこれに当たり，その内容は時や場所を超えた普遍性を持たない。実際の法律の規定においては，可変的行為規範はその内容が直接的に明示されるのが普通であるが，不変的行為規範はそうでない場合が多い。刑法第235条は，「他人の財物を窃取した者は，窃盗の罪とし，10年以下の懲役又は50万円以下の罰金に処する」と仮言判断（ある仮定条件のもとで立言される判断）の形で規定するが，それが成り立つのは，「他人の物を盗んではならない」という普遍的な行為規範が存在するからである。

⑶ 裁判規範

裁判規範は，行為規範の違反者に対して，強制を加えたり，否定的効果を与えたりする場合の基準となる規範である。行為規範の大半が一般人を受け手としているのに対し，裁判規範は裁判官を受範者とする。社会的な行為規範に対する違反があった場合，それに対する対処は，体系的，統一的になされる必要がある。もしそうでなければ，その対処が新たな社会の混乱と不満を生み，社会秩序が維持できなくなってしまうからである。そのため，多くの社会で古くから組織的な裁判制度が作り上げられてきたが，とくに近代社会においては，立法，行政と並んで司法権が確立し，裁判官は司法権の体現者として体系的，統一的に組み上げられた裁判規範に従って裁判にあたってきている。例えば，いわゆる空き巣で起訴された被告に対して，裁判官は盗んだ財産の種類や情状などを考慮し，裁量によって10年までの懲役を科することはできるが，10年を超える懲役を科すことはできない。「他人の財物を窃取した者は，窃盗の罪とし，10年以下の懲役又は50万円以下の罰金に処する」とする刑法第235条が，裁判官を拘束するからである。

裁判規範は，行為規範とその機能の面で異なるが，実際には，両者の性質を重層的に有する場合が少なくない。例えば，夫婦の一方に不貞な行為があった場合には離婚原因となると規定する民法第770条１項１号は，裁判所が離婚を認めることができる原因事由を示すという点で裁判規範であるが，同時に不貞行為に対する否定的判断を示す行為規範でもある。

他方，一見しては裁判規範とは見えない規定にも裁判規範としての性質を持つものがある。例えば，「書面によらない贈与は，各当事者が撤回することができる」と規定する民法第550条は，これを裁判規範とのみと考えることによってはじめて理解し得る規定である。贈与は自己の財産を無償で相手に与える意思を表示し，相手が受諾をすることによって成立する契約である。例えば，ＡがＢに対して，自己所有の建物を与えると意思を表示し，Ｂがこれを受諾すれば，ＡとＢとの間にその建物に関する贈与契約が成立する。合意をどのような形で行うかについては規定がなく，口約束だけで行っても，契約書を作成して行っても構わない。ところが第550条によれば，口頭で合意しただけの場合には，ＡはＢへの贈与をいつでも撤回できるとし，あたかも口頭の贈与の約束は自由に破ってよいというように理解される。しかし，これは決して民法第550条の意味するところではない。「契約は守られるべし」という命題は，われわれの社会の不変的行為規範であり，それを一方的に破ってよいわけはない。ただ，書面によらない贈与つまり口頭の贈与の場合には，その契約が果して行なわれたか否かが後に問題となることがしばしばあり，仮に裁判となっても，口約束だけで証拠もなければ，裁判官はいかに判断したらよいか迷うことになる。そこで民法は，贈与者（A）が受贈者（B）にその建物を約束どおり与えれば（履行すれば），それはそれで適法とするかわり，ＡとＢとの間で紛争が生じた場合に備えて，ＡまたはＢに贈与の撤回権を与えた。紛争が生じた場合には，どちらかの当事者がこの撤回権を行使することになり，これによって裁判官が明確な判断を行うことができるようになると考えたからである。その結果，当事者が口頭の贈与契約を撤回した場合には，裁判官は，その理由がいかなるものであるかを問わず，常に贈与契約は存在しないものと判断し，判決をしなければならない。このように，民法第550条は，もっぱら裁判官の判断の基準として存する規範なのである。

(4) 組織規範

現代国家は統治機構として，また経済社会として大規模な構造を有している。国家機関や経済活動の担い手は複雑化すると同時に，それを円滑に機能させるため，業務の分担と組織化が図られる。そのような分担や組織化は，それが勝手に行われたのでは業務は遅滞し，社会の混乱を招くことが必至であり，それゆえ国家は，法によって，それぞれの機関や団体をどのように構成し，組織づけるかを決定している。このような機関や団体を組織づける規範を，組織規範という。

組織規範によって，法的に組織される社会団体のうち，特に重要なのは，いうまでもなく国家である。国家は，そのなかに法の定立，法の適用，法の執行等の様々な機能を有する社会団体であるが，その国家自身もまた法によって組織せられたものである。憲法，内閣法，国会法，裁判所法，公職選挙法，会計検査院法等は，国家の基本的組織，国家の各機関の組織を規定する組織規範である。これらの組織規範は，単に組織のみならず，各機関の権限をも定め，また各機関にたずさわる人員（公務員）に各種の義務も課している。

組織規範もそれだけならば，単に機関や団体の成り立ちを定めるにすぎないが，行為規範や裁判規範と結びつくことによって，全体として強制力ある法規範として機能を発揮する。例えば，刑法第197条１項前段には，「公務員が，その職務に関し，賄賂を収受し，又はその要求若しくは約束をしたときは，５年以下の懲役に処する」という規定がある。この規定は，収賄罪についてその罰則を定めるもので裁判規範であるが，賄賂を禁止するという行為規範の要素を併せ持つ。しかし，その行為規範の受け手は一般人ではなく，「公務員」に限られるのであり，その公務員の内容は，国家公務員法や地方公務員法といった法律によって定まる。国家公務員法や地方公務員法の諸規定の大半は組織規範であり，その意味で刑法第197条の規定は，行為規範，裁判規範，組織規範の三つの要素が関係する法規範であると言ってよい。

第 3 章
法の目的と使命

1．個別の法の目的と法の究極的な目的

社会生活の規範である社会規範は，その社会が目的とする利益の実現のための基準である。法規範も社会規範の一つである以上，そのような社会的利益の実現という目的と離れてはあり得ない。その意味で，法規範は必然的に目的的である。

社会は，政治や経済，文化など，諸種の領域における社会構成員のさまざまな具体的活動によって，絶えず改革され，創造され，歴史の動きとともに発展してきた。社会が発展して複雑さを増し，多様化すればそれだけ新たな社会生活の基準が必要となり，数多くの法規範が定立される。近代以降の社会では，それら法規範の多くは，国家の立法作業を通し，制定法として形成されてきた。制定法は，その内容である規範を定立する必要，すなわちその法規範によって達成しようとする目的（立法目的）に導かれて立法過程に乗り，生み出される。イェーリングが「目的がすべての法の創造者である」というのはこの意味であり，逆に言えば，立法目的を欠く制定法は存在しない。

これら個別の法の目的は，その制定法ごとに異なっており，多様なものがある。しかしながら，これら個別の法の目的はそれぞれが孤立しているわけではない。個別の法が規律の対象とする生活領域は社会全体の一部であり，独立して存在するわけではない。それぞれの生活領域における利益実現のための活動は，結局は社会全体の利益実現に向けた活動にほかならず，それゆ

え個別の法は，そのすべてが，それぞれの個別の目的を越えた普遍的な社会目的の実現という，より究極的な目的につながっているといわなければならない。究極において法がそのような目的と結びつくということは，法規範にとっては必然であり，使命であると言えるのである。

以下では，個別の法の目的については「法の目的」，法の究極的な目的については「法の使命」と題して，それぞれにその詳細を見ておくこととする。

2．法の目的

上述したように，われわれの社会では，社会生活のさまざまな場面ごとに，制定法という形で，多くの法規範が定立されている。それらの個別の制定法では，その法が規律の対象とする事物が何であり，いかなる範囲で効力を有するのかを明確にするため，制定法の冒頭でその目的を明示するものが多い。国家公務員法がその第１条第１項で，「この法律は，国家公務員たる職員について適用すべき各般の根本基準（職員の福祉及び利益を保護するための適切な措置を含む。）を確立し，職員がその職務の遂行に当り，最大の能率を発揮し得るように，民主的な方法で，選択され，且つ，指導さるべきことを定め，以て国民に対し，公務の民主的且つ能率的な運営を保障することを目的とする」と規定したり，所得税法が第１条で，「この法律は，所得税について，納税義務者，課税所得の範囲，税額の計算の方法，申告，納付及び還付の手続，源泉徴収に関する事項並びにその納税義務の適正な履行を確保するため必要な事項を定めるものとする」と規定したりするのは，その例である。

しかし，個別の法であっても，例えば，戸籍法や児童福祉法などのように，明文の目的規定を持たないものもある。しかし，それは，戸籍の編成の基準など戸籍事務一般について規定することや，児童の福祉の確保のための組織や支援サービスについて規定することが目的であり，それが自明であるために規定を置く必要がないと判断したためにすぎない。また，民法や刑法のように，一つの法が広汎な生活領域に関する規律を内容とし，一つの目的だけに特化しているわけでない法についても，格別に目的は示されていない。これら多様な規律内容を，大きく一つにまとめた制定法の形式を「法典」という。法典においては，大きな目的の下に集められた個々の規定が，それぞれ目的を有する。例えば，民法典は，法典自体の目的と言えば「市民生活の一般法」という大枠でしか表せないが，その法典自体の目的は，売買契約（555条以下）とか賃貸借契約（601条以下），あるいは婚姻（731条以下）など，各規定ごとに個別化され，具体化された目的を有しているのであり，また逆に各規定のそれぞれの目的は，法典のもつより広い目的に統括されているのである。

3．法の使命

(1)　法の目的の変転と制約

上述のように個別の法には目的が存在し，目的に従って法が運用され，人間の社会生活を規律するが，それら個別の法の機能はその法固有の目的を実現することだけにとどまるのではなく，それを越えて，社会全体の価値や利益の実現を支えるという，より上位の目的の実現に奉仕するところにもある。個別の法は，社会生活のある側面の必要の充足を目的として制定されるが，その必要性は時や所によって同じとは限らず，したがって歴史や場所によって目的も変化しうる。しかし，それら個別の法の目的が変化しうるにもかかわらず，社会において法が常に存在するのは，法の究極には，時や所によって影響を受けない普遍的な目的，すなわち法の使命というべきものがあるからにほかならない。法に内在する使命とは，社会全体の価値や利益の実現を支えるということに他ならないが，それはより具体的に言えば，社会秩序の維持と，自由の確保と，正義の実現の三つを図るということである。

(2)　社会秩序の維持

法の第一の使命は，社会秩序の維持である。法は社会的価値の実現のための規範であるが，社会的価値実現が迅速かつ円滑に達成されるためには，その達成までの過程に可能な限り混乱や対立がない方がよい。法の使命としての秩序付けとは，社会的価値実現の障害となりうる混乱や紛争を回避し，あるいは混乱や紛争が発生したとしてもそれを適切に解決して排除することに他ならない。

社会生活における法の秩序は，人間相互間における信頼可能性または期待可能性を前提とする。つまり，約束したことは約束したとおりに実現されるとか，あるいは特別の理由なくして，他人から自己の利益を侵害されることはないといった，相手方や一般人に対する期待や信頼が確保できなければ，社会を構成する人々の活動は滞り，対立や混乱が生じて秩序は保てない。期待可能性や信頼可能性の破壊は破壊者の恣意によって行なわれるのであり，秩序を維持し，あるいは回復するためには，この恣意を制限したり，禁止したりしなければならない。公権力による強制によってその実効性を裏打ちされる法規範は，このような人間の恣意を制限するもっとも有効な規範であるといえる。しかし，法を用いて制限される恣意は，最小限度の恣意でなければならない。なぜならば，日常生活のすべてについて人々の自由な意思の発現を恣意として制約し，違反者に強制をもって臨むならば，かえって各人の生活は創意をくじかれ，社会の進歩や発展を遅らせるおそれも出てくるからである。

社会の秩序付けの作業は，人間の活動を対象とするだけにきわめて難しい。秩序には，対象が在るべきところに規則的にとどまっていることで図られる秩序（静態的秩序）と，対象が動くことを前提として，その動きを予測して対応することで図られる秩序（動態的秩序）の二つがある。このうち，社会規範である法規範が図るべき秩序が，動態的な秩序であることは言うまでもない。社会生活は不断に進歩し，技術は進歩し，それにつれて社会はますます複雑となり，人々の生活様式を変えていく。そのような社会生活の変化，発展に伴って秩序の枠組も動態的に変化するのであり，それゆえ，社会の秩序の維持を使命とする法は，社会の動態的秩序を正確にとらえ，その変化した秩序を維持するために働くことを使命として負っているのである。

(3) 自由の確保

法の使命の第二は，社会を構成する人々の自由を確保することである。このことは，先に法は人々の生活関係における恣意を制限すると述べたところと矛盾するかのように見えるが，そうではない。法は人々の恣意を制限するものではあるが，自由を制限するものではない。むしろ法は，恣意を制限して秩序を維持することによって，人間活動の自由を維持するのである。

社会生活における恣意の無制限の許容は，恣意的行動をとる者以外の者にとってはそれぞれの利益領域への侵害の許容に他ならない。無制限に恣意の発動を許す社会では，各人は自力をもってそれぞれの生活圏を守らねばならなくなり，このような社会には，秩序もなければ，安心して自己の利益を享受できる自由の状態もない。常に生活の不安と危機にさらされる社会に，自由な状態はありえないのである。

このように，自由を人間の社会生活に妥当する行動と解するならば，自由に反する恣意は，法による保障を受けられないものである。それゆえ，秩序と自由とは，相反するものではなくて，自由は秩序のあるところにおいてのみ可能であるといえよう。秩序の破壊，混乱のあるところに，自由はありえない。したがって，法は，恣意を制限することによって，秩序の維持をはかり，社会構成員が何らの不安なく，自由にその行動をなしうるようはかることを使命とするのである。

自由の実現の地盤は，自然状態に在るのではなく，法の下に在る。無制限に恣意の発動を許す社会は，結局，力の支配する社会であり，そのような社会には，自由実現の地盤も可能性もない。しかし法の下においては，秩序を維持し，恣意を制限することによって自由の実現が保障される。専制政治の社会は支配者の恣意に依存した社会であり，被支配者の自由には圧迫が加えられる。これに対して，法の支配や法治国の理念は，自由の実現という法の使命から必然的に導き出される原理であるといってよい。

⑷ 正義の実現

正しい秩序 法は，秩序を維持することを使命とする規範である。しかし，法が維持すべき秩序はいかなるものであってもよいというわけではない。強力な専制君主は，その力を基盤にして法を制定し，それによって社会に秩序を与えることができる。しかし，その秩序は，先にも述べたように専制君主自身の恣意の実現のために作り出されたものであり，その社会を構成する大多数の人々の自由の抑圧にのみ機能するものである。法は秩序付けをその使命として負っているが，社会の中の特定の者の恣意を押し通し，その者の利益のみを拡大するためだけに秩序付けを行うことを肯定しているわけではない。法による秩序付けは，社会構成員の自由の確保のために認められるものであり，それ以外の目的をもった秩序付けは，特定の権力者が単に法の強制力を利用して自己利益を貫徹するためのものであるにすぎない。法が重んずる秩序は，それによって正しい自由が保障される，正しい秩序でなくてはならない。このような正しい秩序のことを，正義の実現のための秩序という。言い換えれば，法による秩序付けは正義の実現のために行われるのであり，秩序および自由と不可分に結び付くものとしての正義の実現も，また法の根本的使命である。

正義とは何か 正義の意義については，古くから多くの者によって論ぜられてきたが，これを一言で表せるような定義は，未だに見出されてはいない。たしかに人間は，社会的・自覚的存在である限りにおいて，漠然とはしてではあるが，正，不正の評価的感覚を有している。しかし具体的内容において，何が正であり，不正であるかは，時代や場所によって異なり，これを普遍的にとらえることはできない。人を殺害することを正義に反するとする社会が，一方で殺人犯を死刑に処することを正義としたり，戦争を正義のためと称して遂行したりすることは，よくみられることである。このような内容によってとらえられる正義の概念を実質的正義といい，われわれの意識からいえばまさに正義の内容を示すものであるが，普遍性が欠ける分，法の普遍的目的理念としての正義の基準としては機能しずらいところがある。

このような実質的正義に代わって，法に求められる正義の判断枠組が，形式的正義である。このような正義論を展開したのは，古代ギリシャの哲学者アリストテレス（Aristoteles, B. C. 384-322）であるが，それによれば，正義はその実質を吟味する前に，まず配分的正義と均分的正義という正義の形式的枠組に合致するか否かが問われなければならず，その形式的枠組に合致しないものは，実質の吟味に立ち入るまでもなく，正義とはいえない。

配分的正義・均分的正義

配分的正義とは，人間の行動（非行・善行・危害・貢献等）や能力に対しては，それに比例するふさわしい報いがあって然るべきであるとする考え方であり，均分的正義とは，すべての人々は，交換関係において交換される物相互の間に等価関係があるべきことについての感覚を有し，また能力や勤惰にかかわりのない面においては頭割りの平等があるべきであるとの感覚を有するという考え方である。前者は実質的な平等，後者は形式的な平等であり，アリストテレスによれば，正義の本質的性格はこのような平等に違わないことにあるとするのである。例えば同じ作業を10時間行った者と，5時間しか行わなかった者に同額の報酬を支払うことは配分的正義に反し，同じ仕事を10時間行った二人にそれぞれ異なった報酬を支払うことは均分的正義に反する。このようなことが起きれば，当該作業の報酬の相当性といった実質に踏み込む前に，平等に反するという不満が出てくることとなり，それだけで社会秩序の混乱が生ずる。法の使命は秩序の維持であり，正義の形式的枠組の部分で対立や紛争が生じることは回避されなければならず，その意味で，法は少なくとも形式的正義に反してはならないという使命を負うのである。

平等な福祉の増進

しかし，法の理念としての正義は，平等あるいは公平が達成されれば十分というわけではない。いかにすべての労働者に平等の賃金が支払われることとなったとしても，その賃金ではそれら労働者が貧困から抜け出せず，飢えに泣くような事態をもたらすような平等であれば，それは法の目指す正義とはいいがたい。法規範が究極的に社会構成員の共通の利益の実現を目指すものである以上，法の使命としての正義は単なる平等ではなく，社会構成員の福祉の増進を目指した正しい配分，正しい均分でなくてはならない。例えば，経営者と労働者との間では，賃上げ交渉がしばしば行なわれるが，これは何が正しい配分であるかをめぐる闘争であるといえる。

法の目指す正義は，社会構成員の平等と福祉の増進を図ることにある。憲法が掲げる民主主義の原則や基本的人権の尊重の原則は，法の目指す正義の実現の使命達成に欠くべからざる基本原則である。しかしながら現実に，平等とか福祉の増進を図るためには，これらの基本原則をいかに運用するかが重要となってくるのである。

第４章
法の存在形式

1．成文法と不文法

⑴ 成 文 法

われわれが意識する法規範は，立法者によって制定され，その内容が文章によって示されていることが多い。このような形式をもって存在する法を，成文法と呼ぶ。しかし一方で，立法者によって制定されたわけではなく，したがってその内容が文章にとして書き表されたものではない法規範も存在する。このような存在形式を有する法を不文法という。

成文法は，その前提として文字の使用がなければならないし，また法を制定できるだけの権力構造が成立している必要があることから，人類史的にみれば比較的新しい法の存在形式であるといえる。現在確認できるもっとも古い成文法は，イランで発見された石碑に刻まれている，約3,700年前のバビロニア第一王朝のハンムラビ法典であるといわれている。

成文法主義 現代においては，ほとんどの国家が法の主要な存在形式を成文法としている。これを成文法主義という。成文法主義を採用する理由は二つある。すなわち ㈠ 文章として表すことによって，法の内容を明確かつ正確に示すことができること，㈡ 文章となることによって安易あるいは恣意的な改変を防ぐことができ，国民の法律生活の安定をもたらすことができることである。現代国家はきわめて複雑な機構と多様な活動領域を有しており，そのような国家社会における法規範は自ずと複雑化せざるを得ない。そのような複雑な法規範を適切に運用していくには，その内容の明確性が何よりも重要であり，それが成文法の隆盛をもたらしているといってよい。

フランスやドイツなど，ヨーロッパの大陸諸国で成文法が法の存在形式の主流となってきたのは，18世紀から19世紀にかけてのことである。この様な動きは，近代国家が確立するとともに経済が拡大して，社会生活が複雑化してきたこと，またそれに伴って，国民の基本的人権尊重の思想がたかまってきたことと連動している。1804年制定のフランス民法や1896年制定のドイツ民法などの大規模法典は，いずれも当時の個人主義理念に立脚して制定されたものである。わが国で成文法主義が確立するのは，明治期になってからであり，とりわけ明治23年の明治憲法制定後は，議会による立法活動が盛となり，今日に至っている。

制定法　立法者が法を定立することを法の制定といい，制定された法を制定法という。わが国を例にとって言えば，国の最高機関であり，立法機関である国会の議決によって法が制定されるのであり，その国会によって制定された制定法のことを「法律」という。わが国では，「法」と「法律」は一般にはほぼ同義に使用されているが，欧米諸国では，制定法のことを，statute（イギリス）とか Gesetz（ドイツ）などと呼び，一般に法を表す，Law や Recht とは区別した用語を使用している。

⑵ 不 文 法

不文法とは，法の内容が文章によって示されていない法のことをいう。人間が社会生活を送るところには必ず法規範が存在すると言ってよいが，人類史の早期の社会では，その法規範はすべて不文法であったと考えられる。歴史が進むにつれて，成文法が現れ，成文法が法の存在形式の主流を占める成文法主義が確立してくるわけであるが，現代においても，すべての国家社会が成文法主義というわけではない。ヨーロッパでも，イギリスはもともと不文法主義の国であり，これを継受したアメリカやカナダ，オーストラリアなどの国々（フランスやドイツなど，いわゆる大陸法系の国々に対して，英米法系の国々と呼ばれる）も本来は不文法主義の国である。不文法を構成する法規範には，慣習法と判例法がある。

1　慣習法

このうちまず，慣習法とは，慣習が法規範化したものである。先述したように，慣習はもともと伝統やならわしなど，無自覚的な社会規範にすぎず，法規範のように組織的な強制力に裏打ちされたものではないが，それが長年月を経るうちに自然的に法規範化されたものも少なくない。そのような法規範化した慣習を，法たる慣習あるいは慣習法という。

慣習法が成立するためには，先ず慣習そのものが成立していなくてはならない。慣習が成立するためには，(イ) 同一の行為が同じ事柄に関して繰り返し行なわれること，(ロ) その同一の反復行為が，大勢の人によって行なわれること，(ハ) その反復行為が長年にわたって行なわれることが必要である。このようにして成立した慣習は，皆がそれに従うことで人間関係を円滑に進めるという機能があるが，それを守らなければ社会秩序が破壊されてしまうといった程のものは少ない。にもかかわらず，慣習が法規範化するというのはどのような場合に起きるのであろうか。

慣習法の成立　法規範は社会秩序の維持を使命としている。慣習が法規範化するという以上，その慣習が社会秩序の維持に有用と認められるだけの社会的意味を持たなければならない。言い換えれば，単に同一行為が反復して，大勢の人に支持されるだけでは不十分であって，さらに大勢の人から，秩序維持のために遵守しなければならないという自覚，すなわち法規範的意識をもって認識されるような慣習でなければならない。不文法国では，このような大勢の人から法規範としての確信をもって支持される規範が慣習法となると解されている（これを「確信説」という）。これに対して，立法者が制定する法規範を第一に据える成文法国においては，慣習に法的効力を与える以上，制定法と同様に立法者（国家）によって法規範として承認されなければならないと考えられている（これを「国家承認説」という）。

成文法と慣習法の優劣　慣習が慣習法として成立するために国家の承認を要するか否かは，その国家が成文法主義をとるか，不文法主義をとるかによって異なる。不文法主義の国家においては，社会の中に事実として，大勢の人から法規範としての確信をもって支持される規範があれば，裁判において裁判官がそれを法として適用することが認められる。これに対して，成文法主義の国家では，慣習が法と認められるには国家の承認が必要である。わが国では，法の適用に関する通則法第３条が，「公の秩序又は善良の風俗に反しない慣習は，法令の規定により認められたもの又は法令に規定されていない事項に関するものに限り，法律と同一の効力を有する」と規定し，一定の場合に慣習に法としての効力を承認している。

慣習法と制定法の優劣

このように，成文法主義の国家であっても慣習法は存在するし，逆に不文法主義の国家であっても，まったく新たな事象については慣習は存在しえないから，制定法が必要となる。不文法主義の国家では，もともと慣習法が上位規範であり，制定法はその補充であり，制定法をもって慣習法を変更することはできない。これに対して，成文法主義の国家では，法の適用に関する通則法第３条も規定するように，慣習法は原則として「法令に規定されていない事項に関するものに限り」認められる，補充的な法規範である。

これに対し，法令の規定で特別に慣習に従うべきと定められている場合には，その慣習が優先して適用される法規範となる。法の適用に関する通則法第３条が，「法令の規定により認められたもの」というのはこの趣旨である。例えば，民法第225条は，その第１項で「二棟の建物がその所有者を異にし，かつ，その間に空地があるときは，各所有者は，他の所有者と共同の費用で，その境界に囲障を設けることができる」，第２項で「当事者間に協議が調わないときは，前項の囲障は，板塀又は竹垣その他これらに類する材料のものであって，かつ，高さ二メートルのものでなければならない」と規定する。相隣りあって生活をする者同士の利益調整のための規定の一つであるが，第228条には，「前三条の規定と異なる慣習があるときは，その慣習に従う」という規定がある。そのため法の適用が問題となる地域に慣習があれば，それが優先して適用され，第225条は適用されないことになる。

慣習法と事実たる慣習　以上のような慣習法とは別に，民法第92条には，「法令中の公の秩序に関しない規定と異なる慣習がある場合において，法律行為の当事者がその慣習による意思を有しているものと認められるときは，その慣習に従う」という規定がある。この規定は，慣習自体に法としての効力を認めるという意味の規定ではない。「公の秩序に関しない規定」というのは任意規定といわれる法規定のことで，一つの成文の基準ではあるが，それに従うかどうかは当事者の意思に委ねられる規定のことである。例えば，民法第404条は，「利息を生ずべき債権について別段の意思表示がないときは，その利率は，年５分とする」と規定するが，金銭の貸借に伴う利息について，当事者が自由に年７分の利率利息を取ると合意すれば，その合意の方が優先する。これは公の秩序に反しない限りで，当事者の契約の自由を認めるという趣旨である。民法第92条は，任意規定と異なる慣習があり，当事者が合意でその慣習によることを選んだときは，それが合意の内容となり，当事者を拘束するということを示しているにすぎない。このような慣習を「事実たる慣習」といい，法たる慣習，すなわち慣習法とは区別される。

事実たる慣習は，当事者がその慣習の存在することを予め知っていなければ，その慣習に従うことを選ぶことはできない。これに対し，慣習法の場合には，慣習が法律と同一の効力を有するのであるから，当事者がその慣習の存在を知らなくても，当事者はその慣習に拘束されるし，その慣習に従いたくない場合にも拘束されることになる。

成文法と慣習法の長所・短所　成文法の長所は，(イ) 文章で示されていることで，法の内容が明確であること，(ロ) 安易に改廃することができず，法律状態に安定性をもたらすことである。これに対して，(イ) 固定的であり，融通性のないこと。(ロ) 成文法で社会の事象をもれなく規定することは不可能であり，それゆえ成文法には欠缺が不可避であること，(ハ) 改正の手続に時間がかかり，法規定と現実社会との間にズレが生じる可能性があることなどが，短所として挙げられる。

これに対して，慣習法には，(イ) 法に融通性があること，(ロ) 変動し発展していく社会によく妥当しうることなどの長所がある一方，短所としては，(イ) 法の内容が不明確であること，(ロ) 法律状態に安定性が欠けることなどがあげられる。

このように成文法と慣習法には，それぞれ長所と短所があるが，複雑さを増していく一方の社会においては，なによりも法の内容を明確にしておくことが重要である。不文法主義を採る国家においても，近時数多くの成文の法令が制定されていくのは，そのような事情による。

2 判例法

判例法とは 英米法系の不文法国家においては，慣習法と並んで裁判所の判決にも法としての効力が認められている。これを判例法という。

英米法系の諸国では慣習法が上級法規範であるが，慣習法には立法者がいるわけではなく，また法的紛争が生じない限り慣習法の存在が問題となることもない。法的紛争が生じ，それが裁判所に持ち込まれた場合にはじめて，裁判所によってその紛争の解決の基準となるべき慣習法が探し出され，それが適用される。不文法の国家においては，基本的に，法規範は作られるものではなく，自然に存在しているものであり，具体的紛争解決の過程において発見されるものである。法の発見は裁判官によってなされ，その発見された法を適用するのが裁判である。ひとつひとつの裁判では，個々の具体的な紛争の解決に向けた法の適用の結果が判決として示され，当該事件について拘束力を持つが，同時にそれは発見された法を表現したものとして蓄積され，将来生じる同種の事案についての先例となる。英米法系の諸国の裁判においては，裁判官はまず担当する事件の事実関係を確定し，法的争点を整理したうえで，まず同種の法的争点に関する先例を調べ，もし先例があればその先例の中で表現されている法規範を適用し，もし先例が存在しない場合には，自らが適用すべき法規範を発見したうえでそれを適用して，担当事件の解決に当たることになる。このように，英米法系の諸国においては，判例は単なる法規範の適用例にとどまるのではなく，発見された法規範そのものを示すものであることから，法的効力が認められているのである。

成文法主義と判例

このような英米法系の諸国と異なって，わが国を含む成文法主義の国家においては，法は立法者によって制定されるのが原則である。裁判官は法規範の適用者ではあるが，立法権を有するわけではなく，それゆえ判例は，制定法規範の解釈を示す先例とはなり得ても，法規範としての効力を認められるわけではない。

しかしながら，わが国の裁判制度は三審制がとられており，下級審裁判所の判決は，その解釈が誤っていれば，上訴されたときに，上級審裁判所によって取り消される。その結果，上級裁判所の判例は，事実上，下級裁判所を拘束するものとなっており，とくに最上級審裁判所である最高裁判所の判例は，裁判所全体について拘束力を有する解釈基準となっている。刑事訴訟法第405条は，「高等裁判所がした第一審又は第二審の判決に対しては，左の事由があることを理由として上告の申立をすることができる。一 憲法の違反があること又は憲法の解釈に誤があること。二 最高裁判所の判例と相反する判断をしたこと。三 最高裁判所の判例がない場合に，大審院若しくは上告裁判所たる高等裁判所の判例又はこの法律施行後の控訴裁判所たる高等裁判所の判例と相反する判断をしたこと」という規定を置く。これは刑事事件について示したものであるが，下級審裁判所の裁判官は最高裁判所の判例に従った解釈を行うべきことを，間接的に示している。また，最高裁判所の判例は，下級審ばかりでなく，最高裁判所自体をも拘束する。最高裁判所には15名の裁判官が存在するが，通常の事件については，第１小法廷から第３小法廷まで，５名の裁判官によって構成される三つの合議体によって処理されている。しかし，裁判所法第10条において，「憲法その他の法令の解釈適用について，意見が前に最高裁判所のした裁判に反するとき」（３号）には15人の裁判官全員で構成する合議体である大法廷で裁判しなければならないと規定され，判例変更には慎重な手続が採られているのである。

成文法に規定のない事項に関する判例

以上のように，裁判所の判例，とりわけ最高裁判所の判例は法解釈の権威ある基準として事実上の拘束力を持っているが，その意義は，とくに成文法に規定のない事項に関する事件に関する判例については一層重いものがある。

先にも述べたように，立法者が社会のあらゆる事象を予測して法を制定することは不可能であり，成文法主義の下では必然的に欠缺が生じる。したがって，法的紛争は制定法に規定のある事項についてのみ生じるとは限らない。成文法に規定のない事項に関する事件がおきた場合でも，裁判所は規定のないことを理由に裁判を拒否することはできず，なんらかの裁判をしなければならない。このような場合，規定にない事項に関する裁判が数多く行なわれるようになると，その事項については，判例の集積によって，おのずから一定の結論が不文法的に浮び上がってくる。その結論は，判例による成文法の補充的な役目を果たし，事実上，判例法ともみなしうるものである。このように成文法国であるわが国おいては，判例は成文法の欠缺を修補する役割も持つのであり，規範化された判例法理は将来において成文化される可能性があるということができる。ひとつの例を挙げよう。

わが国では，婚姻が法律上成立し，効力を認められるためには，婚姻の届出を行うことが必要とされている（民法739条）。これに対して，婚姻の届出をしていない事実上の夫婦を内縁というが，このような関係について，民法制定当初，裁判所は届出のない関係は合法でなく，何らの法的な効果も認められないとしていた。しかし，実際にはこのような関係は数多く，婚姻ではないため不当に破棄されても法的に保護されないという事態が生じていた。このような事態に対して，当時の最上級裁判所であった大審院は，その大正4年1月26日の連合部判決によって，当事者の関係は婚姻ではないが，将来届出を出して有効な婚姻をしようとする婚姻予約のもとに成立した関係であると見ることができ，婚姻予約は有効な契約であるから，これを不当に破棄した場合には，破棄された者が破棄した者に対して違約の責任として損害賠償を求めることができると判示し，一定の保護を与えるようになった。その後，判例はさらに進化し，最高裁判所の時代になると，そのような関係は婚姻予約の関係というよりも，事実上の夫婦であり，届出がないだけで実体としては法律上の婚姻と同視される様な関係，すなわち婚姻に準じる関係（準婚）であり，氏や相続の問題など，戸籍に従って処理しなければならない事項を除いては，法律上の婚姻と同等の保護を与えてもよいとする判決が登場し，現在ではそれが内縁に関する確立した判例法理となっている。また，このような考え方は，厚生年金保険法第２条２項に「この法律において，『配偶者』，『夫』及び『妻』には，婚姻の届出をしていないが，事実上婚姻関係と同様の事情にある者を含むものとする」と規定が置かれているように，制定法の中にも取り込まれるようになってきている。民法には，内縁に関する規定はまったく存在しないのであるが，判例によって確立された考え方が，実質的に規範的な意味をもって存在しているということができるであろう。

③　条　理

成文法に規定のない事件が発生し，慣習法も，判例も存在しない場合には，何を根拠にして裁判をすべきであろうか。これについて古く，明治８年の太政官布告第103号裁判事務心得第３条は，「民事裁判ニ成文ノ法律ナキモノハ慣習ニ依リ，習慣ナキモノハ条理ヲ推考シテ裁判スヘシ」と規定し，そのような場合には，条理に依拠して裁判すべきことを要求している。この規定は今日でも効力をもつものとされているが，そこに挙げられている条理とは何であろうか。

条理とは　条理という言葉は，もともと道理とか，筋道といった意味である。法規範も社会生活上の道理を踏まえているということからすれば，条理は法と同根なところがあると見ることはできるが，物ごとの道理それ自体に強制力が存在するわけではない。裁判所はときに「正義衡平の念に従い」とか，「社会通念に従い」といった表現を用いて論を進めることがある。これはまさに条理を言い換えて表現していると考えられるが，何が「正義衡平」であり，何が「社会通念」であるかは，具体的な事件ごとに裁判官が事件を通観して得られた判断による。つまり何が条理であるかは，個々の事件の性質と各裁判官の判断によって異なるのであって，結局裁判官が自足的に編みだした裁判の基準にすぎない。

条理の法規範性　条理を推考してある判決をした場合，この判決がそれ以後の同種の事件の先例となり，事実上判例法を構成していくことになる場合もあるから，判決の基礎となった条理も法規範としての機能を持ちうると考えられないことはない。しかし，条理は判決の正当性や妥当性を理由づける根拠にとどまるのであって，条理そのものに強制力があるわけではなく，したがって法規範であるということはできない。

2．わが国における成文法源

(1) 法源の意義

法源とは，ドイツ語のRechtsquellenからの翻訳語であり，法の源泉あるいは法の淵源という意味である。われわれが法を遵守したり，裁判官が法を適用したりするためには，まず，その社会における法規範を認識することができなければならない。法源とは，何が法であるかを認識するもとになる資料のことであり，その社会における法の存在形式のことをいう。法源には，法の存在形式別に，成文法源と不文法源とがある。成文法主義をとるわが国では，成文法源が第一次的法源であり，不文法源（慣習法や判例法）は第二次的法源あるいは補充的法源である。不文法源については，すでに前節において説明したので，本節では，わが国における成文法源の内容について，より詳しく見ておくこととする。

(2) わが国における成文法源

すでに述べたように，成文法とは，立法権をもつ者によって文章の形をとって制定された法規範のことをいう。わが国でそのような存在形式を持つ法規範としては，憲法，法律，命令，自治法規，条約などがある。以下，それらについて分説しよう。

1 憲　法

憲法とは

憲法とは国家の基本法のことをいい，近代民主主義国家における憲法は，一般には，基本的人権の保障（いわゆる人権宣言）と，国家の組織および統治機構に関する基本規定とからなる。憲法の制定は，主権者によって行われる。わが国の最初の憲法は，1889（明治22）年発布の大日本帝国憲法であるが，この憲法は，主権者である天皇の意思に基づいて制定されたという形（欽定憲法）をとっている。これに対して，1946（昭和21）年に公布された現行憲法である日本国憲法は，形式的には，最後の帝国議会で行われた明治憲法の改正という形がとられているが，この議会は憲法制定のみを目的として国民の選挙で選ばれた実質的な憲法制定会議であり，したがって主権者たる国民がその意思に基づいて新たに制定した憲法（民定憲法）であるといってよい。

硬性憲法と軟性憲法　このように憲法は，国家の基本法であり，主権者の意思に基づいて制定されるものであるため，ほとんどの国々ではそれ以外の制定法と比べて改正の要件を厳しく設定している。このような特別の改正手続を設ける憲法を硬性憲法といい，これに対して通常の制定法改正と同じ手続で改正を認める憲法を軟性憲法という。わが国の憲法は硬性憲法であり，衆参各議院の総議員の３分の２以上の賛成で，国会が発議して国民に提案し，特別の国民投票または国会の定める選挙の際行われる投票において，過半数の賛成を得てその承認を経なければ改正できない（憲法第96条）。

最高法規／憲法尊重義務／違憲立法審査権　憲法は国家の基本法であり，最高法規である。憲法第98条は，「この憲法は，国の最高法規であって，その条規に反する法律，命令，詔勅及び国務に関するその他の行為の全部又は一部は，その効力を有しない」（１項）と規定して，このことを確認している。この最高法規性を実質あらしめるため，第99条では「天皇又は摂政及び国務大臣，国会議員，裁判官その他の公務員は，この憲法を尊重し擁護する義務を負ふ」と規定し，さらに第81条では「最高裁判所は，一切の法律，命令，規則又は処分が憲法に適合するしかないかを決定する権限を有する終審裁判所である」と規定している。前者を公務員の憲法尊重擁護義務規定というが，これは統治機構は主権者たる国民の利益のために存在するという，民主主義国家の理念に立脚するものである。また後者は，裁判所（司法権）による「違憲審査権」の規定という。違憲審査は，国権の最高機関とされる国会によって制定される法律まで及ぶわけであるが，国会を最高機関とし，立法権を付与しているのが憲法である以上，憲法の範囲を逸脱できないことは当然のことといわなければならない。違憲立法審査を請求するには，ある法令をそのまま採り上げてその法令が憲法違反であると主張することは許されず，具体的な事件を通じてなされなければならない。法令等が最終的に違憲と判断されたときには，その法令は無効となる。

2 法　律

法律とは　国民を主権者とする憲法は，選挙によって選ばれた国民の代表によって組織される国会を国権の最高機関とし，唯一の立法機関とした（憲法第41条）。この国会によって制定された成文法を「法律」という（狭義の法律）。この法律という用語は，一般には，憲法を含むすべての成文法規範を指して使われることが多いが（広義の法律），それは法律が成文法規定の中では数が多く，実生活において重要な役割を果たしているため，同義的に慣用されているにすぎない。

法のヒエラルヒー　法律は，最高法規である憲法の下級規範であり，前述のように，憲法に違反する法律は無効である。しかし法律は，その他の成文法規範である命令，条例，規則よりは上位の規範であり，法律によって命令，条例，規則を改廃することができる。このように憲法を頂点として，制定法規範が有する，上位規範から下位規範へという階層的構造を持っていることを，法のヒエラルヒーという。

法律の制定　法律は国会の議決によって成立するが，国会の議決とは，原則として，衆議院および参議院両院の可決のことである。衆議院で可決し，参議院でこれと異なった議決をした法律案は，衆議院で出席議員の3分の2以上の多数で再び可決したときは，法律として成立する（憲法59条2項）。このように，法律案審議について，憲法は衆議院の優越性を認めている。

法律案は，内閣の首長としての内閣総理大臣な国会に提出することが多い。しかし衆・参両議院の議員が法律案を提示して立法過程に乗るものもないわけではない。このような立法の過程をとるものは，議員立法と呼ばれている。

3 命　令

命令とは　命令とは，狭義の法律と異なり，国会の議決を要しないで制定される成文法のことである。命令は法律の下位規範であり，したがって命令をもって法律を改廃をすることはできない。

政令／内閣府令／省令　命令には，①内閣が制定する命令である政令，②内閣総理大臣が制定する命令である内閣府令，③各省大臣の制定する命令である省令がある。これら三種の命令相互の間では，政令が内閣府令，省令の上位規範である。

執行命令／委任命令　命令には，その性質や機能を基準にして分類すれば，以下の二つのものがある。

(イ)　執行命令　制定された法律を執行するために制定される命令をいう。法律は，国会で制定されたあと公布され，一定の施行期日が到来して初めて効力を発する。この施行期日は政令で定められるが，この法律施行のための政令が執行命令である。執行命令は，法律の末尾に附則として置かれるのが通常である。

(ロ)　委任命令　法律の委任によって制定された命令である。国会で制定される法律には，その内容全般にわたり，細目に至るまで詳細に規定することは困難であるものもある。そのような場合，法律で大要を規定するとともに，細目については命令で規定すると定めることが行われる。道路交通法第22条が「車両で道路を通行する場合の最高速度は，政令で定める」と規定したり，戸籍法第50条が「子の名には，常用平易な文字を用いなければならない」（1項）としたうえ，「常用平易な文字の範囲は，命令でこれを定める」（2項）と規定したりしているのは，その例である。このような法律の委任を受けて定められた政令や省令が委任命令である。

命令と罰則　命令で国民に義務を課し，または国民の権利を制限する場合には，必ず法律の委任が必要である。とくに法律の委任がなければ，命令で罰則規定を制定してはならない。国民によって選ばれたわけではない行政機関によって任意に罰則を定めることができるとすると，国民の審議によらずに国民の基本的人権が侵害されるおそれがあるからである。罰則規定を設けることが法律で委任された場合には，法律による委任の範囲でのみ罰則規定を設けることができる。

4 自治法規

地方自治法で定められた条例（地方自治法14条）および規則（同15条）を，一括して自治法規という。自治法規は，いずれも地方自治のための法規範である。

(イ) 条例　都道府県および市町村（普通地方公共団体）の議会は，法律や命令（法令）に反しない限りにおいて，都道府県市町村の区域内における行政事務で，国の事務に属さないものについて，条例を制定することができる。都道府県は，法令に特別定めがあるものを除き，市町村の行政事務に関し，条例で必要な規定を設けることができる。市町村もその行政事務に関して条例を独自に制定することができるが，都道府県条例と市町村条例とが抵触するときは，市町村条例のほうが無効となる。その意味で，都道府県の条例は，市町村の条例に対して，上位規範となっている。

条例と罰則　国民に対する刑罰権は本来国に属するものであるが，法律による委任により，条例中に，違反者に対して刑罰を科する規定を設けることが認められている。ただし，条例で規定し得る刑罰の範囲は，法令に特別の定めがあるものを除くほか，条例違反者に対し，２年以下の懲役もしくは禁錮100万円以下の罰金，拘留，科料または没収の刑に限られる（地方自治法第14条３項）。なお，５万円以下の過料を科する規定を設けることもできるが，過料は行政罰であり，刑罰ではない。

(ロ) 規則　普通地方公共団体の長は，法令に違反しない限りにおいて，その権限に属する事務に関し，規則を制定することができる。知事もしくは市町村長の権限に属する事務とは，例えば，議会に議案を提出すること，予算を調製し執行すること，地方税を賦課徴収すること等である。

規則と罰則　条例の場合と異なって，規則については法律の委任がないため，違反者に対して刑罰を科する規定を置くことはできない。ただし，行政罰として，５万円以下の過料を科す規定を設けることはできる（地方自治法第15条２項）。

5 条　約

条約は，国家間の契約であり，条約締結国を相互に拘束する。しかし，条約が締結国の国内において国内法として効力を発するまでの手続は，それぞれの国によって異なる。わが国の場合には，憲法に，条約の締結には国会の承認を得ることを要する旨の規定（憲法73条3号）があり，また，わが国が締結した条約は，これを誠実に遵守することを要するとする規定（憲法97条2項）があることから，条約も，締結後それをさらに国内法として認める旨の国内法を新たに制定する必要はなく，国内に公布する手続がとられれば，当然に国内法として制定公布されたとみるのが相当である。その意味で，条約もわが国の成文法源の一つとみることができる。

第5章 法の効力

1．法の効力範囲

法は強制力を有する規範である。法規範に対する違反があった場合には，違反者に対して制裁が加えられたり，賠償が命じられたりする。このように法がその強制を及ぼす力，すなわち法の規範力を法の効力という。

現在，法規範のほとんどは，国ごとにそれぞれ独自に定められ，運用されてきている。しかし，その一方で，人と人との交流は国境を越えて活発に行われており，それに伴って，日本人が外国で法律違反を犯したり，外国人が日本で法的紛争に巻き込まれたりする場合が生じてくる。そのような場合，法律違反や法的紛争に適用される法はどの国の法なのかが大きな問題となる。また，一つの国の中でも，ある事項について新たに法が制定された場合に，その法はいつから国民を拘束するのかが問題となる。例えば新たに設けられた税金を，過去の時点に遡って徴収することができるか，といった問題である。

これらの問題は，いずれも法の規範力がどこまで及ぶか，すなわち法の効力の範囲に関するものである。法の効力は，誰に適用されるのか（人に関する効力），どこで適用されるのか（場所に関する効力），いつからいつまで適用されるのか（時に関する効力）が検討されなければならない。

2．人に関する効力

(1)　属人主義と属地主義

人に対する効力は，その人がどの国に属する人か，またその人がどこで法的紛争に関わったかということと密接な関連を有する。

一国の法はその国民を規律の対象とするものであるから，人はその国の内に在ると外に在るとを問わず，常にその人の本国法の適用を受けるとする考え方，すなわち法は人に随伴する考え方を，属人主義という。この考え方によれば，一国の法は，その国民にだけ適用があり，外国人には適用されないということになる。これに対して，法は一国の領域内において，かつその限りで，適用されるべきであるとする考え方を，属地主義という。この考え方によれば，一国の法は，その国の領域内に在るすべての人々に，内外人の区別なく適用されることとなる。

この2つの考え方は，時代や国家観の変転の中で，属人主義から属地主義へという方向で動いてきた。古く民族観念の強かった時代には，民族の異なるにつれて法を異にしていたから，法は同じ民族にだけ適用されるものとの考えが強く，したがって属人主義が採られた。しかし，近代国家においては，民族社会から国土の領有をその本質的要素とする領土社会へと推移したことに伴い，法の拘束力が及ぶ人の範囲も国の領域によって定められるべきとの考え方が強まった。国家組織が完備し，国家は国際社会における平等な一構成単位であるという認識が高まるにつれ，国際間における国家主権の尊重が高唱され，また法も国家の権威の発現の一つとみられるようになり，一国の領域内に存在する者は，国籍を問わず，その国の法に従うべきものとする属地主義が当然に国際間でも容認されてきたのである。

今日の各国の現実は，属地主義を主とした属人主義との折衷主義を採るのが主流となっている。憲法上の権利義務のような公法上の関係や，民族生活の慣習や道徳的要素を多分に含む私法上の特殊な関係については，例外的に属人主義を採用したほうが，便利であり，実際にも適合すると考えられるからである。

例えば，公職選挙法では，国会議員や地方公共団体の長および議員の選挙について，日本国民だけにしか選挙権を与えていないし（同法９条１項・２項），被選挙権も日本国民に限っている（同法10条）。また私法関係についても，法の適用に関する通則法第24条で「婚姻の成立は，各当事者につき，その本国法による」，あるいは第36条で「相続は，被相続人の本国法による」と規定されているように，属人主義が採用されているものが少なくない。さらに刑法のように，第１条で「この法律は，日本国内において罪を犯したすべての者に適用する」（１項）と規定して，属地主義によることを宣言するとともに，第３条では「この法律は，日本国外において次に掲げる罪を犯した日本国民に適用する」と規定して，放火罪・殺人罪・強盗罪等の重罪を外国において犯した日本人については，属人主義も併用することを宣言しているものもある。

(2) 治外法権と領事裁判権

上述のように現代国家は属地主義を原則としており，そのため一国の法令は，その領域内に在住するすべての内外人に適用される。しかし例外的に，治外法権や領事裁判権をもつ人々は，その滞在国の法令の適用を受けない。

治外法権とは，各国政府の代表者ともいえる外交官等が，滞在国において，その任務を支障なく遂行するために，また外交官等に対する儀礼として認められた，外交関係を有する国家相互に当然に認められる，国際的慣行に基づく特権である。これに対して，領事裁判権は，国家と国家との条約によって発生するものであり，一方の国家の国民が相手国家に滞在する場合，その滞在国の法令の適用を受けないとする取決めをいう。治外法権は，外交官等に対して与えられるものであるのに対し，領事裁判権は条約締結国である外国国民一般に対して与えられる。領事裁判権を含む条約は，わが国が幕末に諸外国との間で締結した，いわゆる不平等条約のように，歴史的には先進国と後進国との間に締結され，先進国の後進国に対する圧力手段として用いられてきた。今日では，各国の独立性の尊重は世界的な合意となっており，このような条約の締結はほとんど見られないと言ってよいであろう。

3．場所に関する効力

属地主義の下においては，一国の法令は，その国の領域内において一般的に効力をもつ。領域とは，領土，領海，領空のことである。ただ例外的に，一国の法令が，その国の領域外において適用されることがある。刑法第1条2項は「日本国外にある日本船舶又は日本航空機内において罪を犯した者についても」，そのすべての者に日本の刑法を適用するとしている。日本国外には，他国の領域内も，公海上も含まれる。このような取扱いは，船舶または航空機は，その国家の領土の延長として取り扱われるという，国際法上の通念を基礎に置くものである。

一国の領域内において，その国の法令の効力が及ばず，他国の法令が適用されるのは，前述のとおり，治外法権や領事裁判権が認められる場合や，国内にある外国船舶または外国航空機内における犯罪などの場合に限られる。

4．時に関する効力

(1)　法律不遡及の原則

成文法令は立法者によって制定されるが，制定と同時に効力が発生するわけではなく，公布され，施行されて初めて効力を持つ。施行された成文法例令は，廃止によってその効力を失うが，この施行から廃止までの時間的範囲を施行期間といい，その期間が時に関する効力範囲である。したがって，法令は，期間内に発生した事項に限って適用されるのが原則であり，施行前の事項には適用されない。法令が施行される前の事項についてまで，遡って適用されると，関係者に多大の不利益を与える可能性があるからである。これを「法律不遡及の原則」という。この原則は，刑法においては基本的人権尊重の建前から厳格に順守されているが，私法分野においては，関係者に不測の損害をおよぼすおそれのない限りで，法律を遡及して適用されることも認められる。

⑵ 法令の施行

周知期間

法令は，公布後，施行期日が到来して，はじめてその効力を生ずる。法の適用に関する通則法第２条本文は，「法律は，公布の日から起算して20日を経過した日から施行する」とするが，同時にただし書きで「ただし，法律でこれと異なる施行期日を定めたときは，その定めによる」と規定しており，実際には，法律の末尾に置かれる附則で特別の施行日を定めることも多い。法令によっては，公布と同時に即日施行というものもあるが，通常は公布と施行との間に一定の期間が置かれ，重要な法令であればそれだけその期間は長く設定される。先の通則法２条の20日の期間および各法律について定められた期間を「周知期間」という。法によって支配される民主主義国家においては，主権者であり，法規範の受け手である国民を不知の状態に置いて，国家権力の行使が行われるべきではなく，制定された法令はすべて国民に公布し，その内容を周知させることが重要な意味を持つ。

⑶ 法令の廃止

法令は，廃止によってその効力を失うが，法令廃止の原因には，次のものがある。

① 施行期間の満了　　法令には，制定時にあらかじめ施行期間を定めたものがある。そのような法令を「限時法」という。そのような法令は，その施行期間の満了によって，当然に効力を失う。しかし，一般には，法令には施行期間を特に定めないのが通例である。

② 目的事項の消滅　　法令は，その規定する目的事項が消滅することによって，その効力を失う。

③ 新法による旧法の廃止　　「新法は，旧法を改廃する」という法の格言がある。これは，ある事項についてそれまで規定していた法がある場合には，その事項について旧法内容と異なる改正法や新法が制定されると，その抵触する部分について，当然に，旧法は新法によって改廃されたことになる

という意味である。同一事項について，あらたに法令を制定する場合，実際においては，その新法令の末尾の附則に，旧法令の廃止を規定することが多い。

⑷ 経過法

すでに述べたように，新しく制定された法は，法律不遡及の原則により，過去にその効力を遡らせることはない。しかし，ある事項について規定する法の内容を大きく変更するような場合には，旧法下で定められていた事項の要件が新法下で緩和されたり，逆に厳しくなったりするなど，そのままでは混乱が生ずるおそれがある。そのため，旧法下での状態から新法下での状態への移行を円滑に進めることを目的として，一部旧法の適用を併存させたり，新法の法律効果を旧法で発生した事項に遡及させたりして，調整を図る必要が出てくる。このような調整のために置かれる法を，経過法という。一般には，それら経過事項は新法の末尾の附則の中に規定されることが多く，そのような規定は経過規定と呼ばれている。

コラム2 法人法の改革と経過法

2006（平成18）年に，民法をはじめとする諸法律に規定されていた公益法人，非営利法人の制度が大きく変革され，それら法人に関する基本法として，「一般社団法人及び一般財団法人に関する法律」（一般法人法）と，「公益社団法人及び公益財団法人の認定等に関する法律」（公益法人法）が制定され，2008年（平成20）年12月から施行されている。この改正に当たっては，例えば一般法人法の附則第2条に「この法律の規定（罰則を除く。）は，他の法律に特別の定めがある場合を除き，この法律の施行前に生じた事項にも適用する」といった経過規定が置かれているほか，「一般社団法人及び一般財団法人に関する法律及び公益社団法人及び公益財団法人の認定等に関する法律の施行に伴う関係法律の整備等に関する法律」（整備法）という全部で458条にも上る大規模な法律を特別に制定し，改正前に存在した法律状態と新法下での法律状態の調整を図っている。例えば，調整法第40条1項は「第38条の規定による改正前の民法（以下「旧民法」という。）第34条の規定により設立された社団法人又は財団法人であってこの法律の施行の際現に存するものは，施行日以後は，この節の定めるところにより，それぞれ一般社団・財団法人法の規定による一般社団法人又は一般財団法人として存続するものとする」と定め，第2項は「前項の場合においては，同項の社団法人の定款を同項の規定により存続する一般社団法人の定款と，同項の財団法人の寄附行為を同項の規定により存続する一般財団法人の定款とみなす」と定めるなど，調整法自体が一つの大きな経過法である。

第6章
法の分類

法は，その規制対象，拘束力の強さ，効力の広狭など，それぞれに特徴を持って存在している。それらの特徴ごとの分類は，法規範の体系を総合的な視点から理解するのに有用である。ここではそれらの分類のうち，代表的なものについて見ておこう。

1．公法・私法・社会法

(1) 公法と私法

1 意　義

公法とは，国家ならびに各種の公共団体の組織ならびにその運営の方法を規律する法であり，憲法をはじめとして国会法，内閣法，公職選挙法，地方自治法，国有財産法，所得税法，法人税法などの各種行政法規ならびに刑法，刑事訴訟法，民事訴訟法，不動産登記法，戸籍法，少年法などはこれに属する。一方，私法とは，個人の社会的生活関係を規律する法であり，民法や商法を代表とし，利息制限法，信託法，会社法，金融商品取引法，手形法，小切手法などがこれに属する。われわれは，国民として国家との間にいろいろの法的関係を持っていると同時に，一市民として国家の統治行為とかかわりのない個人的生活関係を有している。公法と私法という区別は，これらの生活関係の区分に従った分類である。この分類は，法律学においても重要であり，現在の法律学は，公法体系と私法体系とに大別されている。

公法と私法とは，規定の対象を異にするが，それが法令として適用される場合には，両者は密接な関係を有する。例えば，公職選挙法第9条で「日本国民で年齢満20年以上の者は，衆議院議員及び参議院議員の選挙権を有する」（1項），「日本国民たる年齢満20年以上の者で引き続き3箇月以上市町村の区域内に住所を有する者は，その属する地方公共団体の議会の議員及び長の選挙権を有する」（2項）と規定しているが，この公法規定を実際に運用するには，私法の力を借りなければならない。第1項にいう「年齢満20年」であるか否かは，私法である，「年齢計算ニ関スル法律」および「年齢のとなえ方に関する法律」によって定まる。また第2項にいう「3箇月以上」であるか否かは，私法である民法の期間に関する規定（138条以下）によって，「住所」とは何かについては，やはり民法（21条）によってそれぞれ定まるのであって，公法と私法は相互に無関係に適用されるものではない。

[2] 公法と私法との区別の基準

公法と私法との区別の基準については(1)に述べたが，この区別を厳密に行うことになれば，見解が分かれる。

法益説 この説は，法の保護する利益つまり法益を公益と私益に分け，公益を保護する法が公法であり，私益を保護する法が私益であるとする。この考え方によれば，国家の基本理念と統治機構を定める憲法はまさに公益の保護を目的としている点で公法に分類され，個人の財産や身分に関する利益について規定する民法は私法に分類されることになり，その点では正しいといえる。

しかし，この説の欠陥は，法益を当然に公益と私益とに分けて考える点にある。そもそも一般に公と私とを区別すること自体が困難な問題であるところ，公益と私益の問題からまず区別しなければ，公法，私法の区別もわからないという結果になり，結局この考え方では，問いをもって問いに答えることとなってしまう。また法律のなかには，公益保護を目的とした規定と，私益保護を目的とした規定が同時に規定されているものもあり，そのような法を公法，私法いずれに属すると見るのかの判断が困難となる。例えば，刑法には，公益保護を目的とする規定（内乱罪，公務執行妨害罪，通貨偽造罪など）のみならず，私益保護の目的を併せ持つ規定（傷害罪，名誉毀損罪，窃盗罪，強盗罪など）も存在する。この考え方では，刑法の分類にさえ混乱をきたしてしまうことになるであろう。

主体説　この説は，法律関係の主体に着目し，一方の当事者が国家または公共団体で，他の一方の当事者が私人である場合，この両当事者の法律関係を規律する法が公法であり，両当事者がともに私人である場合，この両当事者の法律関係を規律する法が私法であるとするものである。法律関係とは，われわれの各種の生活関係のうち，法律によって規律される生活関係のことをいう。この説によれば，刑法や税法などは，その対象とする法律関係の当事者の一方が国や地方公共団体となるから公法に分類され，売買や婚姻など一般私人間の法律関係を対象とする民法は私法に分類されることになる。この考え方も，一面においては正しいと言えるが，十分とはいえない。

対象とする法律関係の当事者の一方が国家または公共団体であるからといって，常にその法が公法とは限らない。例えば，国が官庁の建物を建設する場合，国と建設業者とで請負契約を締結する。この請負契約は民法に規定があり，その適用を受けることになるが，民法は代表的な私法である。また地方公共団体が事務用品を業者から購入した場合，これも民法の売買契約によっている。法律関係の当事者となりうる資格を権利能力といい，その資格を有する者を権利能力者あるいは権利の主体というが，民法では自然人以外に法人にも権利能力が与えられており（民法34条），法人には会社や一般法人（私法人）のほか，国や地方公共団体（公法人）も含まれる。したがって，国や地方公共団体も，民法上の契約を結ぶことができるのであり，その場合は，自然人や会社など同様，一私人として法律関係の当事者となっているのである。法律関係の当事者の一方が国家または公共団体であればすべて公法であるとするのであれば，場合によって民法や商法までもが公法と言わざるを得なくなることになるであろう。

法関係説　この説は，法律関係そのものに着目し，権力関係を規律する法が公法であり，平等関係を規律する法が私法であるとする説である。つまり法律関係を権力的法律関係と平等的法律関係とに分けて，前者を規律するのが公法，後者を規律するのが私法であると理解するのであり，この見解に立てば，憲法や刑法，訴訟法などは公法であり，民法，商法などは私法であるということになる。しかし，この法関係説にも欠陥がある。

この説では，法律関係を単純に権力的な法律関係と平等的な法律関係とに分けるのであるが，何が権力的な法律関係であり，何が平等的な法律関係であるかは不明確である。例えば，警察官が逮捕状に基づいて被疑者を逮捕したり，または判決に基づいて被告人に対して刑を執行したりするのは国権の行使であり，国家と被疑者や被告人との法律関係は，まさに権力的な法律関係であるから，この法律関係を規律する刑事訴訟法は公法といえる。しかし，親が未成年の子に対して職業を許可したり，居所を指定したりする関係も一種の権力的な法律関係と言えないわけではなく，そうすると親権の内容として親にこれらの権利を認める民法も公法といわざるを得なくなる。もちろん，親の未成年の子に対するこのような諸権利は，子の監護教育のために認められた権利で，子の利益や幸福の維持増進の見地から行使しなければならず，封建的な親の権威とか権力保持の見地から行使すべきではないというのが現在の民法の基本的な考え方であるが，子に一方的に影響を及ぼしうる法律関係であることは確かなのである。

また法関係説によれば，平等関係を規律をする法を私法であると説くが，この点も不明確である。刑事訴訟における検察官と被告人，民事訴訟における原告と被告とは，訴える者と訴えられる者という立場の違いこそあるが，地位は法律上平等であり対等である。刑事訴訟法や民事訴訟法は，法廷で争う場合に，攻撃防御の機会は訴訟当事者に平等に認めているのであり，そうするとこれら訴訟法は，このような平等関係を規律する法として，私法に分類されてしまうことになる。

統治関係と非統治関係

このようにいずれの考え方も十分に公法と私法の区別を説明できないとした場合，このような区別に意味はないのであろうか。国が国民に税金を課したり，国民が国会議員を選挙したりする関係と，自由な合意に基づき経済的利潤を求めて物の売買をしたり，夫婦の間の生活関係は，決して同じではない。前者は国と国民の間の統治をめぐる法律関係であるが，後者はたとえ国との間の売買契約である場合でも，統治が問題となる関係ではない。公法と私法を分類する意義は，統治関係としての法律関係と，非統治関係としての法律関係を分けて論ずるところにあるのであり，分類の基準もそこに置かれるべきである。

近代国家の観念は，その前提に，個人は自然状態おいては，独立，平等，自由であるという考え方を持つ。ただそのような自然状態おいては，各人は勝手にみずからの利益を主張し合い，その結果社会の秩序は混乱し，最終的に個人の利益は保障されないこととなる。そのため，個人は，個人を越える強力な力をもつ存在を作り出し，その存在に社会の秩序付けを委託する。この強力な力を有する存在が国家であり，その秩序付けのための力をめぐる関係が統治の関係である。このような法律関係は，私的な個人間の法律関係に由来するものではなく，統治者（国）と非統治者（国民）という地位を前提として認められるものである。

これに対し，国とか国民としての地位を前提としなくても成り立ち得る法律関係は非統治関係である。国が業者から物品を買い入れる行為においては，国は買主という地位に立っているにすぎず，統治作用としての行為ではない。逆に，原告，被告という訴訟当事者の関係は，平等関係とはいえるが，非統治関係ではない。原告，被告の平等対等な立場の保障は，結局は国家による司法権行使の公正を担保し実現するためのものであるから，当事者対国家の関係が前提にあると言ってよく，したがって基本的には統治関係となるといわなくてはならない。

否定説　以上のように，公法と私法とを区別する考え方に対して，区別には大きな実益もなく，区別の必要を認めないとする見解もある。この見解は，公法も私法も国家権力を背景にして国の法として存在する点においては異なるところがないとし，結局，公法・私法の区別は，理論的分類ではなくて，歴史的分類にすぎないとか，本質的分類ではなくて，便宜的分類にすぎないとか，あるいは実質的分類でなくて形式的分類にすぎないとするのである。

3　近代における私法の優越

近代国家が成立し，さらにその統治原理として民主主義が確立してくると，国家による統治は，国民の自由を保護するために認められるものであるから，社会生活関係全般にわたって，国家権力の干渉する範囲をなるべく制限し，市民の自由意思や自治活動を尊重するべきであるとの考え方が支配的となってきた。すなわち，公法的法律関係は，国民の自由を維持し，守る必要がある範囲でのみ機能するという，「私法の公法に対する優越」という考え方である。

近代私法と自由

個人の独立・平等・自由を基礎に置いた近代的国家社会（近代市民国家）が本格的に成立してきたのは，18世紀末頃からである。この時期に近代私法の基本的原理ともいえる「私的自治の原則」とか「契約自由の原則」が確立し，19世紀に入ると各国で，独立，平等，自由な市民生活の基本法としての民法の編纂が相次ぐようになるのである。

このような性格をもつ近代私法は，同時期に進行した産業革命と連動した自由主義経済機構，とくに資本主義経済体制と性格的に一致し，それを支えた。近代私法の生命ともいうべき自由は，資本家の投資，工場建設，新式機械の設置，価格の決定，取引その他の経済活動の自由となり，労働者の雇入れについても，契約の自由の名の下に，労働者に低賃金，重労働を課すことの自由となってあらわれた。契約の自由には，誰と，どのような内容の契約を結ぶかの自由も，契約を結ばない自由も含まれるため，資本家は，多数の就業希望者のなかから，自分の提示する条件で働く労働者と雇入れの契約をする自由を持った。しかし，働かなければ生活することができない労働者は，不利な条件でも雇われざるを得なくなる。契約の自由は，本来，人間を対等の立場にあるものとして，両者の自由意思による契約の締結を尊重することにあったのであるが，実際には，資本家の自由，つまり資本家の利益追及を保障するための自由と化し，労働者が自分たちの生活を守るための自由とはならなかったのである。

資本家同士の間においても，自由競争が建前となるから，大資本をもつ企業が小資本の企業を圧倒するようになり，小資本の企業は競争に負けて廃業するか，大資本の企業に吸収されざるをえなくなり，大企業による独占化が進行する。その結果，競争相手のなくなった大企業は自己の利益の追及にのみ走り，一般国民は商品購入やサービス受給についての選択の道が閉ざされ，不利益を被る。

わが国の民法を含め，フランス民法やドイツ民法など，19世紀に制定された民法は，多かれ少なかれ個人主義，自由主義で貫かれているが，20世紀に入ってから，各国で諸種の改正や，特別法の制定が行われてきたのは，このような矛盾を防止したり，修正したりするために他ならない。

(2) 社会法

私法の優越という考え方が，過去の専制政治国家を克服し，政治的，経済的な自由を支えて資本主義経済機構の発展を促進し，文化の発展に大いに貢献したことは事実である。しかし一方で，少数の資本家による経済的支配をもたらし，経済的弱者の生存の圧迫という事態を引き起こすという弊害も生じさせた。

私法の公法化

このような弊害に直面して，19世紀半ばには，私的所有を否定し，経済関係を国家統制の下に置くことを主張する社会主義思想が登場し，20世紀初頭には，ロシアのように革命によってそれを実現させる国も現れた。しかし多数の国々では，個人主義，自由主義という近代市民国家の基盤を放棄することまではせず，「私的自治の原則」や「契約自由の原則」は原則と認める反面，それから生ずる弊害を法によって別に規制するという取り組みが行われるようになってきた。「私的自治の原則」や「契約自由の原則」を貫徹することで，国民の生活に不利益が生じる可能性がある場合には，国家による立法という力を借りて，私法関係に介入するという取り組みであり，私法に公法的色彩が加わらざるを得なくなったという意味で，この傾向を「私法の公法化」という。例えば，われわれの生活で必要な電力は，各人が電力会社との間に契約をして購入しているのであり，この契約は私法上の契約と見ることができるが，電力事業法という特別法を制定し，電力事業は経営に多額の費用がかかるため地域ごとに事業者を限定して独占させる一方，その公共性を考慮して，電力事業者は経済産業大臣の許可を得なければならず，また電気料金の変更等については供給約款を定め，やはり経済産業大臣の許可を得なければならんとするなど，相手方選択の自由や内容の自由といった契約自由の原則の重要な要素に国家が関与してそれを制限し，電力の適切な供給に努めている。

社会法の登場 このような私法の公法化の浸透に伴い，本来は私法上の法律関係であるが，私法の枠を超え，統治関係に関するわけではないが，国家の積極的関与の下に，国民生活の福祉と，人間らしい生活の保障を図ることを目的とした法の一群が登場してくる。これらの法は，個人主義的法秩序の弊害を除去するために私法領域の事項に社会的統制や社会的修正を行う法であり，「社会法」と呼ばれる。今日，わが国では，そのような法の整備については，憲法に，健康で文化的な最低限度の生活の保障（25条1項），労働者の権利の保障（27条，28条）が基本的人権として明言されることによって，国に要請されている。

労働法 社会法の領域は広範であるが，その代表的な領域としては，労働法，経済法，社会福祉法を挙げることができる。このうちまず労働法は，労働に従事することを目的とした使用者と被用者の間の法律関係に関する法領域である。労働を目的とする雇用の法律関係については，民法に雇傭契約の規定（623－631条）があるが，わずか数条にすぎず，また使用者と労働者とを市民法的な自由平等の人格者同士の関係ととらえる民法の市民法的思考の下では，前述したような各種の弊害がもたらされる。そのため先に触れたように，憲法も，国民の勤労の権利義務の保障，賃金，就業時間，休息その他の勤労条件などは法律で定めることを規定し（27条1項2項），また労働者の団結権，団体交渉権を保障（28条）している。この憲法の保障を受けて，いわゆる労働三法（労働基準法，労働組合法，労働関係調整法）を基本とする各種の労働法が制定されている。

経済法 第2は経済法といわれる法の領域である。その代表的なものは，私的独占の禁止及び公正取引の確保に関する法律（いわゆる独占禁止法）である。この法律の目的は，私的独占，不当な取引制限及び不公正な取引方法を禁止し，事業支配力の過度の集中を防止して，結合，協定等の方法による生産，販売，価格，技術等の不当な制限その他一切の事業活動の不当な拘束を排除することにより，公正且つ自由な競争を促進し，事業者の創意を発揮させ，事業活動を盛んにし，雇傭及び国民実所得の水準を高め，以て，一般消費者の利益を確保するとともに，国民経済の民主的で健全な発達を促進することにある（1条)。自由競争は資本主義経済と不可分であるが，その自由が行き過ぎることによって，かえって企業活動や消費者の自由が奪われるという矛盾を，社会的統制を加えることで回避しようとするのである。

生活保護法　第3の領域は，社会保障法といわれる法の一群である。この中には諸種の法律が含まれるが，ここではその代表として生活保護法について触れておこう。市民社会においては，各人は自らが自らの経済生活を支えるのが原則である。しかし，いかなる人にも，老齢や疾病，失業等，やむを得ない事情によって稼働能力や労働の場を失い，自らの生活を支えることはできなくなる可能性は常に存在する。自活できなくなった者に対する経済的支援については，民法に一定の親族間で扶養義務を負わされる旨の規定がある（877条)。しかし，この扶養義務は，まず扶養にあたる親族が存在しなければならないし，もしそのような親族があったとしても，その者に自己の生活を維持したうえで他者を扶けるだけの経済的余裕がなければ認められない。このような場合の経済的な支援を目的に，「すべて国民は，健康で文化的な最低限度の生活を営む権利を有する」という憲法規定（25条1項）を受けて制定されたのが生活保護法である。民法上の扶養を私的扶養に対して，生活保護は社会公的扶養と呼ばれることがあるが，社会的な連帯という側面から，市民社会の個人主義原理の修正がなされているものと考えてよい。

2．実体法と手続法

(1) 意　　義

実体法と手続法という分類は，具体的権利義務関係について規定しているのか，その権利義務実現の手続について規定しているのかという，法規定の内容を基準とした分類である。実体法とは，法の制度的組織内容を定める規範である。例えば売買契約の成立のためにどのような要件を充足することが必要かとか，売買契約が成立した場合に売主と買主との間にどのような権利義務が発生するかといったように，権利義務の内容や変動について規定する法律である。民法や商法，刑法などは，実体法の代表的なものである。

これに対して，実体法に定められた権利義務の内容を実現するための手続を規定する法が手続法である。手続法には，手続そのものを規定する法と，手続中で証拠として使用しうる証拠の登録に関する法とがある。民事訴訟法，刑事訴訟法，家事審判法などは前者であり，不動産登記法，戸籍法などは後者である。

⑵　実体法と手続法との関係

わが国では，実体法と手続法とは，民法と民事訴訟法というように，別個の法として制定され，法律学においても実体法学と訴訟法学との二つの系統に分かれている。しかし法律実務においては，両者は常に関連させて考えられなければならない。例えば，民法に定められる実体的権利義務の発生について必要な要件のうち，原告と被告のいずれが，どこまで，その充足あるいは不充足を立証するかが重要な問題となる。訴訟においては，証拠を挙げて証明することができなければ，その権利義務の存在を認めてもらえないからである。

3．強行法と任意法

⑴　意　　義

強行法と任意法という分類は，法の効力が絶対的であるか否かを基準とした分類である。強行法とは，当事者の意思如何にかかわらず，当然に拘束が及ぶ法をいう。憲法，刑法，行政法，民事訴訟法，刑事訴訟法等の公法は，公の秩序に関する法規範であり，公益上の必要から，強行法である。これに対して，直接，公益に関しないため，当事者の意思により，その適用を排除し得る法，すなわち当事者が，その法の適用を受けることを欲しないならば，その法に従わなくてもよいとされる法のことを，任意法という。民法などの私法は，一般に，任意法としての性格をもつ。例えば，民法第557条は，「買主が売主に手付を交付したときは，当事者の一方が契約の履行に着手するまでは，買主はその手付を放棄し，売主はその倍額を償還して，契約の解除をすることができる」と規定する。この規定の文言は「できる」というものであり，これは従うかどうか自由に決することができるという趣旨であり，任意規範であることを示す典型的文言である。

一つの法律の中に，任意法的性格を持つ規定と，強行法的性格を持つ規定が共存する場合がある。前者のような規定を任意規定，後者のような規定を強行規定という。契約自由の原則に立つ民法は任意規定を数多く含むが，強行規定も少なくない。社会の経済的価値秩序の基準となる物の支配をめぐる法律関係，すなわち物権に関する規定，また夫婦関係や親子関係など，個人の親族的身分秩序に関わる親族法の規定などは，そのほとんどが強行規定である。

(2)　違反した場合の効力

任意規定と異なる意思表示の効力　民法第91条は，「法律行為の当事者が法令中の公の秩序に関しない規定と異なる意思を表示したときは，その意思に従う」と規定する。「公の秩序に関しない規定」というのは任意規定のことであるから，それと異なる意思表示をしても，その意思表示は有効に当事者を拘束する。

強行法に対する違反　公法はほとんどそのすべてが強行法といってよいが，その強行法に違反した場合には，その行為は無効であり，効力を認められない。公法の中でも，刑法その他の刑罰法規に違反した場合には，制裁としての刑罰が科せられる。

民法その他の私法の中の強行規定に違反した場合には，一般に，無効となるほか，取り消されることもある。例えば，未成年者が法定代理人（親権者もしくは未成年後見人）の同意を得ないでなした財産に関する法律行為（民法5条），婚姻適齢に違反してなされた婚姻や重婚など，婚姻障害事由のある婚姻（民法731条ないし736条，744条ないし746条）などである。無効は行為が存在したときから効力が認められないのに対し，取消しの場合には，取り消されるまでは，一応有効な法律行為であり，取り消されると，初めに遡って無効となる（民法121条）。ただし，婚姻，養子縁組の取消は，取消の判決が確定されたときから，将来に向かってのみ婚姻，養子縁組が消滅する（民法748条1項）。

強行法に違反した場合には，過料に処せられることもある。過料は刑罰としての科料（刑法9条）とは性質が異なり，行政罰である。例えば，公正証書以外の遺言書の保管者は，相続開始を知った後，遅滞なく，これを家庭裁判所に提出して，その検認を受けなければならず，また封印のある遺言書は，家庭裁判所において，相続人またはその代理人の立会を以て開封しなければならないのに（民法1004条），これらに違反すると，5万円以下の過料に処せられる（民法1005条）。また子の出生届は，14日以内に原則として親がしなければならないが（戸籍法49条，52条），正当理由がなくて，その届出を怠ると，3万円以下の過料に処せられる（戸籍法120条）。

4．一般法と特別法

⑴ 意　義

一般法と特別法という分類は，法の効力範囲の広狭による区別である。同一事項について規定する，より一般的な広い効力範囲をもつ法と，特殊的，限定的効力範囲を持つ法が存在する場合，前者を後者に対する一般法，後者を前者に対する特別法という。例えば，民法には第33条から37条までに法人に関する規定を置くが，これらの規定は，公益法人，非営利法人さらに営利法人のすべてについて当てはまる，広い効力範囲を持っている。これに対し，法人のうち公益法人に特化した効力範囲を有する法として，公益社団法人及び公益財団法人の認定等に関する法律（公益法人法）があり，営利の法人については会社法が，別個に制定されている。これら諸法律間においては，民法が公益法人法や会社法にとっての一般法，逆に公益法人法や会社法は民法に対する特別法ということになる。

一般規定と特別規定

このように別個の法令の間で，一般法と特別法の関係が成り立ちうるほか，一つの法律の中でも，規定ごとに一般法と特別法の関係が成り立ちうる。このような場合，より広い効力範囲を有する規定を一般規定，より限定された効力範囲を有する規定を特別規定という。一つの法律の中で，一般規定と特別規定は，次のような形をとって現れる。

①　同一の事項に関する規定が複数あるときは，後の規定が先の規定の特別規定である。民法は，第167条1項において，一般の債権の消滅時効を10年と規定する。しかし，第170条1号では，医師や薬剤師の診療や調剤に関する債権の消滅時効は3年間，173条1号では，生産者，卸売商人および小売商人が売却した産物および商品の代価についての債権の消滅時効2年間，第174年4号では，旅館や料理店の宿泊料，飲食料についての債権の消滅時効は1年間で完成すると規定されており，それらはいずれも第167条1項の特別規定となっている。

②　また，一つの規定の中で，本文とただし書がある場合には，ただし書規定は本文規定に対して特別規定の関係立つ。例えば，民法第614条は，賃貸借契約における賃料の支払い時期について，「賃料は，動産，建物及び宅地については毎月末に，その他の土地については毎年末に，支払わなければならない。ただし，収穫の季節があるものについては，その季節の後に遅滞なく支払わなければならない」と規定するが，ただし書規定は本文に対する特別規定である。

③　さらに，一つの規定の中に複数の条項があり，それら条項が同一事項について規律しているときには，後項規定が前項規定に対する特別規定の関係に立つ。例えば，民法第985条は遺言の効力発生時期について，第1項で「遺言は，遺言者の死亡の時からその効力を生ずる」，第2項で「遺言に停止条件を付した場合において，その条件が遺言者の死亡後に成就したときは，遺言は，条件が成就した時からその効力を生ずる」と規定する。この場合，第2項は第1項の特別規定である。

一般法と特別法とを区別する実益は，「特別法は，一般法に優先する」という点にある。すなわち，一般法と特別法とがあるときは，まず特別法を適用することになる。

⑵　法の効力範囲と一般法と特別法の区別

すでに述べたように，法の効力範囲は人，場所，時について問題となる。効力範囲の広狭を基準とする一般法と特別法の関係も，人，場所，時について問題となるほか，さらに事物に関しても問題となる。以下，それら４点について，一般法と特別法の関係を見てみよう。

1　人に関する一般法と特別法

一般的に，誰にでも適用される法は，人に関する一般法である。民法，刑法などは，総体としてこれに属する。これに対し，特定の職業や地位を有する人に限って適用される法は，人に関する特別法である。民法は人が一般に生活していくうえで必要な法律的行為（法律行為）として，売買契約や賃貸借契約などについて定める。これらの法律行為を利潤を得ることを目的として行う場合には，その行為を「商行為」といい，それを反復継続して行う者，すなわち「自己の名をもって商行為をすることを業とする者」を「商人」という（商法４条)。商法は，その第１条で，「商人の営業，商行為その他商事については，他の法律に特別の定めがあるものを除くほか，この法律の定めるところによる」と規定する。このことからわかるように，商法は民法に対して，商人という特定の人に関する特別法の関係にある。

一般法と特別法の関係は，先にも述べたように，一つの法の中でも存在する。「未成年者が法律行為をするには，その法定代理人の同意を得なければならない」と規定する民法第５条１項本文は，民法の中で未成年者に限って適用される特別規定である。また，「公務員が，その職務に関し，賄賂を収受し，又はその要求若しくは約束をしたときは，５年以下の懲役に処する」と規定する刑法197条１項前段は，刑法の中で，公務員にのみ適用される特別規定である。

2　場所に関する一般法と特別法

一般的に，どの地域においても広く適用される法は，場所に関する一般法である。これに対して，特定の地域のみに限定的に適用される法は，場所に関する特別法である。

民法，商法，刑法などはもちろん，わが国で現在施行されている法律のほとんどは，特定地域に限定されることなく，わが国全土において適用されるものである。ただ少数ではあるが，特定の地域に限定して適用される法律も存在する。例えば，1956（昭和31）年に制定された首都圏整備法は，首都圏の整備に関する総合的な計画を策定し，その実施を推進することにより，わが国の政治，経済，文化等の中心としてふさわしい首都圏の建設とその秩序ある発展を図ることを目的に，東京都の区域及び政令で定めるその周辺の地域を一体とした広域に限定して適用される特別法である。また，1963（昭和38）年制定の近畿圏整備法は，福井県，三重県，滋賀県，京都府，大阪府，兵庫県，奈良県及び和歌山県の区域（政令で定める区域を除く）を一体とした広域，すなわち「近畿圏」に限って適用される特別法である。

3　時に関する一般法と特別法

施行期間に定めのない法が，期間に関する一般法であり，施行期間について一定の期限を付された法が，期間に関する特別法である。施行期間を定めない法を恒久法ともいうが，通常，法を制定する場合にとくに施行期間を定めるようなことはしないため，ほとんどの法は恒久法である。しかし，ある特殊の目的で制定される法令のなかには，その目的達成のために必要とされる一定期間だけ施行するために制定されるものもある。これが時に関する特別法であり，恒久法に対し，限時法あるいは時限立法ともいわれる。

例えば，2001（平成13）年11月に制定された「平成十三年九月十一日のアメリカ合衆国において発生したテロリストによる攻撃等に対応して行われる国際連合憲章の目的達成のための諸外国の活動に対して我が国が実施する措置及び関連する国際連合決議等に基づく人道的措置に関する特別措置法」，略して「テロ特措法」は，2007年10月31日を期限とする現時法であったが，期限満了により，すでに効力を失った。また，自主的な市町村の合併の推進による市町村の規模の適正化等を図ることを目的として，2004（平成16）年に制定された「市町村の合併の特例等に関する法律」は，2010（平成22）年3月31日に失効することが予定された限時法である

④ 事物に関する一般法と特別法

広く一般の事物に適用される法が，事物に関する一般法であり，限定された事物にのみ適用される法が，事物に関する特別法である。法はその規制内容である事物ごとに定められるのが通常であるため，単に一般法，特別法といえば，この事物を基準とした一般法，特別法のことを指し，その数もきわめて多数に上る。ここでは，民法と借地借家法を例に挙げて，説明しよう。

民法は市民生活に関わる事物に関する一般法の代表的な法律であり，その中に，賃貸借契約についての規定（第601条以下）も含んでいる。民法の賃貸借契約に関する規定は，人格的に対等な個人間を前提とした，動産，不動産すべての物についての共通の賃貸借契約規定であるため，借地や借家のように，借主と貸主との間に，一種の生活弱者と強者の関係があるような場合の賃貸借については不備の点が多く，借地人や借家人の保護のための法的措置が必要となってきた。そのため，1921（大正10）年に，借地借家に関してのみ適用する目的で，借地法と借家法が制定された。たとえば，民法で定めた賃貸借の期間は20年となっているが（604条），住宅を建てるために土地を借りる場合には，20年間では短すぎる。そのため，借地法では，まず「本法ニ於テ借地権ト称スルハ建物ノ所有ヲ目的トスル地上権及賃借権ヲ謂フ」（旧借地法1条）と規定して，借地法にいう借地権の定義を定めたうえ，「借地権ノ存続期間ハ石造，土造，煉瓦造又ハ之ニ類スル堅固ノ建物ノ所有ヲ目的トスルモノニ付テハ60年，其ノ他ノ建物ノ所有ヲ目的トスルモノニ付テハ30年トス但建物カ此ノ期間満了前朽廃シタルトキハ借地権ハ之ニ因リテ消滅ス」（同2条1項），「契約ヲ以テ堅固ノ建物ニ付30年以上，其ノ他ノ建物ニ付20年以上ノ存続期間ヲ定メタルトキハ借地権ハ前項ノ規定ニ拘ラス其ノ期間満了ニ因リテ消滅ス」（同2項）と規定して，借地権の存続期間を民法の規定より長く保障した。また，借家法も，家屋の賃貸借からの特殊性を考慮して，借家人保護の建前から，民法とは異なるいくつかの点を規定した。これら借地

法や借家法は，社会法的性格を付与された，民法の特別法である。

しかし，借地法や借家法に盛られた借地人・借家人の社会法的な保護はその後の借地や借家をめぐる社会的，経済的状況の変化の中で，借地人や借家人の立場が強くなりすぎる等，様々なきしみを生み出してきた。そこで平成3年には，借地法と借家法を一つにまとめ，定期借地権や定期借家権といった新たな制度も取り入れた，借地借家法が制定され，平成4年から施行されている。この借地借家法では，借地権の存続期間は堅固な建物とで区別せず，30年間と規定されている。

(3)　一般法と特別法との相関関係

一般法と特別法という分類は，絶対的なものではない。例えば，商法は民法に対して，特別法であるが，これは人や事物を基準にして区別した場合である。したがって，商人や商行為については，商法が民法に優先して適用される。しかし，商法は，商事に関しては一般法の位置にあり，例えば，銀行法や保険業法などは，商法に対して特別法の地位にある。このように，一般法と特別法との区別は，相対的なものである。

第 7 章
法の運用

1．法の執行と法の適用

⑴ 法の運用

法は特定の人物や，特定の事件ごとに規定されているわけではなく，すべて抽象的命題として規定されている。そのため，法規範としての実効をあげるためには，この抽象的命題を具体的に発生した事案に当てはめることが必要になってくる。このように法令の内容を一定の具体的事案に当てはめることを法の運用という。

この法の運用には，行政機関による行政作用としての法の運用と，司法権の行使としての裁判所の裁判による法の運用の二つがある。前者を「法の執行」といい，後者を「法の適用」という。

⑵ 法の執行

法の執行というのは，例えば，税務署が所得税法に基づいて国民からに徴収する場合や，警察官が，酩酊者を救護施設・警察署の適当な場所に保護する措置を採る場合など，行政機関の公務員が，法令に基づいて職務を遂行することをいう。この行政作用としての法の執行は，概して権力的に行なわれ，法の執行について不服のある者は，審査に対する不服の申立て，あるいは行政訴訟をもって争うことができる。

⑶　法の適用

法の適用とは，例えば，貸主が借主に貸金の返還請求訴訟を提起した場合に，裁判所が，貸主の主張が正当であるか否かを審理し，借主が借金を弁済していないと認定した場合に，法令を当てはめて，借主に借金を弁済せよと判決で命ずる場合のように，裁判所が法規定を具体的事件にあてはめて，拘束力を有する一定の結論を導き出すことをいう。

事実の認定　裁判所が法を適用する場合には，まず当該事件がいかなる法的紛争なのか，事実関係の確定（事実認定）を行わなくてはならない。この事実の認定は，民事訴訟であれば原告と被告，刑事訴訟であれば訴追人である検察と被告から提出された証拠（物証，人証）によらなくてはならない。これを証拠主義といい，証拠を挙げて原告側と被告側，あるいは検察側と被告側が相互に主張し合う手続を口頭弁論という。第１審裁判および第２審裁判では，この口頭弁論手続に時間がかけられるのが通常である。提出された証拠のいずれを採用して裁判するかは，裁判官の自由な判断にゆだねられる。これを自由心証主義という。したがって，第１審と第２審の裁判では，認定された事実関係が異なるということも起こりうる。

このように証拠によって確定された事実関係を，認定事実という。裁判官は，この認定事実に法令を適用して，一定の結論つまり判決を出すことになる。認定事実に法令を適用するには，適用すべき法令の意味，内容を知らなくてはならない。この法令の意味，内容を知るには，法律解釈が必要となる。

2．法律解釈

⑴　法律解釈の意義

法律の解釈とは，法令のもつ意味を明確にすることをいう。法律の内容は言葉で書き表されているが，その言葉が何を，どこまで意味しうるのかがわからなければ，多種多様な形をとって発生してくる具体的な法の執行や適用の場面で，法の内容を実現することはできない。法律解釈の伴わない法の運用はないと言われるのは，まさにこの意味である。

⑵ 法律解釈の指導理念

一般的妥当性 法の運用は，個別具体的な事案について問題となるものであるが，その運用に必要な法律の解釈は，その事案についてだけ，１回限り妥当すればよいといった解釈であってはならない。法の運用は，体系的，統一的に行わなければその安定性を欠き，信頼性も失われる。したがって，法の解釈は，何よりも一般的な法理解としての合理性を保ちつつ，その中でもっとも当該事案の解決として合理性を持つ理解を導くものでなければならない。他に同種の事案が出てきた場合にも妥当しうる，この一般的な法理解としての合理性のことを一般的妥当性といい，それを図ることこそが法解釈の指導理念とされなければならない。

立法の精神と解釈の現在性 法律の解釈は，条文の字句に示されている言葉の単なる法論理操作であってはならない。一つの法規定の持つ正しい意味・内容を解明するためには，場合によって，その規定が設けられた目的，すなわち「立法の精神」とか「立法者の意思」にまで遡らなければならないこともある。しかし，具体的に生じる事案は，立法当時は予想もしなかったものである場合も少なくないし，立法の精神ということだけを解釈の基準とすることは，その後の社会の発展を無視して，古い目で新しいものを見てしまうというおそれも出てくる。立法の精神は，法律解釈の重要な基準ではあるが，そのひとつの資料と考えるべきであり，法律の解釈にあたっては，現在性，すなわち今日の時代や社会の状況を念頭に置く心構えが必要である。

解釈の創造性・解釈の理念性 制定された法規範は必ずしも完ぺきであるとはいえない。法文には欠陥や矛盾もあり得る。しかし，それを理由に法律を改正することは短時日になし得ることでない。それゆえ，法律の解釈にあたっては，解釈の現在性とともに解釈の創造性も要請される。とくに民事裁判においては，成文の法律が存在しないからといって裁裁判をしないわけにはいかない。現に発生している事件に当てはまる法律の条文がなければ，論理的操作を駆使して，最も合目的的な解釈を導びく必要もでてくる。ただ，このような論理操作に目標をあたえるのは，解釈をする人の理想追求の意思であり，価値判断である。したがって法律の解釈には，その人の理想や人生観ないし世界観も入ってくる。これを解釈の理念性という。法律の解釈は，解釈する人の理想のもとに，解釈の一般的妥当性，現在性，創造性を考慮して，法のもつ現在的意味・内容を発見し，明確にすることであり，このようにして解明された法の意味こそが法規範にほかならない。

解釈の具体的妥当性　先にも述べたように，法の運用はさまざまな具体的事案において問題となる。したがって，法律の解釈は，具体的事件に当てはめて妥当な結果を得られるものでなければならない。論理的操作としては矛盾がなくても，具体的事案にその解釈を当てはめた結論が相当性を欠くときは，その解釈に具体的妥当性がなく，法律の解釈として正しいものとはいえない。ただこの具体的妥当性は，一般的妥当性を犠牲にして達成されるべきものではなく，あくまで一般的妥当性を持つ解釈の枠組みの中で，もっとも当該事案の解決として妥当性を有するものを導くという精神の下で得られるものでなくてはならない。

3．法律解釈の方法

法律を事案に当てはめて妥当な解決に到達するには，法律の解釈が必要になるが，この法律解釈は，以下のようないくつかの方法によって行われる。

(1)　有権解釈

有権解釈とは，法文の持つ意味が立法権者によって確定された解釈のことをいう。法文は抽象的な命題で表されるが，それを構成する言葉にはいくつかの意味が含まれることもある。そこで，使用された法文の字句の意味について解釈が分かれ，混乱しないよう，立法者が法文の中で法文の意味を定めることは少なくない。有権解釈は立法者自身によって，法文の中に示された解釈である。

例えば，民法第85条は「この法律において『物』とは，有体物をいう。」

と規定し，民法で使用される物という用語の意味を定めている。有体物というのは，有体性のあるものということであり，有体性とは，物理的に一定の体積，容積を以て存在しうることをいう。したがって，立法者の有権解釈に従えば，光・音・熱量などは有体性がないから物ではなく，電気も民法上は物ではない。近時は，例えば不動産登記法第２条のように，当該法律で使用する用語をまとめて定義する定義規定を置く法律が多いが，そこに示される定義はすべて有権解釈である。

(2) 行政解釈

行政解釈とは，上級官庁が下級官庁に対して，通達または回答という形式で示す解釈方法である。具体的な法の執行の場においては，法令に規定されていない事案や，規定はあってもその内容が十分解明されていないため，どのように処理してよいかわからない事案がしばしば発生する。そのような事案を担当者が独断で処理すると違法な処理となる可能性があるし，また同種の事案が多数出てきた場合には，担当官機関や担当者ごとに処理の仕方が異なり，行政事務の統一がとれなくなる恐れも出てくる。そのような場合には，行政事務処理の現場である下級官庁から上級官庁に伺いを立て，上級官庁でそれを検討して処理の仕方を回答することで事案の処理をさせたり，一定の事項について上級官庁が全国の下級官庁に一斉にある事項の取り扱い方や解釈について通達を出して全国的に統一した処理をさせたりする。このような通達や回答に示される行政解釈は行政官庁の判断であるから，法令の解釈を最終的に確定させるものではない。法令の解釈を最終的に確定させる権限は，司法機関である裁判所に属している。それゆえ，通達や回答に不服のある者は裁判所に訴訟を提起して争うことができ，もし裁判所が判決で，通達や回答と異なる判断をしたときは，その異なる判断の範囲内においては判決が優先する。しかし，現実には，税務や戸籍実務，不動産登記実務など，行政実務の現場では，行政解釈は数が多く，それ抜きに動くことができないほど，重要な役割を担っている。

コラム3　行政解釈

行政解釈が，行政の現場はもちろん，法解釈全体の中でも大きな役割を果たしている例として，届出不受理願出制度について見ておこう。この取扱いは，もともと協議離婚届出の不受理願出制度から始まったものである。

民法は，離婚について，当事者の協議と離婚の届出だけで成立する協議離婚制度を認めており，現在離婚数全体のうち約９割以上がこの協議離婚で占められている。協議離婚は，離婚の届出時に，夫婦の離婚に関する合意があることを必要とするが，場合によって夫婦の一方が合意もなしに勝手に協議離婚届書を作成し，これが受理されてしまう場合や，合意の上で協議離婚届書を作成したときには離婚に合意していたものの，後にその意思を翻し，にもかかわらずその届書が提出されて受理されてしまう場合など，合意を欠く協議離婚が発生することがある。このような離婚は，離婚の意思がないので無効となるが，その無効を確認してもらうためには裁判所から無効確認の判決を得なければならず，そのためにかかる時間や費用のことを考えて，離婚届を出されてしまった夫婦の一方が争うことをあきらめ，結果的に勝手に離婚届を出した者の側が相手方を追い出したに等しい状態が作り出されてしまう。

届出不受理願出制度は，このような事態を回避し，無効な協議離婚を発生させないために，戸籍事務の中から生まれてきた制度である。最初の先例は，協議離婚届書の不受理の願出が許されるのかという伺いに対して，昭和27年に法務省民事局が返した回答であり，それは「離婚の意思がない者につき協議離婚の届出がなされるおそれがある場合又は協議離婚届に署名したのち離婚意思をひるがえした場合に夫婦の一方から離婚の届出があっても拒否されたい旨の書面による申出がなされたときは，その後に夫又は妻から右離婚届の提出があっても受理しない」というものであった（昭和27年７月９日附民事甲第1012号，昭和37年９月27日附民事甲第2716号各法務省民事局長回答）。その後，この不受理願出については，有効期間を６カ月とするなど，幾度かの回答や通達が出され，最終的には，昭和51年１月23日　民二第900号民事局長通達・同年月日民二第901号民事局第二課長依命通知によって，①不受理申出先は，申出人の本籍地市町村長であること，②不受理申出期間中に，当該申出にかかる協議離婚の届出が受理され，それに基づいて戸籍記載が行われている場合，または戸籍記載が行われていない場合には，監督法務局長の指示または訂正許可により処理すること，③協議離婚届出以外の婚姻や養子縁組の届出について不受理の申出があったときは，協議離婚届出に準じて扱うことなどが加えられて，制度として確立し，今日に至っている。

⑶ 学理解釈

学理解釈とは，各種の学問的考察方法により，法規範の意味を明確にすることである。その考察方法には，次のようなものがある。

[1] 文理解釈

文理解釈とは，法律規定の字句を解釈して，その意味を明確にすることである。法律規定に使用される用語は，日常用語としての意味だけでなく，法律的に特別の意味内容が盛られた用語も存在する。それらの意味を的確にとらえられなければ正しい解釈は行えないのであり，その意味で，このような解釈方法は，法律解釈の最も基本となるものである。ここでは一つ，民法第877条の規定について，文理解釈の例を挙げてみよう。

民法第887条1項には，「被相続人の子は，相続人となる」という規定がある。被相続人とは相続される人，すなわち死者であり，相続人とは相続権を有する者，すなわち相続によって財産を承継できる者である。子とは，親からみて直系卑属である，一親等の直系血族のことである。民法第725条では親族の範囲を規定するが，それによると法律上親族というのは，①6親等内の血族，②配偶者，③3親等内の姻族となっている。血族とは，相互に血統のつながりがある親族をいうのであるから，親子は相互に血族である。また親等というのは親族間の遠近をはかる尺度であり，その計算方法について第726条で「親等は，親族間の世代数を数えて，これを定める」と規定する。親子は世代数が1つであるから一親等である。また，親からみれば子は自分より出て直下する血統の流れの中にあるから，直系卑属である。ある男性が再婚し，その相手方女性に連れ子があったとする。その男性と女性の連れ子とは，血縁が存在しないから血族ではなく，親子ではない。したがって，その男性が死亡しても，その連れ子は男性の相続人とはならない。

民法第887条2項には「被相続人の子が，相続の開始以前に死亡したとき，又は第891条の規定に該当し，若しくは廃除によって，その相続権を失ったときは，その者の子がこれを代襲して相続人となる」という規定がある。被相続人の子は，第887条1項により，被相続人の相続人である。この規定は，親より先にその相続人である子が死亡してしまった場合に，もしその相続人である子になお子があれば，その子が死亡した相続人に代わって相続人となるという趣旨の規定である。これを代襲相続という。しかし，被相続人の子の子ではあるが，被相続人の孫でないものは代襲相続をすることができない。なぜなら，第887条2項にはただし書があり，「ただし，被相続人の直系卑属でない者は，この限りでない」とされているからである。ある人の子の子は，通常はその人の孫である。しかし，相続人の子が実子ではなく養子であって，しかも養子縁組をする前から養子に子があった場合には，養親と養子の縁組前の子との間には，法律上は何らの親族関係もない。民法727条には，「養子と養親及びその血族との間においては，養子縁組の日から，血族間におけるのと同一の親族関係を生ずる」と規定されており，養子縁組によって法律上の親族関係が生ずるのは，養子と養親さらに養子と養親の血族のみに限られ，養親と養子の血族（例えば子）との間については何の規定もされていないからである。したがって，代襲相続できる者は，被相続人の子の子であって，孫である者に限られる。

第887条2項によれば，代襲相続が起きるのは，「被相続人の子が，相続の開始以前に死亡したとき」である。では，Aとその子Bが事故にあって生命を失い，そのいずれが先に死亡したか分明でない場合に，AにBの子である孫Cがあったとして，そのCは代襲相続できるであろうか。民法第32条には，「数人の者が死亡した場合において，そのうちの一人が他の者の死亡後になお生存していたことが明らかでないときは，これらの者は，同時に死亡したものと推定する」という規定がある。この規定によれば，AとBは同時に死亡したことになるので，代襲相続は認められることになる。なぜなら，第887条2項の文言は，「相続の開始以前」というものであり，「以前」というのは同時も含むからである。

[2]　論理解釈

文理解釈は法律規定に示された字句の意味から直接的に結論を導き出す解釈方法であるが，その方法では妥当な解釈を導くことができない場合も存在する。そのような場合に用いられる解釈方法が，論理解釈である。

法規範は総合されて一つの体系を構成している。それゆえ，法律の解釈にあたっても，その解釈は総合されて一つの体系を構成することができるように論理的作用に基づいてなされねばならない。一つの法文の解釈は，その法文の１個としての解釈と，その法文が全体の法律体系との関連において有する全体の一部としての解釈との調和をも考慮して進める必要がある。論理解釈とは，このような，個々の条文を全体と関係でとらえつつ，法の目的とか趣旨，一般的妥当性，具体的妥当性などを考慮しながら論理的に究明する解釈方法をいうのである。論理解釈は，論理学の方法を駆使しながら進められる。その方法とは以下のようなものである。

(イ) 拡張解釈　　この方法は，法文のもつ字句の意味を拡張し，妥当な結論を導く解釈方法である。例えば，民法第12条には，被保佐人が保佐人の同意を得てなすべき法律行為を列挙しているが，このなかには手形の振出や裏書といった，本人の負担となる重要な財産行為に関する事項が欠けている。そこで，同条が被保佐人の保護のため，被保佐人が重要な法律行為を行うについて保佐人の同意を得るものとした趣旨の規定であることを考慮して，同条に列挙されていなくても現代社会において重要な行為と考えられる事項については，保佐人の同意を必要とすべきものと拡張して解釈されている。

(ロ) 縮少解釈　　この方法は，拡張解釈とは逆に，法文のもつ字句の意味を縮少し，妥当な結論を導く解釈方法である。例えば，民法第177条は，不動産の売買など物権の変動があった場合には，登記をしていなければ第三者に対抗することができない旨を規定しているが，この第三者とはすべての第三者をいうのではなく，登記の欠けていることを主張するについて正当の利益を有する第三者に限られると縮少して解釈されている。すなわち，第177条を文言通りに解釈すると，ＡがＢに土地を売り，まだＢへの移転登記が済まないうちに，その土地をＣに売ってＣが移転登記を済ませた場合，Ｂは先に土地を買い受けたにもかかわらず，登記がないために，いかなる場合にも，後で土地を買い受けたＣに対して所有権の主張をすることができない。このような第177条の考え方は，自由主義経済体制の下では，一つの財産権の取得のために複数の者が競争することは否定されるべきことではなく，その競争に勝とうと思えば，他者に対して自分の権利を主張するのに必要なすべての要件を備えるべきであるという考え方を基礎に置いている。しかし，第2の買主であるCが，その土地を購入したのが，Bが未登記であるのに付け込んでBを困らせてやろうとか，Bがその土地の所有権取得を望んでいることを知っていて，いったん自分のものにしたうえで高額でBに売り，差額を得ようなどという意図から，この土地を購入したような場合には，一つの財産権の取得をめぐる相当な競争の枠を外れるものであり，そのような場合まで，第2買主であるCを保護することは，そもそも第177条の趣旨に合致しないともいえる。そこで，判例はこのようなCを背信的悪意者とし，背信的悪意者は第177条の第三者には含まれないと解釈してきているのである。

㈧　反対解釈　　これは法文の持つ字句の意味を文理的に解釈した上で，その法文と反対の意味に解釈することによってもその法文の意味を明確に把握することができ，かつ法の目的にかなうとする解釈方法である。例えば，民法第737条1項では，未成年の子が婚姻をするには，父母の同意を要する旨の規定があるが，したがって子が成年に達した場合には，父母の同意を要しないと解釈するのが反対解釈である。憲法第24条1項によって，婚姻は両性の合意のみによって成立するとされていることからすれば，この反対解釈は妥当性を有すると言える。

㈡　類推解釈　　ある事項が，法文に使われている字句の意味に類似してはいるものの，正確には該当しない場合に，その法文の目的や合理性を判断した上で，その目的や合理性をその事項にも当てはめてよいと考えられる場合に，その法文を適用して解釈することを類推解釈という。

例えば，民法第94条は，第1項で「相手方と通じてした虚偽の意思表示は，無効とする」と規定し，第2項では「前項の規定による意思表示の無効は，善意の第三者に対抗することができない」と規定する。借金のために自己所有の土地を差し押さえられそうになっているAが，友人のBと相はかって，本当に売買する意思はないが，虚偽の売買契約を締結し，その土地の登記をBに移転してしまったような場合がその典型例であり，AB間のこのような互いに通謀して行われた虚偽の意思表示を通謀虚偽表示といい，それはたとえその虚偽の契約に対応した外観（この場合は登記）があったとしても無効である。ただ場合によって，その虚偽の外観が存在する間に，その外観を信じてその外観の上に新たに法律関係を持つ者（第三者）が現れた場合，その者の信頼も一定限度で保護してやる必要がある。そのために置かれたのが，善意の第三者の保護する第２項の規定である。先の例でいえば，ＡＢ間の虚偽の契約で作り出された虚偽の登記を見て，その土地はＢの所有物だと信じ，Ｂからその土地を購入したＣはこの第三者であり，Ｃがその土地がＡＢ間の虚偽の契約によるものだと知らない限り，ＡはＣに対し，その土地が虚偽の売買による無効なもので，なおその土地の所有権はＡにあると主張することはできないのである。では，もし先の例で，ＡＢ間で虚偽の契約が結ばれたという事実はないが，ＡＢがうまく相はかってＢ名義の虚偽の登記を備え，それを善意のＣが購入したという場合であったらどうであろうか。先の例では，通謀の上虚偽の意思表示に基づく契約があり，それに基づいて虚偽の登記が備えられているのに対し，後の例では虚偽の意思表示はないまま，通謀の上で虚偽の外観が備えられたのであって，先の例と後の例では事実が異なる。民法94条は先の例のような事実がある場合の規定であるから，これを反対解釈すれば，事実を異にする後の例には適用がないとも考えられる。もし適用がないとすると第94条２項の規定も適用されないから，後の例ではＣはたとえ善意であっても保護されないこととなる。しかし，ここで，そもそも第94条２項の規定は，通謀虚偽表示だからということで認められる規定だというよりも，虚偽の外観の作成に積極的に加担した真の権利者Ａよりも，虚偽の外観を信頼した善意の第三者を保護する方が妥当であるという判断に基づくものであるということが考えられなければならない。そうであれば，虚偽の外観の作成が虚偽の契約に基づくものか，そうでないかを問わず，第94条２項を類推適用して，第三者保護を図るべきであるとの解釈が導かれる。現在，この民法94条２項の類推適用は，判例で確立した解釈となっている。

類推解釈と拡張解釈との関係　類推解釈と拡張解釈は似たところがあり，しばしば混同される。両者は，類推解釈が法文の字句に当てはまらない類似の事項に法文を当てはめるのに対し，拡張解釈は法文の字句の意味の内容の一部として包含して解釈するものであるという点で，相違する。しかし実際には，両者いずれの方法によることもできる場合もある。例えば，民法第711条は，「他人の生命を侵害した者は，被害者の父母，配偶者及び子に対しては，その財産権が侵害されなかった場合においても，損害の賠償をしなければならない」と規定する。これは，他人の生命を害した加害者は，被害者の父母，配偶者，子に対しては慰藉料を支払わねばならないとする旨の規定である。では，被害者に内縁の妻がいる場合に，この規定は適用されるであろうか。この条文の「配偶者」という文言のなかに内縁の妻も包含されるとして結論を導けば拡張解釈によったこととなり，内縁の妻は法律上配偶者ではなく，したがってこの条文の「配偶者」には当たらないが，この法文の趣旨からいって内縁の妻には慰藉料を支払う必要はないと解するのは酷であるから，内縁の妻にもこの規定内容をあてはめるべきであると解すれば類推解釈によったことになる。論理解釈の方法は，いずれかが他に対して優位だというわけではない。同じ結論に達し，それが妥当性を有すれば，どちらの解釈方法によらねばならないということはないのである。

反対解釈と類推解釈との関係

これに対し，反対解釈と類推解釈（または拡張解釈）とでは結論が逆となるから，いずれの解釈方法によるかは重要である。先に未成年者の婚姻について，「未成年の子が婚姻をするには，父母の同意を得なければならない」とする民法第737条1項に触れた。もし，父母が両方とも死亡してしまっている場合には，この同意はどうなるであろうか。反対解釈をとれば，「父母」だけが同意権有するとされており，その父母がいないのだから，未成年者といえども，誰の同意もなしに婚姻できるということになる。これに対して類推解釈をすれば，父母は通常親権者であり，第737条1項の趣旨は子の保護者の同意を要するというところにあるのだから，父母がいない場合には後見人を選任（民法840条）してその同意を要すると解すべきであるという結論が導かれる。これらの解釈のいずれが相当かを判断することは難しいが，法律の趣旨や目的をよく考えて，より合理性を有する解釈をとらなくてはならない。

刑法と類推解釈　刑法の解釈では，原則として類推解釈は許されない。類推解釈を許すと刑法に規定のない行為まで犯罪とされ，処罰されることになり，罪刑法定主義に反することになるからである。罪刑法定主義とは，犯罪と刑罰はあらかじめ成文の法律で規定しなければならず，刑法に規定のない行為は犯罪ではないとする考え方であり，国民の基本的人権の保護を目的とした近代刑法の基本原則である。

しかし過去には，きわめて少数ではあるが，裁判所が類推解釈を用いて判断をした例も存在する。その例の一つは，大審院の明治36年5月21日判決（刑録9輯874頁）である。この事件は，1907（明治40）年に制定された現行刑法の前に存在した旧刑法当時のものであり，他人の家に引かれていた電気を自己の家に引きこんで盗んだというものであった。盗電は窃盗剤を構成するかということが争点となったわけであるが，窃盗罪は他人の財物を窃取するという要件を充足することで成立するところ，電気は有体性がなく，したがって財「物」ではないということが問題となったのである。大審院は，電気には有体性はないが，財産性はあるとして類推解釈し，窃盗罪の成立を認めた。結論的には合理性があると考えられるが，罪刑法定主義との関係では問題があるため，この判決後まもなく制定された現行刑法では，わざわざ窃盗罪について「電気は，財物とみなす」とする明文の規定（刑法245条）が置かれたのである。

③　沿革解釈

沿革解釈とは，法律制定の沿革にさかのぼり，その法律に内含される法規範の意味を明確にする解釈方法である。すなわち，法律や制度が成立した当時の各種資料，例えば法案理由書，制定委員会の議事録，議会の速記録あるいはそれ以前に存在した法令や先例などを検討して，現在の法規範のもつ意味を明確にすることをいう。現在は過去の発展であり，現在を知るために過去にさかのぼることも１つの方法である。しかし法の適用は，現在の事件に対してなされるものであり，法律の解釈も現在の事件にあてはまるものでなければならないから，あまりに過去に執着すると，法律の現在的な解釈を誤ることになる。沿革解釈は，文理解釈や論理解釈では埋めることができない空白部分を埋めるものであり，現実にはほとんど利用されることはない。

第2編

法律各論（憲法・民法・刑法）

憲　法

第 1 章
憲法総論

1．憲法の意味──憲法を学ぶとは

(1)「憲法」の意味

ここではまず，「憲法」という言葉がどういう意味を持っていて，どういう事柄まで「憲法」の話として語るべきなのかについて見てみよう。そうすると，憲法で学ぶことは何なのかが同時に見えてくるだろう。

形式的意味の憲法　まず，「憲法」という言葉で思い浮かべるのは「日本国憲法」という文書だろう。この場合，何が「憲法」かは，六法を開いて「憲法」の名の付けられた文書を探し当てさえすればすぐにわかる。「私が憲法だ」と述べているのだから，それは憲法だ。この意味での憲法のことを，「憲法典」と呼ぶこともある。法典という形で，(いわば自称) 憲法が存在している。憲法がこのように形もって存在している側面に着目し，形があるという観点から見えてくる憲法，それを「形式的意味の憲法」という。

そしてこの場合，学習の対象となる憲法は，「日本国憲法」という憲法典の条文（の意味）だ，ということになろう。

実質的意味の憲法　「憲法とは何か。それは憲法と呼ばれている法のことである」という見方が，形式的意味の憲法という見方だと説明した。しかしどうだろう，もし何かの偶然で，日本国憲法の中にこんな条文が紛れ込んでいたとしたら。「すべての自動車は道路の左側を通行するものとする。」もちろんこれが憲法典の条文である以上，これだって憲法の一部であると理解すべきだろう。しかし，何か違和感を覚えるのではないだろうか。

その違和感の原因は，おそらく，「憲法とはそもそも云々というものである」というイメージによるものではないだろうか。つまり，「憲法と呼ぶにふさわしい内容」というのがあらかじめそもそもあるはずで，その意味では上述の「自動車左側通行」の条項は憲法の一部というにはあまりふさわしくないのではないか，という違和感である。このとき，「憲法たらしめる中身，内容，実質」について私たちは考えているのであり，これを「実質的意味の憲法」という。

それでは，そこでいう「中身，内容，実質」とは一体何であろうか。これについては，広くとらえる見方と狭くとらえる見方とがある。

固有の意味の憲法

憲法にふさわしい内容を広くとらえる見方は，憲法を「国家統治の組織・作用に関する基本法」である，とする。つまり，国が国民を統治する際に，どういう仕組みでどういうふうに国は動くのか，という何らかの基本的な決まりごとがあるだろう，それが憲法だ，というのである。これを「固有の意味の憲法」という。

逆にいえば，固有の意味の憲法は，国家があるところ，必ず存在するはずのものである。したがって，どんな時代でも，世界中どこでも，国家（または政治組織）があるならば，この意味での憲法は必ず存在したし，している。

なぜ，このような，固有の意味の憲法が広いとらえ方かというと，そのような意味での憲法は，いわば「何でもあり」だからである。ある国では，「人民は君主に命を捧げるべきだ」とか，「定期的な生贄を要する」とかいう決まりごとが国の根本的な法，つまり憲法である，という場合もありうるだろう。

これに対して，狭いとらえ方では，憲法たるにふさわしい内容を，理想や規範を打ち立てることによって限定しようとする。そしてその理想や規範として持ち出されるのが「立憲主義」である。

立憲的意味の憲法 憲法の内容を,「立憲主義」という理想や規範と同化させたとき,「立憲主義」を内実とした国の基本法が憲法（であるべき）だということになる。このように見た憲法のことを,「立憲的意味の憲法」という。

この立憲主義は，後述するが，ヨーロッパの近代（さらには古代・中世）における考え方にルーツを持っている。その中心となる考え方は,「個人の自由・人権」の保護である。

言い換えれば，立憲主義とは，決まりごとの決まりごとなのであり，固有の意味の憲法を立憲主義的に（つまり人権保障中心的に）再編したもの，それが「立憲的意味の憲法」である。

「憲法の意味」の意味 ここで改めて「憲法の意味」の色々について振り返ってみよう。なぜ，憲法の形という側面と内容という側面を区別するという議論が出てくるのだろうか。

まず，憲法に形が備わっていることは，次の点から非常に便利である。第一に，皆に分かりやすい。国のあるべき姿について，多くの人は，かなり大雑把には合意することができるかもしれないが，少しでも詳細な点になるとほとんど合意を得ることは困難だろう。しかし国のあり方は，とにかくは決まっている必要がある。そして決められたことは，文字として皆に示される必要がある。またさらに，憲法が形になっていることで，国家が憲法に違反する行為を行ったとき，その行為の違憲性が誰からも明白になりやすい，という利点もある。

第二に，序列をつけやすい。実質的意味の憲法は国の基本法なので，簡単に変えられてはならない。この点，憲法に憲法典という形を与えるときに，憲法典に，法律以下の法形式（法律，命令，条例など）が侵せないような最高法規という位置付けをも同時に与えることができる。

第三に，憲法に形があることには，誰がそれを作ったかを強調できるという利点もある。日本国憲法においては,「日本国民は…この憲法を確定する」（前文）と示されているように，国民が憲法制定権者として憲法に形を与えたとされている。国民が憲法を作るということは，国民が国における始原的権限を有していて，その国民が国の基本的なあり方ついて決定し，それが憲法典に表明されている，ということを意味している。

他方で，憲法はかくあるべきだ，とか，国家の制度はどうあるべきだとかに関する理念・理論によって，憲法の形（条文）は理解され，運用されなければならない。この営みが憲法解釈である。

⑵　立憲主義とは

人権保障と権力分立　これまでに見たように，立憲主義はいわば憲法の中身に息吹を与えるものである。立憲主義については，1789年のフランス人権宣言16条が述べていることがしばしば紹介される。この条文には，「すべて権利の保障が確保されず，権力の分立が定めされていない社会は，憲法をもつものではない」と書かれている。

つまり，立憲主義，とりわけ近代立憲主義は，個人の自由・権利を保障し，これら権利・自由に対する理論上唯一の脅威となる国家権力を抑制することに眼目がある，ということをここから読み取ることができるのだ。

なお，近代立憲主義が保障しようとする「個人の権利」として想定されていたのは，自然権である。自然権の特徴は，この世の誰かがそれを認めて与えたのではなく，人が生まれながらに，いわば天賦として有しているとされる権利だ，ということにある。

また，ここで想定されている「国家」（政府）は，近代国家である。つまり，人々を統治する唯一の主体としての国家である。近代国家の下，人々を事実上支配するやくざとかご領主さまとかは国家ではなく，あくまで私的に（場合によっては違法に）存在していることにすぎないと評価される。正統に人々（私人）を支配できるのは国家のみであり，国家が「公」を独占する。また統治権を有するのは唯一国家のみであり，その人々の自由を侵害できるのは，さしあたって国家像を浮かび上がらせる段階においては，国家のみだ，という構成になる。このような姿を取るのが近代国家なのである。

さらに，近代国家は人工的に作られたものとされる。つまり，国王は神から直接に統治権を与えられているから国王・国家の方が始原的である，というとらえ方ではなく，むしろ個々人の権利の方が始原的であり国家に先行し，個々人の権利の結果としてその後に国家が作られる，というとらえ方が国家観の前提になっている。

制限規範としての憲法　このような立憲主義を踏まえた憲法の特質としては，次の三つがしばしば挙げられている。

第一に，立憲主義に従えば憲法は個々人の自由・人権を保障するためのものであるということになるので，憲法はまずもって自由の基礎法という特質を備える。

また第二に，近代国家が存在することの前提には諸個人の自由があるので，自由の保護は国家のいわば至上命題であるところ，憲法はその内容として自由の基礎法であるので，つまり憲法は最高の価値を謳っている，ということになる。したがって，憲法は最高法規である，と言える。

第三に，憲法は自由を保障するものであるが，そこにいう自由に対しては，唯一の正統な統治権を有する国家のみが侵害する主体として想定され対置されることになる。したがって，憲法は国家の権力を制限するものとして機能するのであり，憲法は国家に対する制限規範である。もちろん，憲法があるからこそ，国会や内閣や裁判所などの国家機関が作られ，またそれらが人々に対して権力を行使することができるのであるので，憲法には組織規範と授権規範としての性格もある。しかし，憲法の核心は自由の保障にあるので，国家を縛るという制限規範としての性格こそが憲法にとって最も重要となる。

⑶　憲法の分類

憲法の形式に焦点を当てて，次のような分類がなされている。

成文憲法と不文憲法　成文の形で存在している憲法は成文憲法と呼ばれ，不文の形で存在している憲法は不文憲法と呼ばれる。立憲主義は憲法によって国家を縛るので，縛り方としては憲法が文章として明示されている方が便利である。したがって，立憲主義を踏まえた憲法は成文憲法であることが多いとされる。

硬性憲法と軟性憲法　成文憲法のうち，憲法の改正につき，通常の法律を制定・改正する手続とは異なり，より厳格な手続きを要する場合，その憲法を硬性憲法という。これに対し，通常の法律改正手続と同様に憲法改正を行える場合，その憲法を軟性憲法という。

立憲主義を踏まえた憲法においては，自由を保障する基本法である憲法は国家を縛るので，国家機関による権限行使（特に立法権）によって憲法を改正することはできない，というのが大方のやり方となる。

欽定憲法と民定憲法　君主が制定した憲法を欽定憲法といい，国民が制定した憲法を民定憲法という。なお誰が憲法を制定したかは，誰が主権者かということにも関連してくる。

イギリス憲法　なお，特殊なイギリス憲法についてここで瞥見しておくと，これらの分類がよりよく理解できる。

イギリスには，「憲法」という名称の法文書は存在しない。したがって形式的意味での憲法は存在しない。

ただ，イギリスの実質的意味の憲法を構成しているのは，国家の基本事項に関する法律，コモンロー（判例法），習律（convention）といった形式の法である。したがって，憲法には成文のものも不文のものもある。その意味でイギリス憲法は完全に不文憲法であるとはいえない。不成典憲法であるといえる。

また，イギリス憲法では，形式的に通常の法律より優位な法はない（通常の場合。EU 立法などについては議論がある)。換言すれば，イギリスにおいては議会（Parliament）の制定する法律こそが最高法である。したがって憲法的な法律でも通常の立法手続で改廃できるので，軟性憲法的である。他方で，憲法的価値が関わる事項への一般的な合意が広く存在し基本的な制度の大きな改正は現実的に想定できないし改正する場合でも慎重な立法手続が採られるだろう，という意味では，イギリス憲法は硬性のような側面を持つ。

さらに，イギリスの議会は法的には主権を持つとされ，議会は観念的にはあらゆる事項についていかなることをも法律により決定することができる（ただし国民は政治的には主権者だとされる)。これは，議会が正確には「議会における女王（Queen in Parliament）」と呼ばれ，歴史的には王権を包摂したものであったことにも関連している。その意味では，あえて言えばイギリス憲法は欽定である。他方で，1689年の名誉革命以来，議会の一院である庶民院の力が増し，19世紀以降には選挙制度の改革により民主的性格を強めてきたことから，近代以降の議会の立法は国民の意思に基づく憲法改革ともみることができる。この点で，イギリス憲法は民定憲法とも言える。

2．日本における憲法の沿革

(1) 大日本帝国憲法の制定

次に，日本における憲法史のごく概略を見てみよう。

日本における成典憲法は，1889（明治22）年に発布された大日本帝国憲法（明治憲法）に始まる。制定の背景には，1870年代以降の自由民権運動があった。また政府としても，「文明国」として国際社会に認知される必要を感じていた。そこで政府は，君主の強いプロイセン憲法を模範として，伊藤博文や井上毅らの起草により，明治憲法を制定した。

明治憲法は，「臣民の権利」を保障し，帝国議会，内閣そして裁判所を置くという一応近代的な憲法であり，その点では現行の憲法に近い構成になっている。特に明治憲法における権利保障に関しては，憲法草案の審議の際になされた伊藤博文と森有礼との議論が知られている。森が臣民の権利に関する規定は不要と述べたのに対して，伊藤は，そもそも憲法は君主の権限を制約し臣民の権利を保障することを目的にするものだと主張した。

他方の森では，そもそも人々には生来の権利があるのであるから，憲法に権利条項を設けることは不要であるのみならず，憲法があるから人々の権利があるのだという逆の構図を生む，と反論したのであった。

この議論が示しているように，明治憲法にも一定程度の立憲的・民主的要素が認められる。その一方で，現行憲法との大きな違いとして次の点を挙げることができる。

まず，主権は天皇にあった。天皇は「国家統治の大権」を神である祖先からゆだねられているものとされていた。明治憲法が天皇により制定された（欽定憲法）という形をとったのも，このことと関係している。

そして，この憲法の下では，天皇は国の統治権を総覧する地位に位置づけられた。したがって，究極的には天皇が立法権，行政権，司法権などの権限を有するとされ，帝国議会は協賛機関，各大臣は輔弼機関として位置付けられ，裁判所は天皇の名において司法権を行使することとされていた。さらに天皇の有する軍の統帥権は議会・政府から独立しており，これが軍部の増長を招くこととなった。

また，明治憲法が保障する権利は，人の権利ではなく臣民としての権利であった。そしてこの権利は「法律の留保」の下に置かれた。「法律の留保」とは，本来，権利を制約するためにはせめてあらかじめ法律がなければならない，という原則を意味する。しかし，この原則は，使い方次第では，法律さえあれば権利は自由に制限される，と理解されうるものであった。

(2) 日本国憲法の制定

第二次世界大戦の終わり頃，連合国軍は日本に対してポツダム宣言の受諾を迫った。その内容は，民主主義の復活強化，基本的人権の尊重，平和的傾向の政府を要求するもので，これが降服の条件とされていた。1945（昭和20）年7月26日に発せられたこの宣言は，二度の原爆投下や市街地への空襲などを経て，8月14日に受諾された。

そこで終戦後，憲法改正案が作成されることになる。幣原内閣の下，松本烝治国務大臣により改正案の作成が進められた。

ところが明くる年の2月1日，松本による憲法改正案が毎日新聞によりスクープされ，GHQの目に留まることになった。松本案が国体を護持するものであったことから，GHQは自らの側で憲法草案を作成することとなった。GHQの草案はその後日本側に手渡され，これに基づき改正案が再度作成された。

その後，政府の憲法改正案が，同年4月の男女普通選挙での総選挙によって構成された帝国議会へ提出され，審議を経た後，11月3日に日本国憲法として公布された。翌年5月3日に施行されている。

(3) 改正か革命か

このように，明治憲法から現行憲法に移行した経緯を見てみると，形の上では現行憲法は明治憲法の改正により成立している。つまり，外観としては明治憲法の中に規定された改正手続に従って新憲法が成立したという点を重視すると，憲法改正は明治憲法の枠内で行われている。その意味で，この二つの憲法には継続性があるように見える。

他方で，この二つの憲法の内容を見てみると，根本的なところで両者はまったく性格を異にしていることに気付くだろう（この点，現行憲法のいわゆる三大原理については後述）。つまり，内容・実質面から見れば，二つの憲法の間には完全な断絶を見て取ることができる。

ここで，憲法改正一般をめぐって，改正に限界はありやなしや，の議論があることに触れておこう（後述）。憲法改正に限界があるという考え方からすると，ある憲法の本質的な決めごとはその憲法の改正によっては変更できない。本質的事項はその憲法の命だからである。そしてもしそのような変更があった場合には，その変更は以前の憲法からは説明のつかないものであり，法的には「革命」として捉えるほかはない，ということになる。

この考え方を，明治憲法から現行憲法への変化に用いると，両憲法の断絶は法的な意味での革命と言うことができる。つまりポツダム宣言を受諾した時点で法的な革命が起こったのであり，ただ形式的には便宜上，旧憲法の改正手続きが利用された，と説明されることになる。このような考え方は「八月革命説」と呼ばれる。

3. 日本国憲法の基本原理

(1) いわゆる三大原理

日本国憲法は，明治憲法と根本的に異なる基本原理に依っている。それは，いわゆる三大原理として，憲法を学ぶ際には必ず出てくる話題である。三大原理は，ポツダム宣言の要求に表れているものでもある。

三大原理とは，日本国憲法の条文の順序で言えば，「国民主権」「平和主義」「基本的人権の尊重」の三つである。これを立憲主義的に解釈すれば，憲法13条のいう「個人の尊重」，すなわちまず個々人がいるということを国の仕組みの出発点とするという考え方（個人主義）を中心的原理とする「基本的人権の尊重」を，まず憲法の中心的目的に位置付けることができる。

そして人権にはそもそも限界があるはずであるが，一体どこにその限界があるかは自明ではないので，誰かがこれを決定しなければならない。これを民主的に，国民自身で決めるべきだ，ということになると，それが（民主制という意味での）国民主権ということになる。

さらに，とりわけ日本の経験に照らした場合，戦争こそが，「一億総玉砕」のスローガンのように表れているように，個人を尊重しないというのは明らかである。その観点から平和主義が重要だと解される。

(2) 国民主権

国民主権とは，明治憲法のように君主に主権ありとするのではなく，国民にこそ主権がある，とする原理である。日本国憲法は，１条で，天皇を日本国および日本国民統合の「象徴」とし，天皇の地位は「主権の存する日本国民」の総意に基づくと述べ，このことを明らかにしている。

ところでそもそも主権とは何を意味するのだろうか。

主権とは

主権には三つの意味があるとされる。

第一に，国家の統治権そのものを意味する場合がある。たとえばポツダム宣言には「日本国ノ主権ハ，本州…ニ極限セラルベシ」とあるが，ここにいう主権がこれである。つまりこの意味での主権は，国家が立法権や行政権などのあらゆる権限を通じて国民を統治することそのものを意味する。

第二に主権は，国家が諸外国に対して独立していることを意味する。これは，「主権国家」というときの主権であり，国際的に十全たる一つの国として承認されていること，したがってそのような国家に対して外国が介入しないことを意味する。

第三に主権は，国家内において，国政に関する最終的な最高の決定権を意味する。そしてこの意味での主権を語るときは，国内で誰がこれを持つかが問題となる。君主主権論はこの意味での主権が君主にあるとする考え方である。他方で国民主権の原理は，この意味での主権が国民にあることを意味している。「国民主権」と言うときの主権とは，この意味であるとされる。

なお，主権の考え方は近代国家と同時に生まれたものである。中世ではヨーロッパ全体が教皇・皇帝に神から統治を委ねられていたのに対して，その後に諸地方の王が「王国内においては皇帝」を称して領土を画し，国王が国家を一身に体現し，場合によってはプロテスタントに改宗するなどして教皇からの独立を主張したのであった。これらの主張すべてに主権の考え方が関係している。君主主権においては，国王はすなわち国家であり，君主に国内での至高の権限と対外的独立性が集中した。

権力性と正統性

さて，上述のような第三の意味での主権を国民が持つ，とする国民主権原理の意味はどのようなものか。まず，ここでいう主権は，国政に関する最高の決定権を指すことになる。そしてこの決定権も，さらに二つの意味を含むとされる。一つは「権威」であり，もう一つは「実力」である。

国民が「権威」を有するとは，国政を扱う国家の権力（さらにはこれを容認する憲法）が国民に由来している，ということを意味する。つまり，国家権力が行使されうるのは，それが国民という権威に根拠を持っているからである，ということである。したがって，この場合，国民主権原理は，国家権力を正統化するという機能を担うことになる。国民主権原理のこのような側面のことを「正統性の契機」と呼ぶことがある。つまり，国家とその権力の存立の根拠となる一番「偉い」存在は国民であり，神（教会）や君主ではない，ということである。

他方で，国民が「実力」を有するとは，国政につき国民が実際に自らの意思を実行させることを意味する。つまり国政は民主的な仕組みを通じて国民によって運営されるべきだ，ということを含意することになる。国民主権原理のこのような側面は「権力性の契機」と呼ばれている。つまり，国家的な決定をするに当たって最も「強い」のは国民であるべきだ，ということである。

ただし，権力性の契機を認めるにしても，国民は憲法秩序を乗り越えるほどの権力性を持たない。民主主義は憲法を踏み越えられないのである。その理由は，憲法制定という場面での主権のあり方に由来する。

憲法制定権力　国政に関する最高の決定権としての主権は，究極的には，国のあり方そのもの（憲法）を決定する権限を意味する。このような権限は「憲法制定権力」と呼ばれる。したがって，国民主権は国民の憲法制定権力だということになる。

さて最初に憲法を作るとき，そこにはまず国民という者がいて，国民が権力を行使することで憲法が制定される（と想定できる）。この場面では，国民は憲法制定という実力を行使するのみならず，憲法及び憲法体制は国民に由来するのだという「創世的」な役割を担うという意味で，正統性の根拠をも担う。

しかし一度憲法が制定されると，そのような制定行為に携わった「国民」は事後的に観念的・名目的・超越論的存在として認識されることになる（過去・現在・未来の国民を含む単一の者としての「国民」）。そう認識することで，時々の国民も観念上は憲法制定に参与したこととなるからである。そして逆に観念上の存在としての国民は，一度憲法が制定された後は，憲法及び憲法下での統治権の正統性を供給する至高の存在として機能することになる。

他方で，憲法下においても，主権の権力性は一部残存する。しかしそれは憲法改正権として時々の国民の中においてである。この憲法改正権はもはや憲法制定権そのものではなく，憲法制定権が設定した手続的・実体的パラダイムの範囲内でのみ行使されうるにとどまる。

このような議論の帰結として，通説は，憲法改正権は制度化された憲法制定権力なのであり，したがって現行の憲法の本質部分（たとえば三大原理の趣旨そのものなど）つまり憲法制定権力者たる「国民」が選びとった基本的価値について改正権による憲法改正は不可能である，としている。

天皇の地位 日本国憲法が国民主権原理を採ったことにより，天皇は「主権の存する日本国民の総意」に基づくとされ，日本国と日本国民統合の象徴としての地位を有することとされた（憲法1条）。

また憲法下の権限に関しても，天皇の権能は国事行為に限定され，国政に関する権能を持たない（憲法4条）。さらに国事行為も内閣の助言と承認を得た上でなされなければならない（憲法3条）。国事行為には，内閣総理大臣・最高裁判所長官の任命，法令等の公布，国会の召集，衆議院の解散などがある。これらの行為につきすべて内閣の助言と承認を要する，ということは，天皇が行うのはあくまで形式的なものであり，実質的な権限ではないことを意味する（つまりたとえば，誰を最高裁長官に選ぶかをいう実質的な判断を行うのは内閣であり，天皇の任命行為は儀式性を表象するに過ぎない）。

このように，天皇は憲法上国事行為のみ行うことができ，その他は私人としての私的行為しかなしえないとされている。しかし，たとえば天皇が国会の開会式で「おことば」を述べるといった行為はどう考えるべきかが問題とされている。この点，このような行為を，天皇の公的な立場・象徴としての立場として行うものであるから憲法上明記されていないが「公的行為」又は「象徴行為」というカテゴリーを観念してその中に含めるべきだ，という考え方もある。他方で，これら行為も国事行為に伴うものとしてみるべきだ，とする考え方もある。

なお，天皇の皇位継承は世襲によると憲法は規定している（憲法2条）。このことは，憲法が14条で貴族制を否定しているのと対照的である。ここに表れているように，天皇の地位あるいは天皇制は，憲法自身が定めた例外であり，いわば憲法の「飛び地」であるといわれる。

また，天皇の皇位継承の順位等を定めているのは「皇室典範」という法であるが，皇室典範は明治憲法の下では憲法レベルの効力を有していたのに対し，現行憲法の下では法律である点にも注意が必要である。

(3) 平和主義

日本国憲法における平和主義に関する規定は，言わずと知れた9条である。

9条は，1項で「戦争の放棄」，2項で「戦力の不保持」「交戦権の否認」を定めている。明治憲法の下で，軍隊が天皇の統帥権に直接服したことで議会も内閣も軍隊の暴走を止められなかった経験を踏まえ，現行憲法はあらかじめ軍事に関して大幅な制限を置いたのである。

9条の下では，自衛隊及びその活動，そして日米安保条約が問題となってきている。

自衛隊と憲法9条　自衛隊は憲法9条に違反しないか。学説には違憲論も強いが，政府は次のように憲法9条を解釈し，自衛隊を合憲であるとしている。すなわち，憲法9条1項では侵略戦争や自衛戦争を問わず一切の戦争が放棄されているものの，独立国家のいわば自然権として自衛権が憲法の文言に関わらず残されているのであり，この自衛権を根拠に自衛隊を持つことができるとする。また憲法9条2項に関しては，自衛隊は自衛のための必要最小限度の「実力」に過ぎず，憲法が禁止する「戦力」には当たるものではない，としている。

なお，自衛隊の合憲・違憲性について，最高裁は一切判断を控えており，訴訟の入り口段階で訴えを退けるなどの手法を用いながら自衛隊に関する憲法問題に立ち入ることを回避している。

自衛隊と海外派遣　自衛隊の前身に当たる警察予備隊が朝鮮戦争をきっかけとして創設されたように，それ以降の自衛隊の目的や性格は，東西冷戦という国際情勢に規定されてきた。しかしその冷戦体制も1989年に終結すると，特に湾岸戦争以降，国際的にも，自衛隊には新たな任務が求められるようになってきた。それが海外派遣（国際貢献）である。

自衛隊の海外派遣は，まず，国連平和維持活動（PKO）の一環として実施されている。1992（平成4）年に制定されたPKO協力法がその根拠である。2001（平成13）年にはPKOのうちPKFの本体業務にも自衛隊は参加できることになった。ただし，「武力の行使」にわたらない「武器の使用」のみ，自衛隊には認められている。

また，2001（平成13）年のテロ特措法により，自衛隊はインド洋にて，テロ掃討作戦に当たる外国軍（米軍）に対する後方支援を行うこととされ，さ

コラム4 集団的自衛権

国連憲章51条は，加盟国の個別的自衛権と集団的自衛権を認めている。個別的自衛権とは自国への武力攻撃に対して自国を防衛する権利であり，集団的自衛権は，他国に対する武力攻撃に対して，攻撃された国と一緒に防衛する権利である（ただし「安保理が国際の平和及び安全の維持に必要な措置をとるまでの間」という留保が一応つけられている）。そこで，このような集団的自衛権と日本国憲法9条と関係が問題となる。

この点政府は，憲法9条により，集団的自衛権を日本は保有するが行使できないと解釈してきた。政府によれば，憲法9条が認めているのは自己を防衛するための必要最小限度の自衛だけだからである。しかしこの理解をめぐっては，憲法9条を改正するまでもなく条文解釈によって変更できるとする議論と，国連憲章で集団的自衛権が書かれたのは当時の政治的な事情があったからで憲法9条そのものは集団的自衛権の行使を認めえないとする議論など，とで対立がある。さらに，戦闘を行っている外国軍への協力などは，実質的には集団的自衛権の行使に当たる事例なのではないか，という本文にも紹介した議論もある。

らに2005（平成17）年のイラク特措法により，自衛隊はイラクの「非戦闘地域」に派遣されることとなった。これらの活動が海外派遣の限度を超えるものなのか，そして外国の軍隊への協力が集団的自衛権との関係で問題とならないのか，などが指摘されている。

日米安保体制

1952（昭和27）年のサンフランシスコ平和条約と同時に，日米安全保障条約が締結されることで，日米安保体制が作られ，この体制はその後，1960（昭和35）年に新安保条約により新たにされた。

日米安保体制の下，米軍は日本の提供した基地に軍を置くことができる。さらに，近年では，米軍が日本の「周辺事態」に対処する際に，日本が後方支援を行うことが法制化された（1999（平成11）年周辺事態法）。これについて，戦闘の「前線」と「後方」の区別があいまいになればなるほど，日本の支援が戦闘に当たる米軍と一体化し，集団的自衛権を行使するのに等しくなってしまう，というおそれがあるとも指摘されている。

⑷　基本的人権の尊重

日本国憲法では，基本的人権のそれぞれは３章に並べられている。明治憲法では「法律の範囲内で」「臣民」に対して天皇から与えられていた権利であったが，日本国憲法では「侵すことのできない永久の権利」（97条）が「すべて国民」あるいは「何人」にもある，とされている。

人権とは　そもそも基本的人権・人権とは何なのだろうか。人権はさしあたり，「人が生まれながらにして持つ，人格的生存に不可欠の権利」と定義される場合が多い（後述の憲法13条幸福追求権についての説明も参照）。しかし人権は，触って確かめることのできるようなものではないので，人権の理解は，歴史的沿革によるイメージや価値観に依拠している。ここでは試みに「人格」という考え方に焦点を当てて人権概念を考えてみよう。

人権の基礎，あるいは人権の主体となる「個人」という，人間に対する見方は，古くから見られるものである。人のそれぞれは，他とは決定的に異なる一回性の人生を生きるのであり，だから人はそれぞれ個的な存在である。しかし個的存在として人間は他の人間と決定的に違うのではあっても，「人格」という人間に共通して認められる基盤・要素があり，これが「すべての人が生まれながらに有する権利」の基礎となる。

人格という言葉の要素のうち，二つに着目しておこう。一つは，「人格」が主体性，あるいは「一人として数えられること」を意味することである。人格のラテン語ペルソナが，語源的には「顔・仮面」を意味していたといわれるように，人格とは登場人物として数えられることであり，個としての単位である。そして単位である以上，それぞれの人格は平等な存在だということになる。法の世界においては，すべての人（自然人）が法的人格を有するので，すべての人は権利能力を持ち，その点で（少なくとも建前上は）全く平等である。さらに，一定の団体も，法人格を与えられることで，法の世界では一つの存在者として行動することができる。

人格概念のもう一つの要素は，「顔・仮面」の原義が示唆するように，他の人との関わりの中で浮かび上がってくるのが「人格」だ，ということである。その意味で人格概念には社会的要素がある。そして人格を担う個々の存在はそれぞれが個別性を有しているので，人格概念は人と人との関わりの中でそれぞれが個別性を認識するという機能を持つことになろう。

このようにみると，人が人としてみなされるため，主体性と個別性を維持・発展させるための防衛線として人権を考えることができるだろう。

人権の特質　人権に特別に備わっている性質として，しばしば次の三つが挙げられる。

第一に，人権の「固有性」である。これは，人権なる権利が誰かから与えられたから我々は人権を有する，という理屈で我々は人権を享有しているわけではないことを意味する。つまり，人権はこの世の誰からも（君主，国家，憲法からも）与えられているのではなく，人なるわたしが存在しているというそのことだけで，元来有しているものなのだ，ということである。このことは比喩的に，「天賦の」とか「人が生まれながらに持つ」とかとして表現される。

第二に，人権の「不可侵性」である。人権は人が固有に持っているものであるから，何人もそのような人権を奪い取ることはできないはずである。人権の固有性原理を超えるような別の政治的原理は想定されていないからである。したがって，いかなる権限も人権を侵すことができない。ただ，人権の不可侵性は人権の無制限性を意味しない。人権には自ずと限界があるはずであり，立法権がその限界を画することは限定的に許される。

第三に，人権の「普遍性」である。人権はいつでも・どこでも・誰でも保障されるというのが普遍性の意味である。人権は，憲法の条文にしばしば現れているように，「何人にも」保障されるのである。

人権保障の国際化　第二次世界大戦後，人権保障への機運が世界的に高まるのであるが，それを象徴するのが1948年の世界人権宣言である。この文書は法的拘束力を持たないものの，たとえば欧州人権条約の内容などに波及していった。

その後，1966年に国際人権規約が採択された。この条約は，「経済的，社会的及び文化的権利に関する国際規約（A規約，社会権規約）」と，「市民的及び政治的権利に関する国際規約（B規約，自由権規約）」から成っている。この条約の特徴は，人権一般を包括的に規定していること，そして加盟国の責任を明らかにしていることに認められる。日本は，1979年に両規約を批准した。

自由権規約の第一選択議定書では，国内での人権救済措置を尽くしても救済されなかった場合に，個人が通報により自由権規約の監視機関である規約人権委員会の判断を仰ぐという個人通報制度を設けているが，これについては日本は批准していない。

また，規約人権委員会からは，代用監獄などの日本における人権問題が指摘されている。人権条約の遵守やより手厚い人権保障という観点からすると，国際人権法を意識しつつ憲法の人権規定を扱う必要があろう。

国際人権と国内法　その際，考えられる必要があるのが，国際人権法の国内裁判所への導入如何である。ここで憲法以下の国内法と国際法との関係について理解が必要である。

まず，国際法（条約等）と憲法との優劣につき，確立された国際法は憲法に優位するが，それ以外については憲法が優位するとされる。次に，法律と国際法とでは，国際法が優位するとされ，しかも特別な立法手続を要さずそのまま国内法としての効力を持つ。したがって，問題は規約人権が，それを具体的に規定する特別な国内法による措置がなくとも，効力としてそのままで援用可能か，換言すれば「自動執行的」か，ということになる。この点，自由権規約の規定が比較的明確であるとされることから，自動執行性は認められる場合が多くなるものと考えられることになろう。

(5)　その他の基本原理

現行憲法の基本原理としては，上述のいわゆる三大原理以外にも，特に重要なものとしては「法の支配」や「権力分立」などがある。これらは以下の記述の中で言及することにする。

4．憲法保障

憲法保障とは，憲法体制を維持するために憲法自身が採用している仕組みをさす。憲法は国家を，そして政治を縛るものであるが，政府や政治は強力な事実上の実力を持っているので，これらが憲法を破ることはもとより（残念ながら）想定できることである。したがって，憲法破壊を事前に予防し，あるいは事後に矯正する仕組みが必要となる。そしてその仕組みには憲法に書かれてあるものと，書かれていないものがある。

(1) 憲法に書かれた憲法保障

最高法規 憲法は，法体系の中で最高位を占めるべき価値を標榜する法であるので最高法規である，という見方は，内容面からみた憲法の最高法規性のことであった。ここでは形式面での最高法規性を指している。つまり，憲法に優位する法形式（法律，命令，条例など）は存在しない。したがって，いかなる法も，憲法を変えることはできない。

憲法尊重擁護義務 憲法は，公務員に対して憲法尊重擁護義務を課している。公務員は，公権力を実際に行使する職員であるので，公務員に憲法尊重擁護義務を課せば公権力の作用も憲法適合的なるだろう，というのがこの義務の趣旨である。

権力分立 国家の別々の諸権力が国家の個々の統治権を分け合い，互いの抑制と均衡を図る権力分立という仕組みも，権力行使の行き過ぎを様々な機関が相互に防止し，もって憲法破壊を防止するという点で，憲法保障の一種と言える。

立法権を国会に，行政権を内閣に，司法権を裁判所に，といういわゆる三権分立も権力分立の趣旨によるものであるが，憲法はこれ以外にも権力分立を規定している。たとえば両院制もその例である。

硬性憲法と憲法改正 憲法典の改正は，法律の制定・改正手続よりも厳格である。硬性憲法であることにより，憲法は簡単に改正できないようになっている。具体的には，各議院の総議員の三分の二以上の賛成によって発議された憲法改正案は，国民投票で過半数の賛成を得た上でようやく改正できる，という厳格さである。なお2007（平成19）年に国民投票法が制定され，憲法改正の具体的な手続が定められた。

また他方で，憲法改正条項があること自体も，憲法保障の一種と言える。憲法改正の可能性があることで，憲法体系そのものとしては自らが破れることを防止することができる。なお，憲法改正につき，どこまで改正が可能かについては，憲法制定権力の箇所ですでに見てきた。

違憲審査制　公権力が憲法に違反する行動をとったとき，この行動を事後的に審査し，憲法秩序を回復させるのが違憲審査制である。違憲審査制は憲法保障の中でも最も重要な役割を果たしている。

たとえば，政治権力の上に法を置く「法の支配」の原則にとって，違憲審査制は政治権力の上に憲法を置き，憲法による拘束を実効的にするものとして不可欠の制度である。また，個々人の人権侵害に対して救済を与えることを確保するものとしても，違憲審査制は憲法保障の中でも中心的な役割を担っている。違憲審査制の内容については後述する。

(2)　憲法に書かれていない憲法保障

抵抗権　抵抗権とは，圧政に対抗する国民の権利のことである。抵抗権は，実定法に基づく国家権力による義務履行要求を拒否する権利であるので，その性質上そもそも実定法に取り込めるような権利ではなく，あくまで自然権としてあるはずのものと想定されるにとどまる。

非合法（非実定法）的な権利である以上，抵抗権には論理的な限界がある。つまり，憲法秩序を破壊するような国家の行為に対して，合法的な回復手段が尽きたときに行使することができる究極的な手段として抵抗権は位置付けられるのであって，このような趣旨を超えて用いられえない。

国家緊急権　他方，国家の側で，緊急事態に対処するために，一時的に憲法秩序を停止する権限を国家緊急権という。このような根拠で発動されうる国家緊急権であるからこそ，この権限は濫用のおそれが非常に高い。したがって，この権限を法的に（実定法又は自然法の中に）位置付けることは非常に困難な問題である。

また，国家緊急権を極めて例外的な状況でのみ認めるとしても，それは一時的な措置をとるものであること，他の合法的な代替手段がないこと，事後的に責任追及ができること，などの厳格な条件が必要となろう（そしてこの条件すらも停止されるというおそれもある）。

憲　法

第２章 基本的人権

憲法は大きく，人権規定と権力分立規定に分けることができる。そこで，以下では，まず人権規定について内容を見てみよう。

1．人権総論

まず，以下で人権というのは，日本国憲法98条がいう「基本的人権」，より正確に言えば日本国憲法が保障する権利のことである。注意しておくべきことは，「人権」という言葉が持っている二面的なニュアンスである。一方では，「人権」は自然権的な意味合いを持ち，その内容は未だ語りつくされず，権利の内容は開かれている。他方で，「人権」は憲法典に実定化された権利であり，既に書かれた権利である。人権総論の各論点では，このような「人権」の二面性が理解の鍵になる。

(1)　自然権としての人権と憲法上の権利としての人権

人権享有主体性　人権享有主体性とは，ある人（法的人格）は人権を有しているか否かのことを意味する。当然，人権はその定義上，すべての人が有するはずであるから，人権の享有主体性など問う必要はないはずである。しかし他方で，日本国憲法を見てみると，第三章の題名は「国民の権利及び義務」となっており，憲法に書かれている憲法はあたかも国民だけが享有するかのような字面である。

なぜこのような齟齬が生じるのだろうかというと，それは憲法の論理による。個人には生れながらの権利がある。権利である以上保障される必要があるが，社会契約説的に言えば，一定の領域内で人びとが集まって実定憲法を作り政府を作り，その体制の下で権利保障を図ることになろう。このような観点からすると，国家に先行する自然権と，憲法が保障している権利との間には，多少のニュアンスの違いが生じる。

ただ，そうとは言っても，憲法上の権利も自然権もともに「人権」と呼ばれるのであり，普遍的であるはずの自然権の趣旨は，憲法が「国民の」という文言で限定することとは無関係に，活かされるべきであろう。したがって，憲法上の権利は，権利の性質に応じて，日本国籍を持たない外国人にも保障される，ということになるし，判例・通説もその立場をとっている。

私人間効力

自然権としての人権は，憲法に実定化され憲法上の権利となる段階で，憲法の論理に従う権利となる。さてその憲法の論理は，社会契約説や立憲主義の理念を踏まえると，国家を縛ることに主眼を置くものである。したがって，憲法上の権利としての人権は，国家に対して主張するための権利だ，ということになる。

あるいは，実定法の中で最も強い（「切り札」として機能する）個々人の権利である人権は，最も強い公権力に対してのみ行使されるべきだ，とも説明される。公権力が強いのは，その強制力を担保する実力の面だけではなく，唯一，公的な統治権を独占しているからである。人権のような強い権利を私人に向けることは，逆に公権力に対し介入の口実を与えるものだと見られることになる。

そして，国家のみが公的役割を担うのに対し，国家と対峙する諸個人は，その位置付けからして私的な存在と考えられるようになる。そして本来的に自由な私人たちは，その自由を行使して自分たちで社会の秩序を形成していく（私的自治の原則)。そして私人間の秩序に対して，国家は法律によってその維持・形成を図ることが期待されるしそれ以上ではない，というのが基本的な仕組みであると考えられてきた。

しかし，20世紀に入り「社会的影響力の強い個人」「社会的権力」の存在や，私人間における力の差が意識されるようになると，私人間で（とりわけ

「社会的権力」に対して）憲法上の権利を主張できるようにすべきではないか，という問題が生まれるようになった。

これはつまり，対国家性という憲法上の権利の性質はさることながら，それに加えて「人としての権利」「個人の尊重」に依拠する人権の趣旨そのものを社会的関係の中で援用すべきかどうかの問題であり，日常生活の中で自然権としての人権の側面をもいかに配慮するかの問題である。他方で，やはり国家権力を抑制するという憲法の基本的な趣旨も維持する必要がある。そこで，通説は，私人を規律する法律を介することにより（つまり法律上の権利に憲法上の権利の重みを加味することで），間接的に人権を私人間に適用させるべきだと考えている（間接適用説）。たとえば，民法90条の「公序良俗」という文言の中に，憲法的な価値を読み込むといった手法が採られることになる。

⑵　人権の分類

基本的人権は，国家と国民との関係という点から次のように分類される。

消極的権利（自由権）　第一に，消極的権利である。自由権とも呼ばれる。この権利は，国民が国家に対して，個人の領域に介入するなとか，個人の行動に制約をかけるなとか，と主張する権利である。つまり国家の活動の消極性を求める権利である。このうちさらに，保障内容の観点から，精神活動に関する自由権である「精神的自由」，経済活動に関する「経済的自由」，身体の自由に関する「人身の自由」に分類される。

積極的権利（受益権）　第二に，積極的権利である。受益権とも呼ばれる。この権利は，国民が国家からのサービスを求める権利であり，国家の積極的な活動を求める権利である。このうち，国民の権利を保障するための一連の権利は国務請求権といい，経済的・社会的に弱い立場に立った場合のための権利を社会権という。

能動的権利（参政権）　第三に，能動的権利である。参政権ともいう。この権利は，国民が国政に参加するためのものであり，個々の国民が国政の主役としての立場から国家に対し能動的な地位に立って行使する権利である。

包括的権利　その他，これら三つの類型に分類しきれず，むしろ人権の中でも根本的で総則的な権利とされるものがあり，それらには包括的権利という括りが与えられている。包括的権利には，「幸福追求権」「法の下の平等」「法定適正手続」といった権利・原則が含まれる（なお以下では，「法定適正手続」は人身の自由の部分で説明する）。

(3)　人権の限界

人権の制約原理　人権の特質の一つとして「不可侵性」が述べられてはいるが，これは何も人権の無制約性を意味するわけではない。特定の誰かの人権が無限に広がることは，そもそも人権の理屈（とくに人権の普遍性）に矛盾するからである。

人権は人の権利であり，そこで想定される「人」には上下の区別は存在しない。したがって，誰か特定の個人だけが無限の人権を認められることはありえず，すべての人に同程度に人権が認められなければならない。ここに，人権の限界を見出すことができるのであり，また逆に言えば基本的にはこの理屈以外によって人権を制限することは許されない。つまり，各人の人権を可能な限り最大限に，かつ同程度に認めるとき，人権の限界が現れてくる。このような人権の限界は，人権の論理に内在することから，「内在的制約」という。

なお，人権には論理上そもそも限界があるからといって，では我々は人権の限界を超えないよう気を付けて生活を送りましょう，ということになるわけではない（つまり「人の道」を説くものではない）。むしろ，人権の限界性は，国家による（法律による）正しい人権の制限という場合がありうる，ということを示すものである。つまり，国家は人権と人権の調整を法律によって行うことができるのである。したがって，人権に限界があるということは，統治者たる国家が正当になしうる主張である。そして同時に，国家による人権調整が，はたして人権の正しい制約なのか，あるいは正しくない人権侵害なのか，について，常に問題が生じうるのである。

公共の福祉　この点，日本国憲法は「公共の福祉」による人権の制約を認めている（憲法12条，13条）。そのため，公共の福祉という言葉の意味が確認されなければならない。これについては，すでに述べた，「人権にはそもそも限界がある」こと，そしてそのために人権を調整する必要があること，これが公共の福祉の意味と考えられている。つまり，公共の福祉とは人権の「内在的制約」のことである。

したがって，公共の福祉とは，その語感が示すような，単なる「みんなの利益」とおおざっぱに考えられるべきものではない。たとえ「みんなの利益」として考えるとしても，それは「すべての人が同程度に最大限人権が保障されるように人権を調整する」，そのような状態としての「みんなの利益」として理解されるべきである。

以上をまとめると，公共の福祉とは，人権と人権の調整原理である。法律は，この原理を踏まえた上で人権を制限する限りで，合憲である。つまり，公共の福祉は，人権を制約するもの（法律など）に対する制約原理なのである。したがって，公共の福祉は，「人の道」ではなく「国家の道」である。

なお，日本国憲法の文言としては，「公共の福祉」という言葉は12条，13条のほか，22条，29条にも再度登場している。憲法22条，29条はともに，以下で説明する経済的自由権を保障する条文である。これらの条文に繰り返し「公共の福祉」が登場することは，経済的自由権に対する「内在的制約」には国家による経済・社会政策的観点を加味していい，という意味だと考えられている（「自由国家的公共の福祉」に対し「社会国家的公共の福祉」と呼ばれる）。

公共の福祉論の射程　公共の福祉を考えるにあたって注意しなければならないことは，「公共の福祉」の意味が抽象的なものにとどまり詳細ではない，ということである。公共の福祉条項の役割は，国家が正当に人権を制限することができるという場合がある，という国家（特に立法権）の権限の根拠を示すまでである。「公共の福祉に合致する」と称する国家の側からの人権制限があったとしても，そのことのみによって，そのような人権制限が合憲であるとは限らない。人権と人権の調整が必要であることは漠然と理解することができるが，それでは実際に・具体的にどこに調整ラインが引かれるべきか，どのような調整が正しいか（そして「誰が」これを判定すべきか）は明らかではないからである。（この点，初期の最高裁判例は，「人権には公共の福祉による限界がある，ゆえに法律による制限は本件の場合も許される」というような論法を使って，人権制限を安易に許容していた，と批判されている。）

そこで，正しい調整かどうかを判断する基準はどのようなものであるべきか，が議論されている。

利益衡量論

一つは，「利益衡量」と呼ばれるものである。利益衡量とは，ある場合にある人権を制限することでもたらされる利益と，制限しない場合の利益とを比較することである。この比較により，前者の利益の方が重大だとされれば，人権制限が容認されることになる。比較衡量による判定方法は，人権の性質に応じて，具体的な状況の中できめ細かい判断を行うことを可能とする。しかし他方で，比較衡量の手法は，アドホックすぎて人権保障の程度に関する一般的な見通しを困難にしてしまう，という批判や，対置させるのが国家の利益と個人の利益となり，結果的にどうしても前者を優先させてしまうことにつながり，人権尊重の趣旨にそぐわないことになる，という批判もなされている。

二重の基準論

次に，「二重の基準」論がある。この考え方は，精神的自由権を制約する場合と，経済的自由権を制約する場合とを区別し，前者について，より厳しく審査の目を光らせることにより，少なくとも精神的自由権に対する安易な制約を確実に抑制しようとする理論である。

この理論の背景には，20世紀の福祉国家像がある。福祉国家は，経済領域に対しては計画的な介入を行うべきであるが，民主制の基礎となる言論・思想は統制すべきでない。このような考え方に対応して，人権制約の理由を枠付けようとするのが二重の基準論である。

二重の基準論の考え方は，具体的には三種類の違憲審査基準を導いている。このうち，最も厳格な基準は，人権を制約する目的がよほどやむを得ないほどの重要な利益を図ることにあり，かつその目的を達成するための手段が完全に最小限度のものであることを要求する。つまり最も厳格な基準に当てはまるとされる人権は，この基準を満たすようなよほど例外的な場合にのみ，制約されうることになる。

他方，最も緩やかな基準は，人権を制約する目的が正当なものであり，またその手段もよほど不合理でない限り，クリアされる，という程に緩やかである。つまりこの基準が当てはまるとされる権利については，国家の側である程度まともな理由が提示されてあれば，制約が許容されやすくなる。

そして，最も厳格な基準と最も緩やかな基準の間に，中間的な審査基準が置かれることになる。

以上のような緻密で具体的なメリハリを付けることで（とりわけ裁判所が違憲審査の中でこれを行うことで），公共の福祉という概念を名目とした安易な人権制約を抑止しようとするのが，二重の基準論の眼目である。

人権制限の態様　人権を制限することができるのは，まずは法律である（繰り返しになるが，法律があるから人権を制限できる，というわけではなく，法律による制限が正しいかはまた別に問われなければならない）。したがってやむをえず人権を制限する場合でも，国会（立法府）の制定する法律が根拠になっていることが最低限の条件である。

さらに，法律が個々人の自由を制限する場合には，まずはその法律の条文の文言・規定が明確なものでなければならない。条文が不明確だと，個々人としては自らの自由を行使することが法律によって課された不利益につながるかどうか不明確となり，その結果として自由の行使を控えてしまうからである。したがって条文が不明確な場合，自由を制限するにやむを得ない理由があるか否かという実体問題を検討するまでもなく，条文の文面の問題点だけを理由としてその法律は無効となると考えられている。このことは，憲法31条が保障する「法定適正手続」の一内容でもある。

人権の規制の方法も多様である。たとえば，ある自由を個々人がそもそも持っていることを前提としつつ，いったんその自由を一律に禁止した上で，個々の申請が条件を満たしている場合にその禁止を解除するという許可制がある。この場合，行政の側に自由の行使の許可をするかどうかの裁量権を認めやすくなることになることから，人権・自由に対する強い規制となる。他方で，自由を行使するにあたり事前に当局へその旨の届け出をするよう求める場合もある。これは届出制という。この場合，比較的に規制の度合いは（許可制よりは）小さいといえる。なお，もちろん，刑罰により権利行使を禁止する規制は特に強いということはいうまでもない。

また，人権の制限は，強制的な規制によるのみならず，ソフトな手法による制限という場合もあることに注意が必要である。特に，福祉国家という現実の中では，補助金などの国家からの給付の制度の下で権利が行使されることも多い（例えば，国家の助成による研究活動など）。国家が給付資源の有限性を一応の理由として，実のところは恣意的な選別を行うとき，それは人権への侵害に等しいことになる。

2．人権のいろいろ

(1) 自由権－精神的自由権

以下の権利が精神的自由権に分類される。

思想良心の自由

まず，思想・良心の自由がある（憲法19条)。「思想・良心」とは，一定の主義信条だけではなく，心の中のことすべてを意味するもの，と考えられている。

そしてこの自由権が保護するのは，①心の中の絶対的自由と，②沈黙の自由，であるとされる。つまり，公権力は，①心の中についてはいかなる制約もかけてはならず，また②思想等を告白させてはならない。そのほか，個人の思想等を推知したり（例として江戸時代のキリシタンに対する「踏み絵」)，個人の思想を理由に不利益を課したりしてはならない，などということも保護の対象となっている。

信教の自由

次に，信教の自由がある（憲法20条)。「信教」とは宗教を信じることであるが，ここでいう宗教は，聖典や教義があり体系化されているものに限定されるのではなく，より広く「超自然的，超人間的存在を畏敬すること」などのように理解すべきこととされている。この条文に関して宗教概念を限定化することは，宗教・非宗教の間に恣意的な区別を生じさせやすくなるからである。

信教の自由が保障するのは，①信仰の自由，②宗教的行為の自由，③宗教的結社の自由，であると考えられている。

上記のうち，①については，信仰告白をする・しない自由，信仰を理由に不利益を受けない自由などが含まれる。②には，礼拝をする・しない自由，宣教をする・しない自由などが含まれる。

宗教的行為の自由や宗教的結社の自由は，外部的行為を伴うため，絶対無制限なものではない。したがって一定程度の制約に服することにはなるが，必要最小限度の制約に限られる。

たとえば，宗教法人法81条は宗教法人の解散命令について規定している。この解散命令は，宗教的結社そのものを解散させるものではなく宗教的結社に付加的に与えられた法人格を失わせるにすぎないものであり，直接的に宗教的結社そのものを解散させるものではない。しかし，法人の解散により間接的に生じる宗教活動への影響についても一定程度の考慮が求められよう。

なお，明治憲法にも信教の自由に関する規定があったが，その条文には法律の留保は付けられていなかった。つまり「安寧秩序ヲ妨ケス及臣民タルノ義務ニ背カサル限リニ於テ」という限定付きの権利であり，命令によって制限されうるという弱い権利でしかなかった。

政教分離

政教分離は，権利そのものではないが，公権力（政治）と宗教（教会）とが分離している状態を維持することで，その結果として個々人の信教の自由を保障しようとする趣旨の原則である。

政教分離を規定する条文としては，憲法20条1項及び3項があるほか，財政面から政教分離を扱う憲法89条がある。

ただし，政教分離というときの宗教といっても，宗教的な由来を持ちながらもはや習俗と化しているといえるものもある。また国家の活動が宗教（的団体）と全く無関係・無接触であるべきだと考えることも現実的ではない。したがって，国家と宗教との関係が許容されない地点はどこからか，ということが問われる必要がある。この点，その判断基準として「目的・効果基準」が用いられている。目的・効果基準によれば，ある国家の行為について，その目的が宗教的意義をもつか否か，そしてその行為の効果が特定の宗教を援助・助長するものであったり他の宗教を抑圧するものであったりするか否か，が検討されることになる。

なお，政教分離原則に関して，現在しばしば問題とされるものとして，内閣総理大臣による靖国神社参拝がある。

学問の自由　学問の自由は，研究の自由，研究発表の自由，そして教授の自由を保障していると考えられている。これらの用語は，その語感としては，あたかも大学や研究所の中での活動のための権利を指しているように見えるかもしれないが，あくまで人としての権利のひとつである。

日本には，戦前の天皇機関説事件などといった学説弾圧の経験がある。この事実に照らすと，憲法で学問の自由を保障することの意義が見えてくるだろう。

学問の自由のうち，教授の自由は，つまり教育の自由である。そしてこの自由は大学における教育の自由に限られず，普通教育での教育の自由もここに位置づけられる。ただし，普通教育では，児童生徒の批判能力が未熟であったり教育の機会均等を確保する必要があったりすることから，完全な教授の自由は認められないと考えられている。

大学の自治　憲法には明示の規定がないが，学問の自由規定からの当然の帰結として「大学の自治」が保障されると解釈されている。大学の自治そのものは人権ではなく，学問の自由をよりよく保障するため，自治的な大学のあり方を制度として保障する原則である。

大学は中世ヨーロッパの時代から存在し，自律的に活動してきた。大学の自治は，そういうものとしての大学を憲法の中に取り入れることで，学問の自由を確保しようとした結果として保障されている。

大学の自治というとき，自治の主体は教授会である（ただしここには学生も含ませるべきだという説もある）。また自治の対象は，教員などの人事，施設管理運営についてであるが，財政の自主的決定も含ませる説もある。

大学の自治をめぐって問題となるのが，警察権との関係である。捜査令状に基づく犯罪捜査のために警察官が大学構内に立ち入り可能なのは当然であるとしても，警備公安活動のために警察官が大学構内に立ち入ることはできないとするのが学説の立場である。

表現の自由　表現の自由が保障しているのは，単に表現活動を行うことの自由だけではない。表現活動（情報の発信）を行う前提となる，情報の受領や収集の自由も，表現の自由の保護の対象と考えられている。したがって，たとえば取材の自由も表現の自由の一環として保障されると考えるのが学説の立場である。ただし判例は取材の自由について，表現の自由の精神に照らし「十分尊重に値する」と述べるにとどまっている。

表現の自由には二つの価値があるとされている。第一に自己実現の価値，第二に自己統治の価値である。自己実現とは個々人が表現活動を通じて自分を発展させることであり，自己統治とは国民が表現活動を通じて民主制を維持・発展させることである。これらの価値があることから，表現の自由は特に重要で手厚い保障が必要な権利であると目されている。

とりわけ，表現行為をする前の段階で抑制すること（事前抑制）は禁忌されている。したがって，憲法21条2項後段がいう「検閲」は絶対的に禁止されるものと考えられている（なおこのように考えた場合，検閲は，事前抑制の中でもとりわけ歴史的にみられたような行政権により行われるもの，というように狭く定義されることになる）。また裁判所による事前抑制が検閲でないとしても，例外的な場合にのみ可能になるにすぎないとされている（たとえば，名誉毀損を理由に裁判所が雑誌の出版を差し止める場合でも厳格な要件に服することになる）。

また，表現活動は，まずは行わせることが重要であることから，表現活動を自粛させるような規制を国はしてはならない。このような自粛をさせる効果のことを「委縮効果」という。委縮効果を生むような国の活動は，表現の自由を侵害することに等しくなるので，許されない。

集会・結社の自由　集会の自由及び結社の自由は，表現の自由と同じ憲法21条に示されている。このことからも分かるように，集会・結社の自由は表現の自由と密接な関係を持っている。

集会とは，物理的な空間に人々が集まることである。集会には，集まる当人たちが交流し，また対外的に意見表明するという意義があるとされる。

集会を国や自治体の管理する場所で行うことがしばしば問題となる。たとえば公民館は，自治体が管理する地方自治法上の「公の施設」であり，正当な理由のない限り，住民によるその使用を拒否することができないと規定されているが，これは集会の自由に配慮するためである。したがって，公権力の側で恣意的に利用者を選別するようなことは許されない。

次に結社とは，人々が共通の目的で精神的に継続的につながることである。結社の自由には，個人が団体を作る・作らない自由のみならず，団体への加入，脱退の自由や，団体自身の自由（内部自律権）を含んでいる。ただし，そもそもの個人主義という発想を重視すると，団体の自律権は，個人の権利と対立した場合，限定的となる。

⑵ 自由権ー経済的自由権

居住・移転の自由

居住・移転の自由（憲法22条１項）がさしあたり経済的自由権に分類される理由はこうである。身分制の下では，身分と土地と職業がセットになっていて，それが人々の行動（とりわけ経済活動）を大きく規制していたのであり，このようなしがらみから解放されることで，人々はある身分に所属する者としてではなく個々人として自由に経済活動に従事することができる，と。当然，居住・移転の自由の趣旨からすると，これは経済的自由権の側面のみならず，人身の自由，あるいは他者と交流する機会を作る点で精神的自由権の側面も有している。

また憲法22条２項では，海外移住や国籍離脱の自由が保障されている。ここでは海外旅行の自由も保障されている，と考えられている。

職業選択の自由

次に，経済的自由権として職業選択の自由（憲法22条１項）が挙げられる。これは文字通り職業を選ぶ権利であるが，財産権（憲法29条）とあいまって，営業の自由も保障していると考えられている。

職業選択の自由も，経済的権利に分類されはするものの，精神的な側面を有している。生業を得るのは経済的な利益を求めるためだけではなく，社会の中で個性を発揮する手段にもなるからである。

職業選択の自由（その他経済的自由権）に対する国からの規制は，次のような二つの目的（理由）でなされる，と考えられる。第一に，ある職業活動によって生じうる，公共の安全や秩序，国民の生命や健康への危険を排除するという目的である。このような目的による規制を「消極目的規制・警察目的規制」という。第二に，福祉国家の理念から国の社会・経済計画を実施するために（憲法的にいえば社会権を具体化するために）行う規制であり，そのような規制を「積極目的規制・政策目的規制」という（前者の例として，許可制により薬局開設を規制する場面，後者の例として，大規模店舗の出店制限を挙げることができる）。

このような二種類の規制目的があるとした上で，職業選択の自由（経済的自由権）の限界は，どちらかの規制の目的に応じて決まるとされる。まず積極目的規制の場合，違憲審査権を行使する裁判所としては国会の政策判断を尊重することになるとされ，したがって国会の政策的判断が職業選択の自由の限界そのものとなりやすくなるとされる。他方で，消極目的規制の場合，裁判所としてはその規制目的を達成するための手段が過剰でないか否かを判断することになるとされる。したがって，この場合の職業選択の自由の限界は，目的を達成するための最小限度の規制である，といえる（なおこの点については前述の「公共の福祉」についても参照）。

なお，実際のところは，経済活動への規制はこの２目的にすっきりと分類できない場合もあることが指摘されている。たとえば，公衆浴場の経営参入への規制はどちらの目的とも解釈する余地があるし，酒類販売業への参入規制は租税徴収というまた別の目的にも関連している，などのことが指摘されている。

財産権

財産権（憲法29条）は，財産的価値のあるものすべて（物権，債権や知的財産権などの私法上の権利や公法上の権利）に対する使用・収益・処分の権利である。

憲法29条１項は「財産権は，これを侵してはならない」と定めるが，これは個人が現に有する財産権を保障することと，私的財産制を保障することを意味すると解されている。

次に，憲法29条２項は「財産権の内容は，公共の福祉に適合するやうに，法律でこれを定める」としているが，これは１項で保障する財産権の内容を法律で決めるとする意味であると解されている。何をもって社会的に財産的価値があるかについては，それを決めるルールが必要なのであって，それを法律によって明らかにさせるという趣旨である。そしてその法律は，「自由国家的公共の福祉」及び「社会国家的公共の福祉」の観点から制定されるものとされている。

憲法29条３項では，「私有財産は，正当な補償の下に，これを公共のために用ひることができる」としている。これは，財産を公共目的で収用したり22条２項に基づき法律により財産を制限したりした場合に，正当な補償を要するとする趣旨であると解されている。

しかし，あらゆる財産の制限に対して補償が必要なのではなく，財産への制限が特定の個人に「特別な犠牲」をもたらす場合に補償が必要であると考えられている。また，「正当な補償」つまり損失補塡の程度については，収容された財産の市場価格により補償すべきであると考えられている（完全補償説）。

なお，憲法上は補償をすべき場面であるにもかかわらず，関連する法律に補償規定がない場合，その法律によって財産を収用される者は法律の改正による補償規定の創設を待つしかないのだろうか。この点，その者は直接に憲法29条３項に依拠して損失補償を請求できるものと考えられている。

⑶　自由権－人身の自由

奴隷的拘束からの自由　憲法18条では，奴隷的拘束からの自由や，（刑罰に服する場合以外の）その意に反する苦役からの自由が保障されている。ここでは，奴隷制のみならず，戦前の日本にみられた「タコ部屋」も禁ずる趣旨と解されている。この点から，憲法18条の権利は私人間にも当然に直接適用されるものと考えられている。

なお，政府は，徴兵制は憲法18条の趣旨から許されないという立場をとっている。

法定適正手続　人身の自由に関する憲法の規定は，大部分が刑事手続における権利の保護に焦点を当てている。法定適正手続を規定する憲法31条も，「何人も，法律の定める手続によらなければ，その生命若しくは自由を奪はれ，又はその他の刑罰を科せられない」と述べており，刑事手続との強い関係性を示している。

憲法31条が保障しているのは，その文面上，①手続の法定である。つまり誰かに刑罰を科す際，最低限そのための手続を法律で定めるよう求めている。しかしこの条文の意味はこれにとどまらないと考えられている。すなわち，アメリカの「適正手続 due process」条項の趣旨にならい，②適正な手続が求められ，さらに③刑罰の手続のみならず実体（内容）の法定と，④適正な実体までも求められていると解されている。

②に関して，適正な手続のかなめとされるのは「告知と聴聞」である。これは誰かに不利益を課す（刑罰を科す）のであれば，事前に告知し弁明の機会を与えるべきであるという趣旨である。

③に関して，刑罰の実体の法定とはすなわち罪刑法定主義のことであり，④は刑罰規定の明確性や罪刑の均衡を意味するとされる。

適正手続の趣旨は，刑事手続のみならず行政手続にも適用・準用されると考えられている。判例もこのことを原則として認めつつも，行政手続には様々な形態があることから必ずしもすべての場合に告知と聴聞の機会を確保する必要はない，としている。なおこの点については，平成5年になって行政手続法が制定されており，告知と聴聞の重要性が確認された。

刑事手続上の権利　憲法33条以下では，刑事手続における詳細な権利が規定されている。まず，33条は不当な逮捕からの自由である。ここでは，現行犯の場合を除き，逮捕は令状によってなされることが書かれている。これは，中立な第三者たる裁判所が発行する令状を要件とすることで，恣意的な逮捕を予防するという趣旨による。この点，刑事訴訟法では，準現行犯のカテゴリーが作られているほか，事後的に令状を求める逮捕である緊急逮捕が認められており，問題ありとする見解もある。続く憲法34条は，短期の身体拘束である抑留，長期のそれである拘禁につき，理由の告知と弁護人依頼権の保障を求める。

憲法35条では，住居の不可侵が保障されている。この条文によれば，住居・書類・所持品につき，逮捕の場合を除いて，侵入・捜索・押収をするには令状が必要とされる。刑事手続の中で捜索が行われるのは裁判での証拠を収集するためであるが，令状主義を没却するような重大な違法がある捜索などによって集められた証拠は，裁判で用いられないこととされている。

憲法36条は，拷問と残虐な刑罰を「絶対」的に禁止している。拷問とは，自白を得る目的で肉体的・精神的苦痛を加えることである。非人道的なので当然に禁止されている。これに関連し，憲法38条１項は，自己に不利益な供述を強要されないと規定し，２項で任意性のない自白の証拠能力を否定し，さらに３項で自白のみに基づいて有罪とできないとしている。これは，自白の強要が冤罪につながるのみならず，拷問にもつながるというおそれを取り除くための規定である。

残虐刑とは，不必要な精神的・肉体的苦痛を内容とする人道上残酷と認められる刑罰のこととされる。これに関して問題となりうるのが死刑である。判例は絞首刑による死刑が残虐刑には当たらないとしているが，死刑そのものに対する異論も強い。

憲法37条では，公平な裁判所による迅速な公開裁判を受ける権利，証人尋問・喚問権，弁護人依頼権といった刑事被告人の権利が保障されている。

憲法39条では，事後法，二重処罰の禁止が規定されている。ここで事後法とは，遡及的に刑罰を科す法のことである。事後法は法的安定性を害するから禁止されるのであり，事後法の禁止は法が法であるための最低限の条件でもある。二重処罰の禁止は，検察官上訴を否定するものではなく，同一の事件について二度起訴されたり処罰されたりしない，ということを意味する。

(4) 受益権－国務請求権

請願権

請願権（憲法16条）は，歴史的には，民主制のない時代に国家に対して救済を訴え出る権利であり，その行為によって死刑にされたり弾圧されたりといった不利益を受けないことを意味していた。したがって請願権は，国家による請願の受理を求める権利であり（請願内容の実施を義務付ける権利ではない），この点で国家からの作為を求める権利の一つとして受益権に含まれるとされる。しかし今日では請願権の参政権的な性格があること（多数決民主制の中で少数派が異議を記録として残すことができるなど）に注目が集まっている。

国家賠償請求権　国家賠償請求権（憲法17条）とは，公務員による不法行為に対する損害賠償を求める権利である。具体的には国家賠償法が規定している。歴史的には，「国王は悪をなしえず」とされ，諸外国でも第二次世界大戦ごろまでは国家賠償の考え方は認められていなかった。しかし，国・自治体の違法な活動により国民の側で生じた損害に対する確実な救済の道を確保し，また国や自治体の責任を明確にする趣旨で，国家賠償請求権が認められている。

刑事補償請求権　他方で，刑事手続にかけられたものの無罪の判決を受けた被告人に対して刑事補償請求権が保障されている（憲法40条）。これは，逮捕や起訴などがそれ自体としては適法な行為であったとしても，被告人には甚大な被害を生じさせるものであるので，その損失を金銭で補塡するという趣旨のものである。

裁判を受ける権利　裁判を受ける権利（32条）は，（特に民事事件において）権利の自力救済が否定されていることから，また裁判所が違憲審査権を担っていることから，重要な権利の一つである。これは，中立・公平で適正な手続による裁判を受ける権利を保障するものである。

刑事事件においては，前述の通り裁判を受ける権利は，裁判を経なければ刑罰を科されないので，自由権の一つとして機能する。また，裁判を受ける権利は，民事・刑事裁判のみならず，行政事件裁判を受ける権利も含まれている。

(5)　受益権－社会権

生存権　憲法25条1項のいう「健康で文化的な最低限度の生活」が生存権である。したがって，生存権は生きる権利ではなく（それは生命権である)，「人らしく」生きる権利のことであり，自分でそのように生活できない場合，国家に対して給付を求める権利である。また憲法は生存権を保障すると同時に，国に対して「社会福祉，社会保障及び公衆衛生の向上及び増進に努め」るよう義務付けている（憲法22条2項)。この点で，生存権は国の作為を求める権利である。

ここで，生存権の法的性質が問題となる。つまり，生存権は国に作為を求める権利であるとしても，どこまでの請求が可能なのか，あるいはその権利が国をどのくらい拘束するのか，という問題である。これについては三つの考え方がある。

第一に，「プログラム規定説」である。これによれば，生存権規定は法的権利ではなく，国の政治的・道義的義務を課したにすぎない。したがって，たとえば生活保護法などの立法がなされた後になって，法律上の権利が生じるにすぎないとされる。

第二に，生存権規定は法的権利を保障するが，この権利は抽象的権利であるとする「抽象的権利説」がある。これによれば，憲法上の権利である生存権は，たとえば生活保護法などの立法によって具体化されることになる。逆にいえば国には生存権を実現する法律を制定するべき法的義務が課せられている，とされる。

第三に，「具体的権利説」がある。これによれば，生存権は法的権利であるのみならず，個人が生存権規定に依拠して現行の生活保護法が一定水準を満たしていないと裁判所で主張できるほどに具体的な権利である，とされる。

この問題は，何をもって「健康で文化的な最低限度の生活」かというのが不明確であることと，生存権の実現のための予算にも限界があること，から起因している。これらの問題について，どのような生存権保障体系を作るかについての国会の立法裁量を広く想定するとプログラム規定説に近くなり，立法裁量もなお限定されていると想定すると具体的権利説に近くなる。

教育を受ける権利

教育を受ける権利（憲法26条）の中心には，子供の学習権があると考えられている。そしてこの学習権を充足させるのが親や教師や国家の教育制度や私立学校であるとされている。特に国には無償（通説では授業料の無償）の義務教育制度を提供する義務があり，この点で教育を受ける権利は社会権に振り分けられている。

教育を提供するという国家の役割のうち，国家の教育行政にこそ教育内容決定の権限があるのか，あるいは学校の教師に教育の権限（自由）があるのか，が争われてきた，という経緯がある。この点，現在ではおおむね，子供の学習権をまずは充足すべきだという観点から，人格的交流を通して対人的に行われるという教育の特質（教師の役割）や全国の教育水準の維持の必要性（国の役割）などを考慮しながら，教育にかかわるアクターの機能の観点から，それぞれの役割に線引きがなされるべきだと考えられている。もっとも，国家による過度の教育内容への介入は排除されるべきである。

労働基本権　憲法28条が保障する労働基本権は，労働三権と呼ばれる。「団結権」「団体交渉権」「団体行動権（争議権）」がそれである。これらの権利は，労働者が個人で使用者と渡り合うのにはあまりにも力の差が大きすぎるので，労働者が組合を結成することによって，ストライキなどの争議行動を手段として用いながら，使用者と交渉することができるようにするために，定められているものである。そして労働組合の結成などに関する法整備が国に求められることから，この権利は社会権に分類される。なお，労働組合の結社を妨げられないとか，争議行動につき民事・刑事上の責任を免責されるという意味では自由権的な側面を有している。さらに，労働基本権が保障するのは使用者と労働者との関係における交渉であるので，両者の間つまり私人間にも直接適用されると考えられている。

公務員は，戦前では天皇の官吏とされ，無定量の義務を負う者とされたが，現行憲法のもとでは，憲法28条のいう「勤労者」に含まれると解されている。ただし，公務員の地位の特殊性や職務の公共性にかんがみ，警察官や消防官などには労働三権のすべてが否定されているほか，非現業の公務員には団体交渉権が限定され争議権が否定されているなどとなっている。

なお，憲法27条では，勤労の権利が掲げられ（1項），勤労条件に関する基準を法律で定めるよう求められ（2項），さらに児童の酷使の禁止が規定されている（3項）。これら勤労権規定に基づき，労働の機会を提供するなどすべく職業安定法や障害者の雇用の促進等に関する法律などが制定され，一定の勤労条件や児童の保護を定めるべく労働基準法などが制定されている。

⑹ 参 政 権

参政権は，政治に参加する権利で，選挙権と被選挙権を中心とする権利である。具体的には，公務員の選定・罷免権（15条），両議院の議員の選挙権・被選挙権（44条），地方公共団体の長・議会の議員等の選挙権，最高裁裁判官の国民審査（79条2項），地方自治特別法に関する住民の投票権（95条），憲法改正の国民投票（96条）が憲法に定められている。また，広義の参政権として，公務員になる権利（資格）である公務就任権も含ませる場合もある。

選挙権の性格 参政権のうち，選挙権の法的性格が問題とされてきた。焦点は，選挙権は権利なのか，義務としての側面（公務）もあるのか，ということである。公務であるとされれば，個々の投票を法的に強制することや，投票の資格を一定程度制限することが可能となるとされる。

この点について，通説は選挙権を権利であり公務でもある，とする二元説を説いている。つまり，個々人の投票を行うという権利を行使するのみならず，選挙人が選挙人団という国の機関として意思表示を行う機会として選挙を見るのであり，ここから権利と公務の二元的性格があるとするのである。

したがって，成年被後見人や受刑者や選挙犯罪の受刑者を選挙人から除外する公職選挙法の制度は，公務としての選挙権の特殊な性格から，認められうるとされる。他方で，選挙権は権利として棄権の自由も含まれるとすると，投票を強制することは必要最小限度か厳格に判断されることになるとされる。

選挙に関する公理 選挙に関しては，そもそもの前提（公理）があると考えられている。それが次の五つである。

第一に，「普通選挙」である。これは，納税額や性別によって選挙資格を制限する「制限選挙」の反対概念である。現行憲法でも，「成年者による普通選挙」が保障されている（15条3項）。「成年者」については，憲法は何も語っておらず，公職選挙法は「日本国民たる満二十歳以上の者」としている。しかし，平成19年に成立した「憲法改正国民投票法」では投票年齢が満18歳とされていることなどから，今後の検討課題とされよう。

第二に，「平等選挙」である。これは，一人一票の原則と一票の価値の平等を意味するものであり，一人に二票を認める複数選挙の反対概念である。この点で問題となるのが，議員定数の不均衡である。議員定数の不均衡とは，複数の選挙区の間で，議員の定数一人当たりの選挙人数に差があることを指す。この場合，選挙人が持つ一票の価値に他の選挙区でのそれと価値の差が生じ平等でなくなることが問題となるのである。この点，学説は，どのような選挙制度をとるか（小選挙区制課題選挙区制かなど）の判断や国民の自由な移動などを勘案すると，「1対2未満」までの不均衡は許容されるとするが，なかなか改善されないのが現状である。

第三に，「自由選挙」である。これは，投票をする・しないの自由を認め棄権に制裁を加えないとする原則であるが，さらに広く選挙活動の自由までも含める場合もある。ただし選挙の公務性を勘案する立場からは，強制選挙が全く許されないでもない，ということになる。

第四に，「秘密選挙」である。これは，投票の内容は秘密にされるべきであるとする原則である。憲法では，投票における選択について「公的にも私的にも」責任を問われないと規定している（15条4項）。したがって現行の選挙では無記名投票の方式がとられている。

最後に，「直接選挙」である。これは，選挙人が直接に公職就任者を選ぶという原則のことである。選挙人がまず中間選挙人を選び，中間選挙人が公職就任者を選ぶ「間接選挙」の反対概念である。アメリカ大統領の選出は，形式的には間接選挙を用いている。直接選挙の原則は，現行憲法では地方自治体の長や議会議員の選挙について明文で規定されているにとどまるが（93条2項），国会議員の選挙でも直接選挙が採られている。

(7) 包括的権利ー幸福追求権

幸福追求権の価値

憲法13条は日本国憲法の中でも最も根本的な規定である。というのも，憲法13条前段にいう「個人の尊重」の原理は，日本国憲法の根本原理を指し示すものであるからである。そして13条後段の保障する「生命，自由及び幸福追求」に対する権利（幸福追求権）は人権の中の人権・人権の趣旨そのものと目されている。その根拠は様々なものがある。

まず，「生命，自由，幸福追求」の文言が歴史的な含蓄を持っていることが挙げられる。これはアメリカ独立宣言が神により与えられたと謳う自然権そのものの名称であり，本来的に個々人が有しているはずの権利である。

次に，「幸福追求」の語意である。個々人のあらゆる活動は幸福追求に還元することができるだろう。憲法が認識しているように，個々人はそれぞれ全く違う個性を有しているのであり，したがって別々の世界観を構想し生きている（と思われる）。それらに基づく各人別々の行動は，各人なりの「幸福」を追求するための行動だと言えないだろうか（「幸福」の「質」の程度も個人の問題である）。

これらのことから，憲法13条は，憲法の構造全体においても，また人権論においても，中心的な条文であるとみられている。

幸福追求権の包括性

さて，人権という発想の特徴として，人権は人に固有の権利とされていることはすでに見たところである。憲法に人権規定があるのは，あくまで人権の確認のためであって，憲法がこれを創設したわけではない。したがって人権は憲法に書かれた権利に尽きるものではなく，憲法に書かれていない人権も当然にあるはずだ，ということになる。しかし，いざそのような書かれていない権利が必要になったとき（裁判所で援用するとき），憲法の条文による根拠がほしくなるところである。

この点，人権の趣旨そのものと目される憲法13条こそが，そのような根拠を提供する。このように考える場合，憲法が保障する個別の権利（自由）はそれぞれ，「個人の尊重」を基礎とし，幸福追求権の一内容であり，歴史的経験に照らして特に明文で保障されたものであると解釈される。そして幸福追求権は総則的な権利であり，明文の権利（自由）の間隙を補充するという機能を持つ，ということになる。このようなことから，幸福追求権はしばしば，権利（自由）の「四次元ポケット」となぞらえられることがある。

幸福追求権の内容　それでは，幸福追求権から引き出される権利（自由）はどのようなものであってもよいのであろうか。これについては，幸福追求権の内容は一定の方向性を持ったものとされる。人権というものを観念する際に個人の見方（社会と個人の関係）がその前提となるからである。幸福追求権の内容については，次の二通りの考え方がある。

第一に，幸福追求権は「人らしく生きる権利」を内容とする，という考え方である。これは「人格的利益説」と呼ばれる。人格的（つまり人らしい）生存に不可欠の利益を幸福追求権の内実とするとするこの考え方によれば，個人は人格的自律を通じて生きている存在である。そして人格的自律を維持するためには人格的利益が必要であり，この利益には自由権のみならず，受益権，参政権や手続的権利も含まれるとされる。他方で，保護の対象となる利益は「人格的」生存に不可欠なものとされ，質的に限定される。

第二に，幸福追求権の内容は自由そのものである，とする考え方である。これは「一般的行為自由説」と呼ばれる。この考え方によれば，個人は限られた知識と時間の中で経験を経ながら自らの生き方を模索していく存在であり，そのために自由な領域が必要であるとする。このように考える場合，幸福追求権の方向性は自由権のみであるが，他者を害さない限りあらゆる行為の自由が保障されることになる（同時に新しい手続的権利や社会権的権利の導出は他の条文から行われる）。

人格的利益説から一般的行為自由説に対しては，人権のインフレ化を招き人権の「切り札」的な強い法力が失われる，などの批判がなされる。他方で，一般的行為自由説から人格的利益説に対しては，人格的利益という曖昧な概念で人のあり方を一方的に道徳的に枠づけるものである，などの批判がなされている。この議論は，人や人と社会の関わりについての根本的な見方の違いを示すものである。

「新しい人権」　さてそれでは，具体的にどのような権利が幸福追求権から導出されているのか見てみよう。

まず，プライバシー権が挙げられる。プライバシー権は，そもそもは「一人で放っておいてもらう権利」という民事上の権利から出発した。その後，個人の私生活をみだりに公開されない権利とされ，現在の通説ではさらに進んで個人に関する情報を当該個人がコントロールする権利（自己情報コントロール権）として理解している。この理解は，情報化社会が進展しているという背景の下，プライバシー権の対象となるのが私的事項のみならず個人に関するあらゆる情報（氏名や生年月日なども含む）であるとし，プライバシー権の効果としてこれらの情報を管理する者（国や事業者）に対して情報の閲覧・訂正・削除を求めるという作為請求ができる，としている。

次に，自己決定権が挙げられる。これは文字通り「自分のことは自分で決める」権利であり，ライフスタイルを決めることのみならず，子供を作るかどうか（または堕胎）の権利や医療におけるインフォームド・コンセントや尊厳死の権利などが含まれるとされている。ただし，この権利はその権利自体を可処分のものとまでするわけではないので，たとえば自殺の自由まで認めるものではない。

その他，新しい権利としては，環境権なども主張されている。これは良好な環境の中で生活する権利を意味する。環境破壊と公害が悪化する中でその意義が再認識され，憲法上の権利として主張されているのである。この権利を実現するには国の積極的な作為が必要となることから，環境権の主張に際しては13条のみならず25条が援用されることが多い。ただし，環境権は未だ判例によって採用された権利ではない。

(8) 包括的権利－法の下の平等

平等の意味－絶対的平等と相対的平等

法の下の平等（憲法14条）もまた，憲法における人権規定の中でも根底的なものとして位置づけされている（なお，家庭生活における個人の尊厳と両性の本質的平等を規定する憲法24条も参照）。

そこでまずは憲法14条から離れて平等の意味を考えてみると，まず「絶対的平等」と「相対的平等」という二種類の平等観がある。前者の絶対的平等とは，個々人を機械的に均一に扱うべしという意味での平等を指し，後者の平等は個々人の間に現にある違いに応じて合理的な区別をしながらも，その中で等しいものは等しく扱うべしという意味での平等を指す。

これらのうち，前者の絶対的平等観は，憲法の基礎中の基礎であるといえる。すなわち，すべての人（日本にいる生物学的意味のヒト）がもれなく憲法上の「人」と認識され，人権を有するとされることになる。ここでは人であるということ以外のどのような差異も捨象され，すべての個人が等しい主体として想定されることになる。したがって，（憲）法の基礎にはこのような意味での絶対的平等観があるといえよう。

そのようなフィクション的な基盤の上で，相対的平等が語られうることになる。現実には個々人には多くの差異があるので，その差異に応じた合理的な（しっかりとした理由のある）区別と異なった扱いを法律上行うことが憲法上許される。ここにおいて相対的平等観が用いられることになる。憲法14条にいう「平等」はこのようなものとしてとらえられている。

平等の意味ー形式的平等と実質的平等

他方で，自由という変動的・動態的要素を加味したとき，「形式的平等」と「実質的平等」の二つを区別することができる。形式的平等は機会の平等を意味するとされ，実質的平等は結果の平等を意味するとされる。そして，福祉国家の理念の下では，実質的平等の観点から，立法を通じて，各人の自由の行使の結果生じた（経済的）格差を是正することが許容されることになるといわれる。

さらに，実質的平等の観点を押し進めて，伝統的・構造的な差別を根本から是正するという趣旨で，従来から差別されてきたカテゴリーに属する人を優先的に待遇するという「積極的差別是正措置（アファーマティブ・アクション）」を講ずるべきだとする議論もある。ただ，積極的差別是正措置が行き過ぎると，当該カテゴリーが温存されることのみならず，いわゆる逆差別の問題も生じうる，ということにも注意が必要であろう。

法の下の平等と立法権

さて，いろいろな意味で考えられる平等であるが，これを実現させる際に立法が大きな役割を担っている。つまり，立法は，相対的平等や形式的・実質的平等の観点から，合理的な区別を個々人の間に付けていくことで，それぞれの場面ごとに求められる平等の状態を図ることになる（たとえば民法における成年者と未成年者の区別や，租税法における高所得者と低所得者の区別など）。

その際，立法は区別の線引きを自由に行うことができるかというと，そうではない。立法に線引きをするという役割があるとしても，だからといってその線引きが不合理なものであってはならないのである。つまり，憲法14条の法の下の平等は，立法府あるいは立法内容を拘束する，と考えられる（法内容平等説や立法者拘束説と呼ばれる）。

後段列挙事由　それでは，合理的な区別と合理性を欠く区別（差別）との違いはどのようにして判定されるべきであろうか。この点，憲法14条1項の後段列挙事由（人種，差別，性別，社会的身分，及び門地）は手掛かりとなる条項である。つまり，憲法が特に明示して禁止している区別事由がこれらの5項目なのであるから，5項目のどれかを理由とした区別が法律上とられている場合は特に，当該区別は法の下の平等に違反しているのではないかという疑念（違憲性の推定）を生じさせるため，厳しく審査すべきだ，という解釈が可能となる。

これら5項目に起因する区別を憲法が忌避しているのは，歴史的にみてこれらの事由による区別が合理性のない差別になりがちであり，被差別の側の人々に劣った存在というレッテルを張りその全存在を貶める道具として機能してきたことが経験的に知られているからである。

⑼　国民の義務

最後に，日本国憲法には国民の義務に関する規定があることについて見てみよう。憲法のいわゆる三大義務とは，教育を受けさせる義務（26条），勤労の義務（27条），納税の義務（30条）である。そのほか，国民が自由・権利を濫用せず公共の福祉のために利用する責任があるとする訓示規定（12条）も，一応ここに挙げられる。

立憲主義の観点からすれば，憲法に国民の義務規定があること自体が不思議だということになろうが，これらは公教育を実施するのに伴う義務教育制度に関する義務であったり，私有財産制の下で働く機会も能力も有しながら働かない場合に生活保護の給付は受けられないという意味であったり，「法律の根拠があった場合の」納税の義務であったりするにとどまる。したがって，これら「義務」規定は人権規定の補完的な機能を果たすのであり，そのように見れば立憲主義に反するものではないといえよう。義務規定と人権規定との数を対比して前者が少ないと嘆くのは全くのナンセンスである。

憲　法

第３章　統治機構

1．統治機構に関する原則

(1)　権力分立

権力分立

日本国憲法において，国家による統治に対する規範付けとして最も特徴的なのが，権力分立原則である。権力分立は，英語ではseparation of powersであり，つまり「諸権限」の「分離」を意味する。

諸権限というのは，立法・行政・司法というそれぞれ異なった内容の権限であり，「分離」というのは，それぞれの権限を別々の機関に預け権限を行使させるということである。

その結果，日本国憲法では，立法権は国会に，行政権は内閣に，司法権は裁判所に，それぞれ委ねられることになっている。

権力分立の目的は，別々の権限を有する別々の機関の間で，相互の抑制と均衡をさせるように図ることにある。このような抑制と均衡を通して，国家権力が過剰となって個々人の権利を侵害するような事態を生じさせないようにする，というのが権力分立という発想である。

政治部門と司法部門

ところで権力分立原則は，諸機関が具体的にどれくらい分離されるべきか，ということまでを指示することはない。現に権力分立の在り方は，各国によって様々である。たとえば，議院内閣制をとる場合と大統領制をとる場合とでは，立法部と行政部との密着度は大きく変わってくることになる。つまり，一口に権力分立といっても，その意味や姿は多様にありうるのである。

それでも，権力分立の中でも特に「司法権の独立」という原則は重視されている。したがって，権力分立の多様な意味の中にあっても，立法・行政部と司法部との区別は比較的にはっきりとつけられているといえる。この時，立法・行政部のことを「政治部門」，司法部のことを「司法部門」と呼ぶことがある。

(2) 民主制

国民主権と民主制　国民主権のうち権力性の契機は，憲法体制下の日々の政治決定について，国民による参加・決定を必要とする。また，国民主権の正統性の契機も，国家権力の根本的な基礎には国民の存在があるということを実質的に確保するために，日々の政治決定に対する国民の参加・決定を要請する，と考えることもできる。

しかし，便宜上国民と呼ばれるのは，実体としては利害関係や選好を異にする諸個人の一人ひとりである。したがって，「国民の意思」をまとめ上げ「民意」に仮託させるための制度や手続が必要となる。この手続こそが民主制であり，それを代表するのが議会（国会）の役割だ，ということになる。

このように，議会を通じた国民の意思表示を図る制度は，間接民主制や議会民主制と呼ばれる。日本国憲法はこれを採用している。ただ，より民主的性格が強い制度である直接民主制の要素を，日本国憲法がまったく排除しているわけではなく，特に地方自治においてはその要素が多く加味されている。

法の支配と法治主義　このように見ると，国民を代表する国会とその立法は，国民に最も近い存在であり国民の意思の表明である，と言うことができる。そして国民の決定が実効的であるためには，国家権力（とりわけ行政権）が国会の立法に従うようにする必要がある。このことを要求する原則が「法治主義」（とりわけ法律による行政の原理）である。

他方で，国会が代表する国民の民主的意思であっても憲法を乗り越えることはできないのであり，国家を縛る法律もまた，憲法に縛られる必要がある。いわば，究極的には，国民による「実在の」意思ではなく，理性的に把握される正しさ（あるいはそれが仮託される憲法，特に人権規定）によって，公権力は縛られるべきだ，とするのが「法の支配」の理念である。そして法の支配（さしあたり実定法化されている憲法の支配）を実効的にするのが，違憲審査制である，ということになる。

2．国　会

(1) 国会の地位

国民の代表機関　憲法43条は，両議院が全国民を代表する選挙された議員で構成されると規定している。このことから，国会は「国民の代表機関」と呼ばれる。

ここでいう「代表」とはどういう意味なのかが問題となる。つまり，国民と議員との関係である。中世ヨーロッパの身分制議会においては，選挙区から選ばれた代表は，選挙母体の利益を代表すべき存在であり，したがって議員は選挙母体の意向に拘束された。これに対し，近代の議会は，身分制議会のような国王の単なる諮問機関ではなく，政治の主役に躍り出て議会固有の意思決定を行うようになる。その結果，議員は選挙母体ではなく全国民の代表として位置づけられることになった。この場合，議員は選挙区の意向に拘束されるべきではない，とされる。このような代表を，政治的代表という。

他方で，政治的代表の考え方は，国民の多数の意向と議会の意向が合致しないことも認めるものであったので，選挙権が拡大されるにつれ，国民の間にある多様な意思が事実として議会にも反映されるべきだ，という代表観（「社会学的代表」観）が唱えられるようになる。

このような考え方で，憲法の「全国民の代表」は理解されている。つまり，議員は特定の利益を代表すべく法的に特定の利益団体から拘束されるべきではないが，議会の構成は社会学的代表観を加味すべく，選挙制度などを工夫して行われるようにすべきだ，ということである。

国権の最高機関　憲法41条は，国会を「国権の最高機関」と述べている。ここで，いかなる意味で「最高」という言葉を理解すべきかが問題となる。

通説によれば，憲法上国会は権力分立の中にはめ込まれており，特別に強い権限が与えられているわけではないので，「最高機関」というのは国民によって直接選任される議員から構成されるなどの点を表現する政治的美称にすぎない，と説明される。「政治的美称説」である。これは，「最高機関」の語に法的意味を持たせない解釈である。

これに対して，「最高機関」に何らかの法的意味を持たせようとする考え方として，国会が国政を統括する機関であることを指し示す文言だとする考え方もある（「統括機関説」）。

唯一の立法機関　憲法41条はさらに，国会を「唯一の立法機関」であるとする。この条文は，国会という機関に対して，立法権という権限を与える規定である。したがって，立法権とは何かということと，唯一国会が有するとはどういう意味か，について考える必要がある。

まず，立法権の意味について。通説はまず，そもそも立法には「法律」という法形式を制定することであるとする形式的概念と，実質的概念としての立法がある，と区別して考える。その上で，国会が制定するものを「法律」と呼ぶという形式的概念は憲法41条の前提になっているとして，憲法41条では国会に与えられている実質的意味の立法について問われているとする。

それでは，実質的意味の立法，つまり何をもって国会による立法固有の本質とするか，についてであるが，「国民の権利義務に関わる事項」がその本質であると考えられている。

なお，「国民の権利義務に関する事項」を国会の専権事項とする考え方は，国王と議会が対立する中で議会が最低限確保した領域がそれだった，という歴史的事情の名残である。したがって，君主制を採らず国民主権を採る場合，国会の立法権は，従来のような専権事項を超えて，広く一般的・抽象的法規範の定立を意味する，とも考えられている。

次に，憲法41条の「唯一」の文言については，「国会中心立法の原則」と「国会単独立法の原則」の二つを意味すると考えられている。

「国会中心立法の原則」とは，国会が立法権を独占することを意味する。

ただしこれについては，各議院による議院規則や最高裁判所規則の制定が憲法上認められている，という例外もある。また，行政府が制定する法形式である「命令」に法律が委任する場合も例外に当たる。

「国会単独立法の原則」とは，法律制定手続において国会が自律的に法律を制定するということを意味する。この点，内閣による法律案の提出は，国会の自律性を害するものではないのでこの原則に反しない，とされている。

(2) 国会の組織・活動

二院制 衆議院と参議院によって，国会は構成されている。このように2つの独立の審議体によって議会が構成されることを二院制という。二院制も権力分立の一例である。世界的に見て，下院が直接選挙によって選ばれる点は共通するが，上院については，イギリスでは貴族院型であり，アメリカやドイツでは州を代表する連邦制型であるなど様々なパターンがある。

日本では，衆議院議員の任期は4年であり，解散により短縮される場合がある。参議院議員の任期は6年であり，3年ごとに半数改選される。

衆議院と参議院の関係については，法律・予算の議決，条約の承認，及び内閣総理大臣の指名につき「衆議院の優越」が見られる。

選挙制度も異なり，衆議院では小選挙区比例代表並立制，参議院では都道府県を単位とした選挙区制と非拘束名簿式比例代表制が採られている。

国会議員の地位 国会議員には憲法上特権が与えられている。まず，不逮捕特権（憲法50条）がある。これは，議員個人の職務を政府の権力から保護すること，そして議院の審議権を確保することが目的であると考えられている。ただし院外における現行犯逮捕や議院の許諾がある場合は別である。

次に国会議員には院内における発言等につき院外で責任を問われないという免責特権が与えられている（51条）。

国会の活動 国会が権能を行使するのは，会期の間である。憲法上，毎年1回召集される常会（通常国会），必要に応じて召集される臨時会（臨時国会），衆議院が解散され総選挙ののちに召集される特別会（特別国会）

の三種類がある。

また，衆議院が解散され特別会が召集されるまでの間，内閣の求めによって，国会を代行するために参議院は緊急集会を開くことができる（54条２項）。

本会議について，憲法は議事・議決の定足数を総議員の三分の一とし（56条１項），出席議員の過半数による表決を行うものと定めている（56条２項）。そして会議は公開で行われることとし，ただ例外として出席議員の三分の二以上で議決したときには秘密会を開くことができるとしている（56条１項）。会議の記録・公表も定めている（56条２項）。

なお，各議院の実際の運用では，本会議中心主義ではなく委員会中心主義が採られており，その主な規定は国会法に定められている。

(3) 国会の権限・議院の権限

国会の権限

国会には次のような権限が与えられている。

まず当然のことながら，法律制定権がある。続いて，憲法改正発議権（96条１項），内閣総理大臣の指名権（67条），弾劾裁判所設置権（64条），条約承認権（61条），財政統制権（83条以下）が挙げられる。

このうち，財政統制権について見てみると，まず憲法83条で財政民主主義の原則が表明されており，国会に中心的な役割が求められている。これは「代表なくして課税なし」の精神に出づる原則である。

歳入に関して，憲法は租税法律主義を定めている（84条）。法律により定められるべき事項としては，納税義務者・課税物件・課税標準・税率等の課税要件と，税の賦課・徴収の手続であるとされている。

次に，予算を議決するのも国会であるが（予算編成権は内閣にある），予算の法的性質については，予算は法律とは別個の特殊の法形式であると考えられている。また両院で予算を審議する際，予算案の増額修正が認められるかどうかが問題とされてきた。この点，実務では，内閣の予算編成権を損なわないよう，予算案の同一性を損なわない程度での増額修正が許されるとしている。

コラム５　政治改革－小選挙区制の導入－

1990年代は、冷戦体制の終焉やバブル崩壊、政治不信などにより、日本が従来通りでは立ち行かないことが自覚された時代だった。このような背景の下、日本の統治構造も改革の対象となり、まずは政治改革が着手された。1994（平成６）年に制定されたいわゆる政治改革四法は、政党・政策本位の選挙制度を確立すべく、小選挙区比例代表並立制や政党交付金の制度などを導入した。

これらのうち選挙制度の改革を見てみると、小選挙区制の導入以前は中選挙区制が実施されていた。中選挙区制とは一つの選挙区の議員定数を３～５とする制度（理論的には大選挙区制）である。この制度の下では、同じ政党の候補者どうしが同一選挙区で争うことになり、政党の政策ではなく個人本位の選挙になってしまう、というのが政治改革の際の議論であった。そこで、これに代えて現行制度が導入されたのである。小選挙区制の下では、一つの選挙区につき議席数１であるため、政党の政策を根拠にした選挙が行われやすくなる（そして政権交代も起こりやすくなる）とされた。また小選挙区制のみでは大政党に有利になるとして、政党への投票数を比例的に反映させる比例代表制もセットで導入されている（小選挙区選出議席数は300、比例代表は180議席）。

議院の権限　議院の権限としては，大きく，議院自律権と国政調査権がある。議院自律権は，具体的には議院規則制定権（憲法58条２項），議長その他の議員の役員選任権（58条１項）などを含んでいる。

次の国政調査権（62条）については，これが議院としての本来的な権限なのか（独立権能説），他の議員としての権限を行使するための補助的な権限なのか（補助権能説）の対立があった。通説は補助権能説を採っている。

３．内　閣

(1)　行政権の意味

行政とは　憲法65条は「行政権は，内閣に属する」と規定している。ここで，まず，行政権とは何かが問題となる。つまり，憲法が内閣という機関にどのような権限を与えているのか，ということである。

ところが，行政の仕事は様々な事柄を含むため，行政を説明することは非常に困難な問題である。そこで，通説では，行政とは何かを考えるよりも，消去法でアプローチする方法をとる。すなわち，すべての国家作用から，立法作用と司法作用を除いたもの，それが行政だ，という考え方である。この考え方は「控除説」と呼ばれる。

控除説は，昔国家作用をすべて君主が持っていたところその後に立法と司法とが分化していったという歴史的経緯に合致する説明であり，また国家作用からとりこぼしを生むことのない有用な説明であるとされている（法律による行政の原則により広く国家作用を縛ることができる）。他方で，行政国家化が進行した現代の状況に照らして，行政概念を積極的に定義することで（積極説），行政の肥大化を食い止めるべきであると批判もなされている。

内閣に属するということの意味　憲法65条の条文によれば，行政権は内閣に属するとされている。そこで，まずはこの条文の文言を，他の憲法の条文と見比べてみよう。

国会や裁判所に権限を与えている憲法の条文を見てみると，国会は「唯一の」立法機関とされ（41条），また「すべて」司法権が裁判所に属するとされている（76条）。つまり，立法権や司法権はそれぞれ国会と裁判所に独占されるという趣旨を憲法はあえて述べているのに対して，行政権についてはそのような形容詞は付けられていない。

ところで，内閣の実際の仕事を見てみると，内閣は具体的な行政権の行使を行っているのではなく，それは「行政各部」（省庁）が実施しており，内閣はこれらを指揮監督する立場にあることが分かる（憲法72条では内閣総理大臣の権限として行政各部の指揮監督権が規定されている）。この仕組みをもって，「行政権が内閣に属する」ということだと言える。

この点，行政機関でありながら，内閣から一定程度独立している行政委員会を法律によって設置することが問題となりうる（会計検査院は憲法が定める例外である）。つまり，内閣から独立した行政委員会が存在することは，憲法65条に違反するのではないか，という問題である。

行政委員会の例として，人事院，公正取引委員会などがある。行政委員会は，政治的中立性が求められる領域について権限を行使し，合議制の機関であり，手厚い身分保障がなされていることに特徴がある。

この問題については，憲法65条の文言によればあらゆる行政機関が内閣に指揮命令の下に置かれる必要はないと読めること，行政委員会が担っているような職務には政治的中立性・専門技術性が求められること，そして行政委員会の設置は法律によるなどのことから結局は国会による民主的コントロールが最終的には及ぶこと，といった理由で合憲であると考えられている。

執政権　行政権の概念を控除説でとらえたとしても，その中心的な仕事は「法律の執行」である。このことは，多様な業務を含む行政府の仕事を，法律によって拘束しようとする試みである「法律による行政」の原則とも軌を一にする。

これに対し，近年，憲法65条にいう「行政権」とは執政権を含む，あるいは執行権そのものを指す，という説が有力となっている。執政権とは，国政に関する基本的事項についての政策決定を行う権限のことであり，高度に政治的な権限である。たとえば憲法上，内閣には「法律の誠実な執行」以外にも，「国務の総理」や「外交関係の処理」や「予算（案）の提出」などが任されている（憲法73条）のは，国の基本的な政策決定の権限を意味する執政作用が内閣にあることを示す一例であるとされる。

この考え方は，「法律による行政」の原則が当てはまる狭義の行政とは異なる，執政という領域を浮かび上がらせ，これを行政各部ではなく内閣に帰属させようとするものである。そしてこの執政の領域は，議院内閣制の下，国会との政治的駆引き（両議院での審議や責任追及）に付され，場合によっては法律によって統制されうるような，国会との競合的な領域であることから，近年の「政治主導」の議論とも密接にかかわる論点でもある。

(2)　内閣の組織と権限

内閣の組織　内閣は，首長とされる内閣総理大臣とその他の国務大臣からなる合議体である（憲法66条）。内閣法では，内閣は，内閣総理大臣と14名（最大で17名）の国務大臣からなると定められている。

また内閣法によれば，各大臣は各省庁の長（「主任の大臣」）として各行政部門を分担管理することになっている（総務大臣，法務大臣など）。ただし無任所大臣を置くことも可能であるとされる。

内閣の意思決定についても，内閣法による定めがあり，それは「閣議」によることとされている。さらに慣習として，閣議の決定は全会一致によることとされている。

内閣のメンバーの資格として，憲法は「文民」であることを求めている（憲法66条２項）。文民とは日本語として職業軍人の反対語であるが，ここでは憲法上の意味が問題となる。この点，政府は文民を「職業軍人の経歴がありかつ軍国主義に深く染まっている者，又は自衛官の職にある者」以外を指すとしている。自衛官が除かれるのは，自衛隊が軍隊に当たるか否かとは別に，軍隊の暴走を抑制するための原則である「文民統制（シビリアン・コントロール）」の趣旨から導かれる，とされている。

そのほか，内閣総理大臣の資格としては，国会議員から選ばれるべきこと（憲法67条１項），その他の国務大臣も半数以上は国会議員から選ばれるべきこと（憲法68条１項但書）が定められている。内閣総理大臣は国会により指名され天皇により任命される。国務大臣は内閣総理大臣により任命され天皇により認証される。

内閣総理大臣の地位と権限

憲法は，内閣総理大臣を内閣の首長としている。これは，明治憲法の下で首相が「同輩中の首席」と位置付けられ，他の閣僚と対等の地位にあるとされたことと対比されるもので，内閣総理大臣がリーダーシップを発揮して内閣の一体性と統一性を確保できるよう図ったものである。

内閣総理大臣の権限についても，首長としての地位を反映して，現行憲法では，内閣総理大臣による国務大臣の任免権が認められ（憲法68条），国務大臣の訴追について同意権が与えられ（憲法75条），内閣を代表して議案を提出し，一般国務および外交関係について国会に報告し，行政各部を指揮監督する，としている（憲法72条）。さらに，法律・政令について主任の大臣として署名し，又は主任の大臣とともに連署するものとされている（憲法74条）。

また，内閣法においても，内閣総理大臣は閣議を主宰し案件を発議することができるほか（内閣法４条２項），主任の大臣の間の権限疑義について裁定する権限を有する（７条）などの権限が与えられている。

他方で，内閣は合議体であり，したがって閣議を通じて内閣は権限を行使することになる。さらに議院内閣制の下，内閣は連帯して責任を負うことになっている（66条３項）。内閣法でも，行政各部に対する内閣総理大臣の指揮監督（憲法72条）は閣議を通じて行うこととされている（内閣法６条）。

内閣の権限　内閣の権限としては，憲法65条の条文があるほか，73条に７つのものが列挙されている。

まず，法律の誠実な執行と国務の総理である（１号）。内閣は法律に拘束されることがここで述べられている。それと同時に，「国務の総理」については，内閣に執政権があるとする考え方の根拠にもなっている。

次に，外交関係の処理（２号），そして条約の締結である（３号）。

そして，官吏に関する事務の掌理（４号），予算の作成と国会への提出（５号），政令の制定（６号），恩赦の決定（７号）である。このほか一般の行政事務を行うとされている（73条柱書）。

このほか，憲法73条以外の条文における内閣の権限としては，天皇の国事行為に対する助言と承認（３条，７条），最高裁判所の長官の指名（６条２項，任命は天皇），最高裁判所裁判官（長官以外）や下級裁判所裁判官の任命（79条１項，80条１項），などがある。

内閣の終了　内閣は総辞職によって終了する。内閣はいつでも総辞職をすることができるが，憲法上，次の場合には必ず総辞職しなければならない。

第一に，衆議院が内閣不信任の議決案を可決し，又は信任の議決案を否決した場合において，内閣が10日以内に衆議院を解散させない場合である（憲法69条）。

第二に，内閣総理大臣が欠けたとき，そして第三に衆議院議員総選挙の後に初めて国会が召集されたときである（憲法70条）。

内閣は総辞職しても，次の内閣総理大臣が任命されるまではその内閣が職にとどまることになる（憲法71条）。その内閣は職務執行内閣（事務管理内閣）

と呼ばれ，この内閣は重大な政治的決定は行ってはならないとされている。

(3) 議院内閣制

議院内閣制とは　議院内閣制とは，議会（立法府）と政府（行政府）との区別があることを前提として，政府の存立が議会の信任に依存している制度のことを指すとされている。議院内閣制は近代イギリスで発達した制度であり，国王と議会との対抗関係を調整する内閣が国王の権能を名実ともに担うと同時に議会（特に民選による下院）を支持基盤とする方法が確立されてきた，という歴史的・実践的経緯で形成されてきた（そしてここにおいては政党の役割も非常に大きい）。

なお，議院内閣制は，議会とは別ルートで国民から選出される独任制の大統領を中心に政府（行政府）が構成される大統領制とは異なる制度である。

日本国憲法の下でも，内閣が国会に対して連帯責任を負うこと，内閣のメンバーが半数以上国会議員から選ばれること，そして内閣不信任決議の存在が規定されていることから，議院内閣制が採用されていると考えられる。

議院内閣制のとらえ方　議院内閣制は，その国の歴史的背景や運用の方法（つまり政治の現実）によって多様な姿を見せることになる。したがって，そもそも議院内閣制がどのような性格を本質とするのかについて議論された。この議論での対立軸は「均衡本質説」と「責任本質説」である。

まず，議院内閣制は，議会と政府との均衡を本質とする，という考え方が均衡本質説である。この考え方によれば，議会が政府の責任を追及する（究極的には不信任の決議）のに対して政府は議会（下院）の解散権をもち，これによって両者の権力関係の均衡が図られるのであり，このことこそ議院内閣制の本質的な性格である，と見る。

これに対して，議会による内閣の責任追及と民主的コントロールを重視するのが責任本質説である。

この問題については，日本国憲法の条文に即して見てみると，内閣が国会に責任を負うという通常の状態が想定され，かつ究極的な衝突状態において

コラム6 政治主導と議院内閣制

近年、「政治主導」という言葉が広く用いられている。これは、民主的責任を負った政治家が政治を主導すべきだということを意味する言葉であり、「官僚主導」に対比して用いられることが多い。この観点からなされた近年の改革として、内閣機能の強化と中央省庁再編を中心とする行政改革が挙げられる。これは1998（平成10）年に制定された中央省庁等改革基本法を根拠とするものであり、2001（平成13）年に実施された。この改革では、内閣の機能強化のために、内閣における首相の権限を確認し、内閣府を新設し、また関連して「縦割り行政」の弊害を解消すべく中央省庁再編が行われた。

他方、政治主導は行政内部においてだけではなく、国会でも図られている。たとえば、法案審査の際に、政府委員として官僚に答弁させるのをやめ、国会議員から選ばれる副大臣や政務官に原則として答弁をさせる（ただし官僚は政府参考人として答弁に当たることもある）という、1999（平成11）年に制定された国会審議活性化法はその一例である。

ただし、政治主導という理念が官僚制をどう位置付けるかという問題のみならず、議院内閣制の下、国会と内閣のどちらに重点に置きながら政治主導を語るのかという問題もあり、この点特に憲法の議院内閣制論からの考察が重要になってくる。

は不信任の議決と解散が用意されている，と見ることができるので，責任と均衡の要素は重層的であるということができよう。

解散権の根拠

憲法には，衆議院が内閣不信任の議決案を可決した場合，又は信任の議決案を否決した場合についての解散権について規定がある（憲法69条)。問題は，このような場合以外に解散権の行使が可能なのか，そして誰が解散権を行使することができるのか，である。この点につき憲法には規定がない。

通説や実務では，解散はいつでも可能であり，憲法7条に基づき内閣が判断することができる，としている（7条説と呼ばれる。これに対し69条の規定する場合に解散権の行使が限定されるとする考え方は69条限定説と呼ばれる)。憲法7条は天皇の国事行為として，衆議院の解散を挙げており（憲法7条3号)，つまり内閣は助言と承認を通して，解散するという実質的判断を行えるはずだから，というのが7条説の理由である。

なお，解散権の法的根拠が憲法7条にあるとはいえ，解散権の行使の仕方が無制限であるわけではない。たとえば解散を行ったすぐ後に，特に大きな争点がないまま，党利党略によって解散を行うようなことなどには憲法運用上の問題があるといえる。

解散・総選挙の機能　解散は，歴史的には君主による議会勢力の牽制という意味を持っていた。しかし，現代においては，衆議院の解散と総選挙には，「民意を問う」という民主的な意義を見出すことができる。また，国会運営の上で政党の存在が欠かせず，さらには与党と政府が国会運営の中心となっている状態を前提にすれば，解散・総選挙は政権に対する国民の審判を仰ぐ手段として機能することになる。

4．裁 判 所

(1)　司法権の意味

司法権とは　憲法76条1項は，裁判所に司法権を与えている。そこでまずは司法権というのがどういう権限なのかについて見てみよう。

司法権とは，「当事者間に，具体的な事件に関する紛争がある場合において，当事者からの争訟の提起を前提として，独立の裁判所が統治権に基づき，一定の争訟手続によって，紛争解決の為に，何が法であるかの判断をなし，正しい法の適用を保障する作用」であると定義されている。

これは次のことを意味している。裁判所は争いごとの当事者が裁判を起こさない限り司法権を行使しない。司法権の対象となるその争いごとは具体的なものでなければならず，裁判所は法を適用することによってその争いごとを解決し，また同時に法の意味内容についても（ときには創造的に）確認することになる。

そして，このような司法権の行使は，あらかじめ定められた手続を踏むことを要求されるが，それは中立的な機関による正しい法適用を実現させるためである。したがって，司法権はその手続がたまたまどのようなものであるかによって規定されるのではなく，むしろ憲法によって直接裁判所に与えられたものである，というのが上述の司法権の定義の意味である。

司法権の範囲 以上のような司法権の定義を受け入れるとすると，司法権の範囲，すなわち裁判所が扱える事件（紛争）の対象は具体的な争訟（「具体的事件性」を備えた紛争）であるということができる。

さて，具体的な争訟は，民事・刑事事件のほか，国民と公権力を行使する行政機関との紛争（行政事件）も含むと考えられるのが現行憲法の考え方である。しかし明治憲法では，行政事件は通常裁判所が扱う範囲ではなく，通常裁判所とは別系統の行政裁判所（行政権に属する）が扱う事件とされた。これはヨーロッパ大陸法での考え方に従ったからであった。

これに対して，現行憲法では，英米法の考え方を導入し，行政事件裁判も司法権の対象として，裁判所がこれを扱うこととしている。したがって，特別裁判所（行政裁判所など）は設置してはならず，また行政機関による終審裁判が禁止されている（憲法76条2項）。

司法権の対象 それでは次に，司法権の対象を決める「具体的事件性」という要件は何を意味するのだろうか。この点，具体的争訟は，裁判所法3条にいう「一切の法律上の争訟」と同義であると解されている。その上で，「法律上の争訟」とは次の二つを意味していると考えられている。

第一に，自己の権利又は法的利益に関する紛争であること。第二に，法律を適用することで終局的に解決できる紛争であること，の二つである。つまりこれが「具体的事件性」の意味するところとされている。

このことから，たとえば法令が存在していることのみを抽象的に争うことは具体的な事件とは言えない（法令が実際に適用されて誰かの権利侵害などが生じた際になって，具体的事件性を持つことになる）。また，学術上の問題・宗教の教義の争いなどについては，これは法律の適用によって解決使用ではないので，具体的事件性を持たないことになる。

司法権の限界 具体的事件性を備えた争訟であっても，憲法の明示的規定により裁判所が司法権を行使できない争訟がある。たとえば，議員の資格争訟の裁判は両議院が行い（憲法55条），裁判官を罷免するための裁判は弾劾裁判所が行う（憲法64条）し，治外法権などの国際法による制限もある。

さらに，事柄の性質上，法律上の争訟であっても裁判所の審査に適さないものがあるとされる。これが司法権の限界と呼ばれるものである。たとえば議院の自律権によってなされる行為，国会や行政機関の裁量によってなされる行為，そして統治行為がその例である。

統治行為とは，「直接国家統治の基本に関する高度に政治的な国家行為」とされ，法律上の争訟を生じさせる国の行為であったとしても，高度の政治性のゆえに，裁判所は判断することができない，という行為のことである。

ただし，統治行為の存在を認めることは，裁判所による法的統制，つまり司法審査や違憲審査から除外される領域を認めることである。執政権という政治的権限が認められうるのに対応して統治行為の存在そのものは認められるとしても，安易にこれを認めてしまうと法の支配の精神に反することになってしまうことには注意が必要である。

(2)　裁判所の組織と権限

裁判所の組織　日本国憲法によれば，裁判所は最高裁判所と下級裁判所によって構成される（憲法76条1項）。そして裁判所法によれば，下級裁判所は，高等裁判所，地方裁判所，家庭裁判所，及び簡易裁判所とされている（裁判所法2条1項）。そして最高裁判所を終審とする三審制がとられている。

また，憲法は裁判所の構成に関して，特別裁判所の設置を禁止している。したがって，戦前の行政裁判所や軍法会議，皇室裁判所などは設置できない。ただし，行政機関は「終審として裁判を行うことができない」とされていることから（憲法76条2項），行政機関が裁判所の裁判の前審として判断をすることが許される，とされている。

最高裁判所の組織　最高裁判所は，長たる裁判官（最高裁長官）とその他の裁判官から構成される（憲法79条1項）。そして長官以外の裁判官の人数は裁判所法により14名とされている（裁判所法5条3項）。

最高裁長官は，内閣の指名に基づき天皇によって任命される。その他の裁判官は内閣が任命し天皇によって認証される（憲法6条1項，79条1項，裁判所法39条3項）。

最高裁の裁判官に特有の制度は，国民審査である。彼らは，任命後（そしてその10年後も）に初めて行われる衆議院議員総選挙の際に，国民投票に付されることとされ（憲法79条2項），その意味で一定程度の民主的コントロールがかけられている。現行法上，国民審査の方法は，あらかじめ審査に付される裁判官の氏名が書かれた欄に，罷免させようとする場合には×印をつけ，罷免をさせない場合には何も表記しない，という仕組みである（最高裁判所裁判官国民審査法）。これについては，国民審査がリコール制であるという理由で，積極的に罷免を可とする票以外は罷免を可としない票として扱うという現行の制度は適当である，というのが最高裁自身の理解である。

下級裁判所の裁判官　下級裁判所の裁判官については，最高裁の指名した者の名簿から内閣が任命することとされ，その任期は10年とされ再任されることができると規定されている（憲法80条1項）。

最高裁判所規則制定権　憲法は，司法部の独立性・自律性を確保する趣旨で，また裁判実務に関する裁判所の専門技術的見地を尊重する趣旨から，最高裁判所に規則制定権を与えている。規則制定の対象は，「訴訟に関する手続，弁護士，裁判所の内部規律及び司法事務処理に関する事項」である（憲法77条1項）。この事項については，最高裁は当然ながら規則を制定することができるが，法律も競合して制定することができると解されている。そして最高裁規則と法律とが矛盾・衝突する場合，法律が優先されると解されている。

なお下級裁判所に関する規則については，制定の権限を下級裁判所に委任することができる（憲法77条3項）。

司法行政権　司法部の人事を中心とする司法行政も，最高裁に認められている（裁判官の人事について規定した憲法80条）。この権限は，規則制定権と並び，司法部の政治部門からの自律性・独立性を確保するためのものであると位置付けられる。

裁判の公開　裁判所は当然裁判を行う権限を有するが，その裁判は公開によって行われければならないとされる。もっとも，政治犯罪，出版に関する犯罪，又は憲法上の権利が問題となる事件以外では，公序良俗を害するおそれがある場合には，例外的に公開しないことができるとされている（憲法82条）。

これは，秘密裁判を防止し，公正な裁判を確保するための規定である。憲法37条の「公開裁判を受ける権利」とも密接に関係する。

なお，裁判の公開は，裁判を傍聴する自由の保障も意味する。その場合，裁判所の規則が傍聴について制限をかけることが問題となりうる。

陪審制　一般国民が裁判に参加する制度は諸外国に見られた。陪審制は英米法で見られるもので，一般国民から選ばれた陪審員が事実認定をして評決（主に刑事事件で用いられるので有罪か無罪かの評決）を行うという制度である。この際，裁判官は評決に従い，有罪とされたときに法の適用の問題を扱うことになる。

これに対して，大陸法系の参審制は，一般国民から選ばれた参審員が裁判官と一緒に事実認定と法の適用の問題を扱うことになる。

日本では，大正時代に陪審制に近い制度が導入されていたことが知られている（大正12年に制定された陪審法による。これは昭和18年に停止されて現在に至っている）。また戦後の裁判所法においても，刑事事件について法律で陪審制度を置くことを妨げない，と書かれていた（裁判所法3条3項）。

現行憲法論的には，通説によれば，裁判官が評決に拘束されない限り陪審制の導入は違憲ではない，とされてきた。

このような背景の下，2004（平成16）年に「裁判員の参加する刑事裁判に関する法律」が制定され，2009（平成21）年5月に施行されたことは記憶に新しい。裁判員制度は参審制の一種である。裁判を受ける権利という観点から，今後の運用が評価されるべきであろう。

⑶　司法権の独立

司法権の独立は，政治の論理とは異なる法の適用（さらには法の支配・憲法の保障の実現）を，中立・公正な機関が行えるようにするために非常に重要な原則である。

司法権の独立には，二つの意味がある。第一に司法権それ自体が立法権・行政権から独立していることである。第二に，それぞれの裁判官が独立して職権を行使することである。

政治部門からの独立 第一の意味での司法権の独立は，裁判所が司法権を独占し（憲法76条），規則制定権や司法行政権といった司法部の自律性が保障されている（憲法77条，80条）点に表れている。

裁判官の職権の独立 第二の意味の司法権の独立は，すべて裁判官はその良心に従い独立して職権を行使し，憲法及び法律にのみ拘束されるとする憲法76条3項に表れている。したがって，裁判官が他の誰かの指示・命令に従わせられたり，事実上の影響を与えられたりしてはならない，とされている。裁判官に強い身分保障がされているのも，この趣旨による。

司法権の独立を考える上で，大津事件がしばしば引き合いに出される。1891（明治24）年に来日中のロシア皇太子に警官が切りつけたという大津事件の裁判をめぐり，死刑判決を求めた政府の圧力に対して，当時の大審院長はこれを退けた。この点で，第一の意味での司法権の独立が守られたのであるが，他方で，大審院長は担当裁判官への説得を行っており，第二の意味での司法権の独立（裁判官の独立）の点で問題となりうる，というのが大津事件のエピソードである。

(4) 違憲審査権

違憲審査権の類型 日本国憲法81条は違憲審査権について規定している。そしてこの権限は裁判所に与えられている。

ここで，比較憲法的にみると違憲審査制には二つの類型があると言われていることに着目しておこう。第一は，抽象的違憲審査制と呼ばれるもので，第二は，付随的違憲審査制と呼ばれるものである。

抽象的違憲審査制とは，違憲審査権を行使する特別の裁判所（憲法裁判所）

を設置して，具体的な争訟と関係なく，法律などが憲法に違反していないかどうかを判断するという仕組みである。これはドイツなどのヨーロッパ大陸に見られる制度であり，憲法の客観的秩序を維持することに主眼を置くもの（憲法保障型）であると言われる。

これに対して，付随的違憲審査制とは，通常の裁判所が具体的な争訟を扱うに際して，事件を解決するに必要な限りで，法律などが憲法に違反していないかどうかを判断するという仕組みである。これはアメリカなどで見られる制度であり，個人の権利を保障することに主眼を置くもの（私権保障型）であると言われる。

もっとも，憲法保障型にしても私権保障型にしても，機能や運用の仕方としては両者は近接しうるものである，ということに注意が必要である。

日本における違憲審査制　日本国憲法は付随的違憲審査制を定めていると解するのが通説・判例である。憲法81条が，憲法の「第6章司法」の部分に含まれていて，また抽象的審査についての規定が特段設けられていないから，というのが理由とされる。司法権の行使に付随して違憲審査が行われるのであるから，具体的事件性を備えた争訟を裁く場合においてのみ，違憲審査が行われることになる。

付随的違憲審査制に付随するルール　付随的違憲審査制の下では，具体的事件を解決する限りで必要である場合に，違憲審査が行われることになる。したがって，具体的事件を離れてむやみに違憲審査を行うべきではない，ということになる。このことから，アメリカで言われる「憲法判断回避のルール」が日本にもあるべきだ，と学説は主張している。

憲法判断回避ルールには，たとえば事件を解決することが憲法判断をしなくても可能であれば憲法判断を行うべきではないとか，法律が憲法に違反しているときでも法律の解釈の仕方により違憲状態を回避できるか（合憲限定解釈が可能か）をまず確認すべきであるとか，のルールが含まれている。

もちろん，憲法判断回避のルールは柔軟に用いられるべきだとも言われているが，そもそもこのようなルールが主張されるのは，民主的判断（国民に責任を負う政治部門の判断が一応そのようにみなされる）に対して裁判所は憲法を振りかざすのではなく謙抑的であるべきだとか，裁判所は具体的事件の解決を第一に考えるべきだとかと考えられるからである。また，違憲審査の結果は違憲判断とは限らず合憲判断もありうるのであって，そして合憲判断は法律などに対して憲法上のお墨付きを裁判所が与えるという効果を持っていることにも注意すべきであろう。

違憲審査権の主体　それでは違憲審査権を行使するのは誰であろうか。憲法81条は，最高裁判所が違憲審査を行う終審裁判所であるとしている。この条文は，下級裁判所にも違憲審査権があるとするもの，と解釈されている。司法権に付随して違憲審査が行われること，そして裁判官が憲法と法律にのみ拘束される（憲法76条３項）ことから，そのように解されている。

違憲審査の対象　憲法81条は，違憲審査の対象として「一切の法律，命令，規則又は処分」としている。この中には「条例」も含まれる。またここにいう「処分」とは，法を適用・執行する行為を指すので，行政行為だけでなく，たとえば裁判所による判決も含んでいる。さらに，法に従って行われるのでない国や自治体による事実行為も「処分」に含まれる。

違憲審査の対象となるリストには，「条約」の文言がない。条約は国際法であるので一国の違憲審査にはなじまないと思われるかもしれないが，国内では国内法として効力をもつので，この点で違憲審査の対象となる。

また，法律を作る・作らないという状態・判断も，違憲審査の対象となる。とりわけ，憲法の規定からすると本来はあるべき法律を作らないという国会の判断（立法の不作為）も違憲審査の対象となる。

違憲審査の方法　ある法律の憲法適合性を判断するとき，つまりたとえばある法律が憲法上の権利を侵害しているのではないかという問題を検討するとき，このような人権と法律との抵触があるからと言ってむげに法律を違憲と判断するわけにはいかない。ごく限定的ながら法律による正当な人権への制限は可能だからである。したがって，違憲審査を行う際，その法律が正しいかどうかが判断される。

このとき，裁判所はその法律が依拠する社会的・経済的・文化的な事実（立法事実）という観点から，法律の目的（立法目的）と目的達成のために取られた手段とを比較して，その法律が正しいかどうかを判断することになる。ここで，裁判所が立法事実に依拠しながら判断する，ということの意味は，裁判所は単に法律が標榜する法的な建前に依拠するのではなく実質的な部分にまで踏み込んで判断を行うべきだ，ということである。

なお，法律の文言そのものに不備（違憲性）がある場合には，立法事実を吟味するまでもなく，文面上違憲であり無効であると判断されることになる。

違憲判断の方法　ここで，ある法律があってこれが適用されたというような事例で憲法問題が生じたとしよう。この場合，法律そのものが憲法違反であるパターンと，法律そのものは合憲でもその適用の仕方が違憲であったパターンを想定できる。

これに対応して裁判所としても，違憲判断の方法として，法律などそのものを違憲とする「法令違憲」と，法令の適用（事例）を違憲とする「適用違憲」の判断を行うことができる。適用違憲は，法令違憲と違って，法令そのものについて違憲性を言わないので，それだけ立法部に対する対決姿勢を示さずにすむという効果もないでもない。

なお，違憲判断の結果は，判決の主文に記載されるのではなく，あくまで判決理由の中で提示されるにとどまる。付随的違憲審査制をとっているので，紛争の解決に必要な限りで違憲判断がなされるからである。

違憲判決の効力　判決によりある法律が違憲と判断され無効なものとして扱われた場合，違憲とされた法律の効果はその後どのようになるのか，という問題がある。

これについて，違憲判決によりその法律はこの世から消えてなくなってしまったと考える「一般的効力説」と，違憲判決が出された事件に限ってその法律は無効なものとして扱われるのだとする「個別的効力説」と，という大きく分けて２つの考え方が対立している。

この点，付随的違憲審査制をとっていることから個別的効力説が妥当であると考えられている。ただし，このような違憲判断を他の国家機関（国会や

コラム7 司法制度改革－その沿革と基本理念－

近年、裁判員制度の導入や法科大学院（ロースクール）の設置など、司法を取り巻く制度が変わってきている。これらは、一連のいわゆる司法制度改革により導入されたものだ。

司法制度改革は、1999（平成11）年に制定された司法制度改革審議会設置法により、内閣に同審議会が置かれたことから始まる。この審議会の作成した意見書こそが、その後の改革の方向性を決定するものであった。この意見書を受けて、その後様々な法律が可決されたが、これが今次の司法制度改革の成果である。

さてこの意見書は、法の支配の精神や自由と公正という法の理念を国家・社会に浸透させるという目的を掲げ、そのために次の三本柱で司法制度改革が行われるべきだとしている。第一に司法制度をより使いやすく分かりやすくして国民の期待に応える司法制度となること。第二に質・量ともに豊かな法曹を確保すること。そして第三に訴訟手続への国民参加の制度を導入するなどして司法に対する国民の信頼を高めることである。第一の柱の例として法テラス（総合法律支援のための事業）が、第二の例としてロースクール制度が、第三の例として裁判員制度が、それぞれ挙げられよう。これらにつき賛否の議論は絶えないが、まずは改革の理念を実現できたか今後冷静に検討する必要があろう。

内閣など）は尊重すべきであり，違憲とされた法律は速やかに改廃されるのが憲法の期待するところである，とされている。

そもそも違憲審査とは　違憲審査という言葉を見たとき，それは国家のある行為（法律や行政処分など）が憲法に違反しているかどうかの審査をする，という意味を読み取ることができよう。しかし，このような意味での審査は，国会が法律を作る際，行政府が法律案を準備する際，あるいは弁護士やジャーナリストやすべての国民が常に行っていると言える。

裁判所による違憲審査が「違憲審査制」として特に論じられるのは，文字通り法を司る司法権を行使する裁判所という国家機関が，有権的に，憲法の意味を明らかにし，場合によっては法律などを無効なものとして扱うことができる点にある。それだけ，裁判所の違憲審査には憲法上の権威が与えられているのである。見方を変えれば，裁判所による違憲審査は，憲法を補完的に作っていく行為でもある。

5．地方自治

(1)　地方自治の大枠

地方自治の意義　明治憲法には地方自治についての定めがなく，もっぱら法律によって規定されていた。しかしそこでは中央集権的な色彩が強かったと言われる。これに対して，日本国憲法は「第8章地方自治」を置き，4つの条文で地方自治を保障している。

地方自治は，政府内における権力分立の一種である（この場合特に垂直的権力分立と言われる）。また，地方自治には「民主主義の小学校」として，住民が身近なことを自ら決めるという意義があると言われている。

地方自治の本旨　日本国憲法において，地方自治についての根本的な規定は，「地方自治の本旨に基づいて」という文言である（憲法92条）。そして「地方自治の本旨」は，次の2つの要素・理念を持っていると言われる。

第一に，「団体自治」である。団体自治とは，地方政府は中央政府から自律的に，自らの事務を中央から独立して行うべきだ，という原則である。これは，権力分立的・自由主義的な要素・理念である。

第二に，「住民自治」である。住民自治とは，地方政府の運営に当たり，住民が参加してこれを決めるべきだ，という原則である。したがって，これは民主主義的な要素・理念である。

そして地方自治の具体的なあり方は法律によって形成されるが，以上のような地方自治の本旨の内容に反するような法律は違憲と評価されることになる。

地方自治保障の法的性格　さて，地方自治が憲法に書かれているのはどういった趣旨なのだろうか。当然のことながら，中央政府が承認する限りで地方政府・地方自治制度が存在するわけではない。中央政府の気が変わって地方自治を廃止しようとしても，憲法がそれを許さないからである。

他方で，個々人に人権が保障されているのと同様に地方自治体がそもそも国家に先行し固有の権限として自治権を有している，とも解されえない。

そこで，地方自治の保障は，歴史的にみられた制度を現憲法体制の中に取り込まれたものとして考えられている（いわゆる制度的保障として）。

地方公共団体の組織　憲法上，地方公共団体には次のような機関を備えることが規定されている。それによると，地方公共団体には長と議会が設置され，長や議会議員は住民の選挙により選ばれる（憲法93条）。

なお，憲法のいう地方公共団体とは，地方自治法にいう「普通地方公共団体」（都道府県・市町村）と考えられている。最高裁によれば，特別区（東京都の23区）は憲法のいう地方公共団体には含まれないという。

なお，地方公共団体の長は，中央政府の内閣のような合議体ではなく，独任の機関である。いわば大統領制のような仕組みが採られているのである。

(2) 地方公共団体の権限

条例の制定　地方公共団体は条例を制定することができる。ここにいう条例は，地方公共団体が制定する自主的な法のことである。この意味では，長（都道府県知事，市町村長）の制定する，「規則」と呼ばれる法形式も条例に当たる。

他方，形式的には，自治体の議会が制定した法を条例という。

条例を制定することができる対象は自治体の行う事務であるが，何がその事務であるかは憲法に明示されていない。したがって，自治体の事務については法律(地方自治法)が定めを置いている。

この点地方自治法では，1999（平成11）年までは，自治体の事務は「自治事務」と「機関委任事務」に分けられていた。機関委任事務とは，国の事務を自治体の機関に委任するという形をとる事務のことであるが，これが自治体に対する中央政府からの統制につながり，自治体はまさに国の機関・手足として使われることになる，という問題があった。しかし，この年の法改正

コラム8　地方分権改革

近年、主権国家が、一方で上からは国際化の進展、他方で下からは地域主義の主張という二つに挟撃されている、ということがしばしば指摘されている（特にヨーロッパの状況）。日本における地方分権論議は、必ずしもこのような文脈と同様ではないが、行政の効率的・民主的な運営の観点から、現在まで長らく続けられてきている。本文で紹介した、1999（平成11）年の地方自治法改正も、いわゆる第一次地方分権改革の一環として行われたのであった。本文にも掲げたこの改革は、国と自治体を「親と子」の関係から「親戚どうし」の関係に変化させた、と擬えられることがある。本来は戦後地方制度改革の際に実現されるべき当然の事柄だと批判されるような改革が、昨今になって行われたのだと指摘されている。

その後も、平成の大合併と呼ばれる大がかりな市町村合併や、地方への税源移譲・補助金の縮減・地方交付税の見直しという三点セットの財政改革など、自治体を取り巻く状況は刻々と変化している。そして現在、2006（平成18）年に制定された地方分権改革推進法を契機として第二次地方分権改革が行われ、今後は道州制の議論も活発になることが予想される。憲法学としても、法令と条例の関係に変化が生じるのか、などの点から議論を吟味する必要がある。

により，自治体の事務は「自治事務」と「法定受託事務」に分けられることになった（翌年施行）。これにより，自治体は自らの事務すべてについて条例を制定することができるようになった。また国などが本来果たすべき役割を自治体が代行する事務である「法定受託事務」については，法律で特に定める場合に国などの関与が許される，という仕組みになった。

法律で定めるべきとされる事項と条例　たとえば憲法29条では，財産権の内容は法律で定めるとしている。それでは条例で同じようなことを定めることは可能だろうか。この点，条例は住民の代表である議会によって制定される民主的立法であり，民主性においては法律と同様であるから，という理由で，条例による財産権の制限も許される，と解されている。

同様の理由で，憲法31条や73条6号の文言からは科刑も法律によるべきだとされている中，条例でも刑罰を定めることができるものと憲法は予定している，と考えられている。そして，地方自治法が条例による刑罰の最高刑を規定している（地方自治法14条３項）のは，そもそも憲法で認められていることを確認・具体化するためである，と考えられている。

さらに，租税法律主義（憲法84条）と条例による課税の関係についても，自治体には自治権の一種として課税権があることから，条例によっても課税は可能であると考えられている。

法律の範囲内における条例の制定　憲法94条は，「法律の範囲内で条例を制定することができる」と述べている。つまり条例の効力は法律に劣ることになる（さらに地方自治法14条１項では「法令に違反しない限りにおいて」とされている）。

この意味は，法律がすでに存在する領域には条例を制定することができない（法律先占論）ということではない。むしろ法令と条例が同一の目的で制定されたとしても，国の法令による規制が地方の実情に合わせたさらに厳しい規制を禁止する趣旨でない限り，条例を制定することができる，と考えられている（国の規制により厳しくするこのような条例は「上乗せ条例」，規制の範囲を広げる条例は「横出し条例」と呼ばれる）。

住民投票　憲法上，法律が特定の地方公共団体のみを対象にするような特別法である場合には，住民投票を行うべきことが定められている。

なお，地方自治の本旨（特に住民自治）からして，自治体での民主制は，より直接的な住民参加を要請すると考えられている。そのため，地方自治法は住民の様々な直接請求権（条例の制定改廃請求，事務の監査請求など）を規定しているし，また，町村の場合には，議会を置かず有権者によって構成される町村総会を置くことができるとしている（地方自治法94条）など，より直接民主制的な制度が規定されている。

民　法

第１章　総　　則

1．民法の基本原則

(1)　民法の意義と概要

意　義　民法は，民事すなわち私人間の法律関係について定める私法の１つである。それは，私法の中心・基本たる一般法である。また，単に私法の一般法にととまらず，あらゆる法体系に通じる基本的な考え方を内包しているのが民法である。

概　要　民法は，広義には借地借家法や戸籍法などの特別法を含めた法体系をいうが，狭義には明治29年に制定された全1044条の条文を持つ民法（典）のことをいう（以下で民法といえば，後者の意味で用いる）。民法は内容により大別すれば，５つのパートに分かれる。すなわち，第１編「総則」（1条～174条の２）は，民法全般に通じる共通事項を定める。第２編「物権」（175条～398条の22）は，財産としての物や権利の性質，取引関係について定める。第３編「債権」（399条～724条）は，契約を中心に私人間での一定の行為をめぐる関係について定める。第４編「親族」（818条～881条）は，家族生活における身分関係について定める。第５編「相続」（882条～1044条）は，親族上の身分関係を前提とする財産の変動について定める。また，第２編「物権」と第３編「債権」をあわせて「財産法」と呼び，第４編「親族」と第５編「相続」をあわせて「家族法」と呼ぶこともある。

(2) 民法の制定と改正

制　定　日本の民法を作成したのは，明治政府によりフランスから招聘されたボアソナードと，その教えを受けた梅謙次郎，穂積陳重，富井政章である。ボアソナードを中心に起草された最初の民法（旧民法）は，明治23年に一旦公布され，明治26年1月1日から施行されることになっていた。しかし，旧民法により日本古来の家制度をはじめとする良き伝統が失われてしまう（穂積八束「民法出でて忠孝亡ぶ」）という反発の声が出て，論争（いわゆる法典論争）の末に施行されなかった。そして，上記3名の日本人が改めて民法の起草に着手する。ちょうど当時のヨーロッパでは，ドイツ民法典の草案が発表され，その影響を受けて新たに作られた日本の民法は，制定方式としてドイツ民法方式＝パンデクテン・システムを採用した。しかし，フランス法の旧民法がベースであったこと，起草者がフランス法に通じていたこともあり，日本民法はドイツ民法とフランス民法両方の影響を受けている。こうして出来上がった民法は，第1編から第3編までが明治29年4月27日に公布，第4編と第5編が明治31年6月21日に公布され，あわせて明治31年7月16日に施行された。

改　正　その後の民法は細かな改正を繰返して現在に至っているが，その過程で大きな改正が2回あった。1回は，第二次世界大戦後の改正であり，家族法の部分が根本的に改正された。第二次世界大戦以前の民法では，封建的家制度を基盤にして，戸主や家族の規定があり，夫婦は平等でなく，親子関係は支配服従関係が基本であり，戸主の地位を相続する家督相続制度があった。これらは，日本国憲法の個人の尊厳及び両性の本質的平等の原則に反するとして，昭和22年に現行法の内容に改められた。もう1回は，平成16年に民法全体を現代語化するための改正がなされ，片仮名が平仮名に，文語体が口語体に改められ，多くの語句も平易に直された。

(3) 民法の基本原則

民法の基本原則は，論者によって挙げるものや表現が異なりうるが，一般的には次の3つと考えてよいであろう。

第一には，平等な権利主体である個人が，自己の意思に基づいて，私的な関係を自由に形成できるという「私的自治の原則」である。たとえば，取引関係についていえば，契約自由の原則として，誰を相手方に，いかなる契約を内容として，契約を結ぶか否かについて，当事者間で自由に決定することができる。しかし，現代社会においては，当事者の力関係が対等でないために，結局は社会的・経済的弱者が強者の意図に従わざるをえないという意味で，私的自治の原則が貫徹されないことも多い。そのために，私的自治の原則を一部曲げても，弱者を救済することが求められている（例として，いわゆる消費者保護法の存在）。

第二には，全ての財産は私人の所有物として法律で保護し，原則として所有者の自由な運用・管理に任せるという「私有財産制」である。この原則は，所有権絶対の原則としても現れるが（206条参照），一方では所有権の絶対性を認めることに弊害も見られ，一定の制限がかけられている（後述する「公共の福祉」の制約）。

第三には，他人に損害を与えた場合の損害賠償について，加害行為と損害の間に因果関係があるだけでは足りず，加害者に何らかの責められるべき事由（故意又は過失）がなくてはならないという「過失責任主義」である。これは損害賠償の負担を減らす方向に働き，自由な経済活動を促進する効果をもたらしうる原則だが，被害者保護という観点からは妥当性を欠く結論になることもあり，原則の修正（「無過失責任主義」）が図られている。すなわち，企業活動により利益を得る者や，他人に損害を与えるような危険な活動を行う者は，活動に伴って発生した損害について賠償すべきということになった（前者の例は製造物責任法，後者の例は自動車損害賠償保障法）。

(4) 民法上の権利行使の原則

民法の基本原則は，個人の自由な活動（権利行使）を尊重しようという方向に働くのが基本であるが，その活動が社会的に見て望ましくない結果を招く場合には，その活動を制限しようとする３つの原則が働く。

第一には，私権は，個人的利害にのみ奉仕するのではなく，公共の福祉に反するものであってはならないという「公共の福祉の原則」である（1条1項)。第二には，権利の行使と義務の履行は，信義に従い誠実に行わなければならないという「信義誠実の原則」である（同2項)。第三には，権利の濫用は許されないという「権利濫用の禁止」である（同3項)。

2．人

(1) 権利能力

私法上の権利を有し，義務を負うことのできる資格を「権利能力」又は「法人格」という。我々は本を買えば本の所有権者となるし，本の代金についての債務者になる。もっと端的にいえば，本を買う，代金を支払う，本の所有者になるという社会的活動を行う社会の一員になることのできる能力が権利能力である。このように，権利を有し，義務を負うことは，権利能力（正確には，権利義務能力と言うべきかもしれない）が民法で認められているからである。権利能力を持つ（主体になる）ことができる存在は，肉体を有する人間である「自然人」と，学校や企業などの人間とは異なる存在である「法人」がある。私法上，「人」という場合には，自然人と法人の両方を含む。したがって，債権者，債務者，利害関係人，第三者などという場合に，自然人だけでなく法人も含まれるものと理解する。

(2) 自 然 人

民法3条1項は「私権の享有は，出生に始まる」と規定して，我々は出生の時から権利能力が与えられることを宣言している。反対に，我々は死亡によって当然に権利能力を失う。権利能力の主体となる時期を定める出生と死亡は，その届け（出生届，死亡届）に関係なく，事実としての出生と死亡の時点が問題になる。人間が生まれながらに平等の権利を持ち，権利能力を持つということは当然のことに思われるが，近代以前には奴隷は権利主体になることができず，売買の対象とされていた。

コラム9 住　所

2008年秋に発生した未曾有の世界経済危機を契機に，（原因はそれだけではないかもしれないが）「派遣切り」がなされ，「派遣村」が形成され，「ネットカフェ難民」が生まれた。失業者が仕事を得るためには履歴書に書く住所が必要になり，収入がないから住む場所のない人に，畳1枚ほどの空間だけでなく紙の上の住所も提供するネットカフェもあると聞く。

民法は「各人の生活の本拠」を「住所」とし（22条），「住所が知れない場合には，居所を住所とみなす（23条1項）」。この規定に照らせば，ネットカフェの住所は「住所」と言えるのだろうか。この問いに，人々の生活関係が複雑多様化した今日においては，各種の生活関係に応じた複数の住所が認められるという通説的理解に基づき「YES」と答えることは簡単だが，問題の本質がそこにはないことは自明であろう。今より社会が貧しかった時代に住所の定義が問題となったのは憲法上の選挙権が関係する裁判例であったが，現在では生存権との関係で問題になるのである。

胎　児　自然人の権利能力を取得する時期は出生の時であるから，出生前の胎児には権利能力が認められないのが原則である。しかし，この原則の例外として，胎児が不利益を被らないように，損害賠償請求の場合（721条），相続の場合（886条1項），遺贈の場合（965条）には，胎児は既に生まれたものとみなす。したがって，たとえば，父が死亡した翌日に生まれた子どもも，亡父の相続人になることができる。

失踪宣告　たとえば，父が家出をして生死不明の状態が長い間続いた場合（ケース1），又は，戦場や沈没船など危険地帯に居合わせ死亡が疑われ，生死不明な状態が続いた場合（ケース2）に，残された家族は父の財産管理に困り，父の債権者・債務者も困るという事態は想定されうる。そのような事態に対して，民法は「失踪宣告」という制度を用意する。すなわち，「不在者の生死が7年間明らかでないとき（ケース1）」，又は，「死亡の原因となる危難に遭遇した者の生死が…危難が去った後1年間明らかでないとき（ケース2）」，利害関係人（家族など）は家庭裁判所に失踪宣告を請求できる（30条1項2項）。失踪宣告の結果，宣告を受けた者（ケースでは父）は，

７年間経過時点又は危難が去った１年後に死亡したものとみなされる（31条）。失踪宣告を受けた者が生存する又は別の時点で死亡していたことが判明した場合には，利害関係人の請求により家庭裁判所は失踪宣告を取消す（32条１項）。

⑶ 法　　人

「法人」とは，人の集合（社団）又は財産の集合（財団）のうち，法人格を与えられたものをいう（34条）。法律によって人工的に作られた法人格者ともいえる。法人は自然人と同様に，財産を所有し，取引をすることができるが，この点に法人制度の存在意義がある。つまり，一定数の人々が集まってできた団体が，契約締結，不動産登記，訴訟提起などを行う場合に，全構成員の名前ではなく団体の名前で行えるように便宜を図るための制度である。また，団体の事業により取得した財産を団体の名前で所有させるための制度である（さもなければ，団体の財産の一部が，一構成員の個人的な借金の形に取られる恐れがある）。法人には，いくつかの分類があり，次にそれを紹介する。

なお，平成18年に新しく公益法人改革を目的とした関係三法が成立し，民法の法人の規定が38条から84条まで削除された。これにより，法人に関する重要な規定は一般法人法に定められた。

法人の種類　法人は形態に着目すると，一定の目的のもとに集合した人の団体が法人になったものである「社団法人」と，一定の目的に捧げられた財産の集合に法人格を与えたものである「財団法人」とに分かれる。また，目的に着目すると，営利（収益活動の利益を構成員に分配すること）を目的とするか否かで「営利法人」と「非営利法人」とに分かれる。

非営利法人のうち特に公益目的（学術，技芸，慈善，祭祀，宗教など）を有する法人を「公益法人」とする（33条２項）。非営利法人のうち公益目的を有しない（構成員の相互扶助や親睦を目的とする）法人は「中間法人」という（例として，労働組合，同窓会）。また，非営利法人を目的でなく形態で分けて，「一般社団法人」・「一般財団法人」ということもある。

営利法人とは会社のことであり，会社法が規律する（ために本書では扱わない)。

法人の設立 法人の設立を認める手続について，国家の関与の強い順に並べ，現在のわが国での対象を例示すると，許可制，認可制（学校法人，医療法人，社会福祉法人，各種協同組合など），認証制（宗教法人，NPO法人），準則制（一般社団法人，一般財団法人，会社など）がある。

法人が設立される時には，その法人の根本規則になる「定款」を作成しなくてはならない。定款の記載事項は，法人の種類により異なるが，名称・目的・所在地などである。また，法人は，その主たる事務所の所在地において「設立の登記」を行わなくてはならない。

法人の機関 法人内に設置される機関は，法人の種類により異なる。一般社団法人は，法人の最高意思決定機関である社員総会と，その意思決定を執行する理事とを必須機関とする。その他の機関には，理事会，監事，会計監査人がある。一般財団法人は，理事，理事会，評議員，評議員会，監事を必須機関とする。理事会以下は，理事の恣意的な運営をコントロールするための機関といえよう。

3．法律行為とその効果

「法律行為」とは，当事者が一定の法律効果の発生を望むことを「意思表示」して行う行為である。この意思表示の向かう方向と数によって，法律行為は，次の3種類に分かれる。第一に，法律行為の代表例としての「契約」は，申込者と承諾者の意思表示が合致すること（合意）によって成立する。第二に，「単独行為」は，法律効果を発生させようとする者の単独の意思で成立する法律行為である（例として，遺言（960条以下），契約解除（540条））。第三に，「合同行為」は，意思表示の方向（すなわち目的）を同じくする複数者の意思で成立する法律行為である（例として，社団法人の設立行為）。

(1) 行為能力と意思能力

単独で有効に法律行為を行う能力を法律行為能力，略して「行為能力」という。法律行為を有効と認めるには，適正な意思表示が必要であり，自らの意思表示が招く結果を予測・理解した上で意思表示する能力を「意思能力」という。だが，意思能力の有無を個別の法律行為ごとに事後的に判断することは難しく，「取引の安全」を害することにもなる。また，幼年や病気であることから意思能力を常に欠く者もいて，彼らに対する保護も必要である。そこで民法は，以下の者を「制限能力者」として類型化して保護を図る。

(イ) 未成年者　満20歳に達しない者をいう（4条)。未成年者の保護者は第一次的に親権者であり，親権者は原則として父母である（818条)。親権者を欠く場合には，後見が開始し，未成年後見人が保護者となる（838条)。親権者と未成年後見人は，未成年者の身上監護に当たるとともに，その財産を管理し，法律行為を代わって行う（820条，824条，857条)。両者は，未成年者の法定代理人と呼ばれる。

(ロ) 成年被後見人 「精神上の障害により事理を弁識する能力を欠く常況にある者」で，本人，配偶者，4親等内の親族その他の請求権者の請求に基づき，家庭裁判所により後見開始の審判を受けた者をいう（7条)。成年被後見人には，保護者として，成年後見人が付される（8条，843条1項)。成年後見人は複数者でも良く，また施設を経営する社会福祉法人など法人でも良い。成年被後見人本人は，意思能力を欠く常態にあり，自ら法律行為を行うことは原則として認められず，成年後見人が成年被後見人の財産を管理し，また本人を代理して法律行為を行う（859条)。ただし，例外として，日用品の購入など，日常生活に関する法律行為については，本人が単独で行うことができる（9条)。

(ハ) 被保佐人 「精神上の障害により事理を弁識する能力が著しく不十分である者」で，本人，配偶者，4親等内の親族その他の請求権者の請求に基づき，家庭裁判所により後見開始の審判を受けた者をいう（11条)。被保佐人は，著しく不十分であるとはいえ一応の事理弁識能力を有し，自ら法律行為をすることはできる。しかし，本人に単独で重大な法律行為を許すと，大きな不利益が生ずる恐れがあるため，不動産その他の重要な財産に関する法律行為，訴訟行為，相続の承認・放棄など一定の重

コラム10 任意後見契約

現代の日本はいわずと知れた高齢化社会である。65歳以上の人口が約2900万人，5人に1人が高齢者であり，今世紀半ばには3人に1人が高齢者になるという予測も出ている。高齢になれば，身体能力や判断能力が低下することは仕方ない（認知症高齢者が160万人いるという報告もある）。

予め元気なうちに自分が信頼できる人に，自分の判断能力が低下した時には財産管理や療養看護の面倒をみることを依頼する契約が「任意後見契約」である（詳細は，平成11年制定の「任意後見契約に関する法律」を参照。本文で述べた後見，保佐，補助の制度は，専ら裁判所の手続を介して制限能力者を選任する制度なので「法定後見制度」という）。ただし，療養看護といっても，後見人自身が直接的に食事の世話や介護をするのではなく，医療契約や介護サービス提供契約の締結，入院手続，介護費用の支払いなどの間接的な支援を行う。むろん高齢者としては，後見人がいるから安心というのではなく，自分の希望を具体的に書き記しておくことが望ましい（そのための専用ノートも市販されている）。

要な法律行為については，保佐人の同意を得ることが必要とされている（13条）。また，本人や保佐人などの請求に基づいて，家庭裁判所が特定の法律行為について代理権を付与した場合には，保佐人が被保佐人に代理してその法律行為を行うこともできる（876条の4）。

㈡ 被補助人 「精神上の障害により事理を弁識する能力が不十分である者」で，本人，配偶者，4親等内の親族その他の請求権者の請求に基づき，家庭裁判所により後見開始の審判を受けた者をいう（15条1項）。弁識能力が不十分とは，一定範囲の判断能力はあるが，高度の法律行為をするには判断能力に問題がある状態をいう。それ故，補助開始の審判を受けるか否かまで含めて，基本的には本人の意思が尊重されるべきであるという考えから，本人以外の者の請求によって補助開始の審判を行うには，本人の同意を必要とする。被補助人は，原則として単独で法律行為をすることができるが，家庭裁判所によって特定の法律行為について補助人の同意を必要とする旨の審判がなされた時には，補助人の同意を要する（17条1項）。この場合も，本人以外の者が審判開始の請求をする場合には，本人の同意を要する（同2項）。また，家庭裁判所は，特定の法律行為について，補助人に代理権を付与することができるが，この場合も，本人以外の者が審判開始の請求をする場合には，本人の同意を要する（876条の9）。

(2) 公序良俗

私的自治（とそこから派生する契約自由の原則）が民法の基本原則であるからといって，どんな内容の法的関係を結ぶことも許されるわけではない。民法は，公序良俗に反する行為を無効にする（90条）。法は本来，社会的正義の実現，社会秩序の維持を目的・使命とするものであるから，公の秩序や善良の風俗に反する法律行為を有効とするわけにはいかない。無効にすべき法律行為を具体的に列挙することはできないので，抽象的な公序良俗という言葉を用いて，国家が有効と認めることのできない法律行為の範囲を示した。例としては，賭博場を開くための部屋の賃料を払い受ける契約や，相手の足元を見て暴利をむさぼる行為は，公序良俗に反すると考えられる。

(3) 意思表示

意思表示が法律行為にとっての必要不可欠な要素であることは既に述べた。意思表示は，法律効果の発生を望む内心的な「意思」（効果意思という）と，その内心の意思を相手方に伝える外形的な「表示」行為とから成り立つ。通常はこの効果意思と表示行為が一致するものだが，時に何らかの理由で両者が一致しない場合がある。両者が不一致の場合に，本人が真に意図したこと（効果意思）こそが尊重されるべきとする考え方を「意思主義」といい，本人の意思も重要だが（主にその意思表示を信じた人を保護するために）外部に表示されたこと（表示行為）こそが尊重されるべきとする考え方を「表示主義」という。民法は，何らかの理由で効果意思と表示行為が一致しない場合に，意思表示をした者（表意者）とその相手方との関係について規定する。

心裡留保による意思表示　表意者が，自分の表示行為は内心の意思と異なることを知りつつ意思表示をすることを「心裡留保」という（93条）。たとえば，本当は贈与するつもりはないのに贈与の意思表示をしたり，売るつもりはないのに売買の意思表示をしたりする場合がこれに当たる。民法は，表意者自身が真意ではないと知りつつ行った意思表示にも，表示どおりの効力があるとする（同本文）。表意者の内心の意思よりも，その意思表示を信じた相手方を保護すべきと考えるからである。ただし，相手方が表意者の意思表示は真意ではないことを知っていた又は知り得た場合にまで，相手方を保護する必要はないので，その場合には意思表示は無効とした（同ただし書）。なお，心裡留保の原則が適用されるのは，取引上の法律行為の場合であり，婚姻，離婚，養子縁組などの身分上の行為が心裡留保によってなされた場合には無効になる。

虚偽表示　表意者と相手方が通謀して内心の意思と異なる虚偽の意思表示をすることを「虚偽表示（又は通謀虚偽表示）」という（94条）。たとえば，多額の借金を背負ったAが，借金の取立てから自分の財産を守ろうとして，自分の財産をBに仮装で譲渡する行為が当たる。虚偽表示は，両当事者の真意と異なるので当然に無効となる（同１項）。上の例では，AからBに財産の所有権は移転しないし，AはBに対して意思表示が無効であるとして返還を求めることができる。しかし，当事者以外の善意の（民法では，ある事情を知らないことを「善意」という。反対は「悪意」という）第三者に対しては意思表示が無効であることを主張できない（同２項）。虚偽の意思表示をした表意者よりも，その意思表示を信じて取引関係に入ってきた第三者を保護すべきと考えるからである。上の例では，Bに財産の所有権が移転したと信じて，Bから財産を買ったCに対しては，Aは財産の返還を求めることができない。この94条２項の規定は，より一般的な民法のルールとして，真の権利関係と異なる外観を信じた第三者を，その外観を作った責任のある本人よりも保護する制度（「権利外観法理」という）の象徴としての意義も有し，「類推適用」される場面も多い。

錯誤による意思表示　表意者の効果意思と表示行為が一致しないが，表意者はその不一致に気づかないまま意思表示をすることを「錯誤」という（95条）。たとえば，開発が進んで地価が高騰すると聞いて土地を買ったのに開発は中止になっていた場合，100万円と書くべきところを1000万円と間違って契約書に書いてしまった場合，１万ドルと１万ポンドを同価値と考えてドルのつもりでポンドと書いた場合などが錯誤に当たる。そして，錯誤している対象が「法律行為の要素〔＝重要な部分〕」である場合には，その意思表示は無効になる（同本文)。錯誤した表意者も取引の相手方も，それぞれに保護すべきと考えられ，何を「要素の錯誤」として無効にすべきかは難しい問題である。ただし，表意者の側に錯誤したことに関して「重大な過失」があった場合には，表意者は錯誤による無効を主張できない(同ただし書)。

詐欺・強迫による意思表示　詐欺又は強迫を受けてなされた意思表示は，表意者の効果意思と表示行為が一致する（たとえ騙され，脅されていたとしても表意者には「買う」という意思があり，その意思をそのまま表示したと考える）ので，心裡留保，虚偽表示，錯誤の場合のように無効にはならないが，効果意思を形成する過程には不当な影響があったために，表意者はその意思表示を取消すことができる（96条１項)。

第三者が表意者に対して詐欺を行った場合（例として，自分は広大な屋敷があり，借金返済不能な場合にはそれを売るから，形式的な保証人になってくれと頼まれて，表意者が保証人になったが，実際には屋敷はなかった場合)，保証人になるという意思表示をした表意者は，意思表示の相手方（この例の場合には，金を貸した者）が詐欺の事実を知っていた場合に限って，意思表示を取消すことができる(同２項)。詐欺の事実を知っている＝詐欺行為をした者と契約の相手方が通謀していると考え，そのような相手方は保護に値しないからである。また，詐欺を主張しての意思表示の取消しは，善意の第三者には対抗できない（同３項。例として，品物の代金を払わない相手方の詐欺を主張して，相手方から品物の転売を受けた善意の第三者に品物の返還を求めることはできない)。

他方，詐欺よりも強迫にあった被害者たる表意者の方が，保護すべき要請は大きく，96条２項と３項のような規定は強迫については存在しない。

(4) 無効と取消し

これまでにおいて,「無効」と「取消し」という言葉を特に断りもなく用いてきた。無効と取消しは,一般的に理解している日常用語としての意味においては大差ないが,法律用語としては異なる点も多い。ここで,無効と取消しについてあらためて確認したい(民法は,119条から126条に無効と取消しについて規定する)。

法律行為の無効とは,法律行為の効果が初めから全く発生しないことである。無効はいつでも(主張できる期間に制限はない),誰でも,誰に対しても主張することができる。追認(事後の同意)することで,有効にすることはできない。

法律行為の取消しとは,法律で定めた一定の取消原因に基づき取消権を行使することで,既に発生している法律効果を初めに遡って無効にすることである。したがって,取消うべき法律行為は,取消しがあるまでは有効な行為として認められる。取消された時に,初めに遡及して効力が消滅する。取消権者だけが取消しを主張できる。取消しをせずに,追認して有効に確定することもできる。取消権の主張は一定期間内に限られる。

(5) 代　理

意　義　民法上,「代理」とは,ある人(本人)が他人(代理人)に代理権を与え,代理人が本人のためにすることを示して(顕名の原則),第三者と法律行為をした場合に,その法律行為の効果が直接本人に帰属することである(99条)。様々な社会的・経済的事態が複雑になっている現代社会では,自分一人で何もかもを行うのは不可能でもあるし,場合によっては適当な人を自分の代理人にして取引を行う方が好都合なことも多い。また,自らの行為だけでは完全に有効な法律関係を形成できない制限無能力者のために活動する代理人も必要になる。前者の場合に用いる代理制度を「任意代理」,後者の場合の代理制度を「法定代理」という。

代理の要件,効果　代理人は本人の単なる使者ではなく,取引時に必要な意思表示は代理人自身がなす意思表示であり,その効果は一旦代理人に帰属してから本人に移るのではなく，直接に本人に帰属する。たとえば，Ａの代理人Ｂが，Ａの所有物をＣに売れば，売主としての権利義務（代金を請求する権利・物を引渡す義務）は直接Ａに生ずる。代理が成立して，代理行為の効果が本人に帰属するためには，第一に代理人に代理権が存在すること，第二に顕名行為があることが要件になる。顕名行為がなければ，代理人の行為は代理とはならず，自分自身のためにした行為となる（100条）。「本人のためにする」顕名とは，本人がどこの誰で，自分はその代理人であることを相手方に知らせることであり，任意代理の場合に通常は委任状を示して代理行為が行われる。また，代理権の範囲は，代理権を授与するという本人の意思によって確定されるが，その範囲について争いが生じた場合には，委任状の文言，代理人の地位，代理する事柄の性質などを考慮して決する。

無権代理，表見代理　全く代理権を有しない者が代理人と偽称してあたかも代理行為であるかのように行為することがあり，これを「無権代理」という（113条）。無権代理においては，本人が追認しない限り，代理行為は効力を生じない。無権代理について善意の相手方は，本人が追認する前であれば，契約を取消しできる（115条）。無権代理人は，代理権を証明できず，本人の追認も得られない場合には，相手方に対して責任を負う（117条）。

他方で，実際には代理権がないのに，外見上は代理権があるように見られる者が代理行為をする場合を「表見代理」といい，次の３つの種類がある。第一に，Ａが第三者Ｃに対してＢに代理権を与えた旨を表示し，Ｂがその（真実ではない）代理権の範囲内でＣと取引をすることである（109条）。実際には，白紙委任状の濫用，名義の使用許諾などの場面で問題になる。第二に，代理人が本人から与えられた代理人の権限の範囲を超えて行為することである（110条）。たとえば，Ａから100万円の借金をするＢのために連帯保証人になったＣが，Ｂに実印を預けたところ（この行為が代理権を授与したと見なされる可能性がある），ＢがＣに無断で200万円の借金についての連帯保証人にした場合である。第三に，かつては代理権を授与されていた者が，代理権を失った後も，代理人であるかのように行為することである（112条）。表見代理の場合には，相手方が代理人に代理権があると信じたことに正当な理由があれば，そのような代理権があるかのような外観を作り出したことに責任の一端のある本人よりも相手方を保護して（権利外観法理），代理権が代理人にあったのと同様の効果が生ずる。

4．時　効

意　義　「時効」は，時の経過によって，本来は権利を有しない者に権利を取得させたり，本来は存在するはずの権利を消滅させたりする制度である。一般常識的に考えれば，何年経過しようが，他人の物はその物の所有者に返すべきであり，借金は貸主に返すべきである。ところが，法制度としての時効は，少なくとも法的には物や金銭の返還を強制しない趣旨である。何故，このような一般常識あるいは反道徳的な趣旨を，法は認めるのかについては，3つの説明がなされる。第一に，長期間存続した事実状態は，法律関係を安定させるために法的に保護する。第二に，権利行使を怠り，「権利の上に眠る者」は法が保護するに値しない。第三に，長期間の経過により所有権の取得や借金返済などの事実が証明困難になる場合に，真の権利者・弁済者などを救済する。

なお，時効には「取得時効」と「消滅時効」の2種類が存在するが，時効制度は財産権に関するものに限って認められ，身分関係には認められない。

取得時効　「20年間，所有の意思をもって，平穏に，かつ，公然と他人の物を占有した者は，その所有権を取得する（162条1項）」。所有権取得の対象は，動産でも不動産でも良い。「所有の意思」とは，占有することでの事実上の利益を得ようとする自己のために占有する意思をいう。「平穏に，かつ，公然と」とは，他人とその物について争うこともなく，またこっそり秘密のままでなくという意味であり，つまりはその占有者の所有物であるという外観を呈する状態をいう。

「10年間，所有の意思をもって，平穏，かつ，公然と他人の物を占有した者は，その占有の開始の時に善意であり，かつ，過失がなかったときは，その所有権を取得する（同２項）」。この場合の善意・無過失は，自分の所有物であると信じ，且つそう信じることについて過失がないことをいう。所有の意思，平穏・公然，善意については，通常は物を占有する場合には推定される（186条１項）。

所有権以外の財産権については，163条に162条と同様の規定がある。

消滅時効　「債権は，10年間行使しないときは，消滅する（167条１項）」。「債権又は所有権以外の財産権は，20年間行使しないときは，消滅する（同２項）」。所有権は消滅時効にかかることはないから，何十年も行使しなくても消滅することはない（が，その間に他人が取得時効により自分の物を取得した場合には，所有権を失う）。

また，債権の中には，その性質に応じて10年よりも短い期間での消滅時効にかかるものもある（169条～174条）。たとえば，医師・助産師・薬剤師の診療・助産・調剤に伴う代金の請求権は３年間行使しないと消滅し（170条１号），旅館の宿泊費・飲食店の飲食費の請求権は１年間行使しないと消滅する（174条４号）。

時効の援用，放棄，中断，停止　時効期間が経過し，時効の要件がそろっていれば，時効は完成したことになる。しかし，時効は，その成立を主張する（これを「時効の援用」という）ことで初めて効力が発生する（145条）。たとえば，ＡがＢに金を貸していたが，10年間放ったらかしにしていた後で，ＡがＢに返金を請求した場合に，Ｂが借金返済は消滅時効にかかっているから返金しないと主張することである。時効の効力は，取得時効も消滅時効も，その期間の初め（起算点）に遡って生ずる（144条）。

もちろん，上のケースの場合に，Ｂが時効を援用せずに，Ａに返金することも任意である（これを「時効利益の放棄」という。146条の反対解釈）。時効の利益は予め放棄することは禁じられている（146条）。これは，貸金の契約をする時など，貸主が借主の弱みにつけこんで，貸金返還請求権がもし消滅時効にかかっても借主は時効の利益を放棄する旨，予め契約させることを懸念するからである。

時効は期間の満了によって完成するが，この進行中の期間の途中で一定の手続により，それまで進行してきた期間の効力を無に帰せしめることを「時効の中断」という（147条）。時効を中断させる手続・原因としては，「裁判上の請求（149条～153条）」，「差押・仮差押・仮処分（154条，155条）」，「承認（156条）」がある。これ以外の手段で最も簡単なのは，口頭で支払えと請求する「催告（153条）」であるが，この場合には上記のいずれかの手続を6ヶ月以内にとらないと時効中断の効力を生じない。また，これらはあくまで「中断」であるから，中断事由が生じた時（たとえば，裁判上の請求によって中断した時効は裁判確定時）から，時効は改めて進行する（157条）。

「時効の停止」とは，時効の完成が近づいた時点において，時効を中断することが困難な一定の事情（たとえば，天災の発生）が存在する場合には，時効によって不利益を被る者を保護するために，その事情の解消後に一定期間が経過するまで時効の完成を猶予することをいう（158条～161条）。

民 法

第2章
物　権

1．物権の意義

我々が日常生活を営むには，各種の生活財（＝物）を必要とする。たとえば，洋服を買い，洋服を着て，洋服に手を加える。また，他人が自分の洋服を横取りや破損しようとすれば，他人から取戻すことや他人を排除することができる。つまり，自分の物を直接的に支配し，自分が利用することを他人に主張することができる。この物の支配と利用を法律が保障することが重要且つ必要であり，これによって社会秩序が成り立つ。

(1) 物

民法上，物とは有体物をいう（85条）。有体物とは，物理的に空間の一部を占めて有形的存在を持つものである。したがって，有体性のない音，光，匂いなどは物ではない。そして，現在では，有体性の他に，管理可能性，経済的価値のあるものという条件がそろって物であるとされている。

物の種類について最も重要なのは，不動産と動産の区別である。「土地及びその定着物は，不動産とする（86条1項）」。定着物とは，土地に密着して，容易に取外して動かすことのできないものであり，建物が代表例である。したがって，土地と建物は別々の不動産である。一方，「不動産以外の物は，すべて動産とする（同2項）」。そして，特に民法では「無記名債権は，動産とみなす（同3項）」。無記名債権とは，具体例では商品券，乗車券，入場券などであり，証券に特定の権利者の名前を表示せずに，その証券の所持人に対して証券が示す債権の内容を保証する。

(2) 物　　権

物権の性質　民法上の大きく概念的に区分される権利としては，本章で扱う「物権」と，次章で扱う「債権」とがある。物権は物を直接に支配し，その権利の内容を誰にでも主張できる権利であり（対物性，絶対性，直接支配権），債権は債務者に対してのみ一定の行為を請求しうる権利である（対人性，相対性，請求権）。ちなみに，両権利のこのような違いから，物権を有する者は，同じ目的物に対して債権を有する者に優先する。

物権の原則と種類　物権とは，物を直接に支配し，その利益を排他的，独占的に享受しうる権利である。この意味において物権を成立させるために，２つの重要な原則がある。原則の１つ目は，「一物一権主義」という。これは，物権の対象は独立した１個の物でなくてはならないということと，１個の物には１個の所有権しか成立しないことという２つの意味を持つ。原則の２つ目は，「物権法定主義」という。すなわち，物権の絶対性や排他性ゆえに，誰がどのような内容の物権を有するかが明確になっていなければ，第三者に予期し得ない損害を与えることを危惧して，物権の種類や内容は民法が定めたもの以外に，契約などによって変更することができない。民法が定めた物権は，物の支配の仕方や利用目的に応じて，次の10種類に分かれる。

- 物権
  - 所有権
  - 制限物権
    - 用益物権
      - 地上権，永小作権
      - 地役権，入会権
    - 担保物権
      - 留置権，先取特権
      - 質　権，抵当権
  - 占有権

「所有権」は，自分の物を自由に使用・収益・処分することにより，その利益を享受することができる権利である。「占有権」は，その他の物権が物の支配を法的に行うための権利であって，現実の物の支配を要件としないのに対し，物を現実に支配しているという事実状態に基づき認められる権利でである。「制限物権」は，所有権に比べて使用・収益・処分の態様が制限的に認められる権利をいう。「用益物権」は，他人の土地を使用・収益するための物権の総称である。「担保物権」は，自分の債権を担保するために他人の所有物を供する物権の総称である。

物権的請求権 物権は，絶対的・排他的に物を支配する権利であるから，その支配が他者によって妨げられる場合には，それを排除することを請求できる。この請求権は，「物権的請求権」と呼ばれ，物権支配への妨害態様や請求する内容によって次の3種類に分かれる。第一の「物権的返還請求権」は，他人の根拠のない占有により自らの物の占有を奪われている場合に，物の返還を求める権利である。たとえば，自らの所有地に勝手に家を建てて住んでいる他人に「土地を更地に戻して出て行け」と言える。第二の「物権的妨害排除請求権」は，他人の占有以外の方法で自らの物権が不法に妨害されている場合に，妨害を止めるように求める権利である。たとえば，自らの所有地に車を無断に駐車している他人に「車をどかせ」と言える。第三の「物権的妨害予防請求権」は，将来的に他人が自らの物権に対する不法な妨害状態を引き起こす可能性が高い場合に，その妨害を未然に防ぐ手段を講じるように求める権利である。隣人の土地のブロック塀が壊れて自分の土地に倒れてきそうな場合に，たとえば，「塀を修繕しろ」と言える。

2．物権の変動

意　義 物権が発生・消滅したり，その内容が変更したり，物権の主体が変わったりすることを「物権の変動」という。物権変動を生ずる原因のうち最も重要なものは契約であり，それについて民法176条が「物権の設定及び移転は，当事者の意思表示〔≒当事者の合意すなわち契約〕のみによって，その効力を生ずる」と定める。また，物権変動は，契約以外の法律行為（遺言など），あるいは，遺失物拾得や埋蔵物の発見など（240条～248条）の事実行為によっても生ずる。

物権変動自体は，何らの形式も必要とせずに，当事者の意思表示のみにより生ずることは，今述べたとおりである。だが，物権は，物に対する排他的な直接的支配権であるから，誰がどのような物権を持っているかを一般に知ることができるようにしておくことが，物権者以外の利害を守るために求められる。このような要請に基づき，物権の現状を一般に外部から認識できるように公に示す方法を「公示方法」といい，不動産については「登記（177条)」，動産については「引渡し（178条)」という公示方法が採用されている。そして，物権の変動を（公示方法を用いて）常に外部から認識可能な状態にしておかなくてはならない，という考え方を「公示の原則」という。また，そのように現実の物権変動を示す機能が一般に期待される公示方法を信頼した者は，たとえその公示される内容が真実の権利内容と異なっていても保護されるべきである，という考え方を「公信の原則」という。わが国においては，公信の原則が採用されているのは動産についてだけであり（192条の「即時取得」制度)，不動産については公信の原則は当てはまらない。

登　記　不動産の物権変動は当事者の意思表示によって効力を生ずるが，「その登記をしなければ，第三者に対抗することができない（177条)」。ここで「第三者に対抗できない」というのは，たとえば次のようなケースを想定している。AからBが不動産を買った（つまり売買契約が成立した）場合には，AとBの当事者間では所有権の移転が生ずる。しかし，その所有権移転を登記しておかないと，Aが第三者Cとの間でも売買契約を結んで，Cへの移転登記が完了してしまえば，Cより先に不動産を買ったBは，Cに対して自分の所有権を主張できない。（ただし，BはAに対して土地の代金の返還と，損害があればその賠償を請求できる。それでも，欲しかった不動産はCのものである。）つまり，Bは不動産の物権変動の「対抗要件」としての登記を備えておらず，反対に，Cが対抗要件としての登記を備えていることになる。ちなみに，177条の登記とは「不動産登記」のことであり，不動産に関する権利関係について，登記所という国家機関が，一定の手続に従い登記簿という公簿に記載することをいう。

引渡し　動産の物権変動も当事者の意思表示によって効力を生ずるが，「その動産の引渡しがなければ，第三者に対抗することができない

(178条)。」ここで「第三者に対抗できない」というのは，たとえば次のようなケースを想定している。AからBは10万円で時計を買うという契約を結んだが，AからBに時計が渡される前に，CがAに20万円で時計を売ってほしいと言い，AもCに売ることにして時計をすぐにCに渡した。この場合には，AB間の売買契約も，AC間の売買契約もいずれも有効であり，BとCは債権者として平等の地位に置かれ，Aは時計を誰に引き渡しても良い。(ただし，BはAに対して，時計代金10万円の返還と，損害があればその賠償を請求できる。）つまり，Bは動産の物権変動の「対抗要件」としての引渡しを備えておらず，反対に，Cが対抗要件としての引渡しを備えていることになる。

3．占有権

(1) 占有権の意義と要件

意　義　「占有」とは，ある人が物を事実上支配している状態をいう。民法は，この状態を「自己のためにする意思をもって物を所持すること(180条)」と定義し，法的な保護に値する権利と考える。これが「占有権」である。

占有権の目的は，現に物を占有しているという外形的現状を重視し，この外形を基礎とする社会秩序を維持することである。我々は，物を占有して支配している外形を見れば，その支配が正当な権限に基づくものであると考えるのが普通である。また，支配している者に正当な権限がなかった場合に，正当な権利者が実力行使で直ちに支配を回復できるとすることは，社会の平和的秩序を破壊することになる。そこで，民法は，物を占有している場合には，その占有が正当な権限に基づくか否かはとりあえず別として，とにかくその占有状態を保護しようとして，占有者に占有権を認める。したがって，占有権を持つから，必ずしも正当な権限に基づく占有状態にあるとはいえない。盗人は，物を占有する正当な権限を当然に有さないが，占有権だけは認められる。

要　件　占有権の構成要件としては，２つの点が重要になる。第一に，「自己のためにする意思」である。これについては広く理解して，直接・間接に目的物を所持することで生じる利益を自分のものにしようという意思である。所有権者，賃借人，質権者，運送人から盗人まで，このような意思を有すると考えられている。具体的・実際的に，そのような意思を有していたか否かは問題にしない。たとえば，不在時に自宅に届いていた郵便物にも，この意思は及ぶと考えてよい。

第二に，「所持」であり，物がある人の支配内に存在すると一般的・客観的に認められる状態をいう。必ずしも支配のための物理的な力が及んでいなくてもよい。たとえば，旅行中の人の留守宅の中の家具も，所持されていると考える。

(2) 占有権の効力

占有権の効力とは，占有権の意義すなわち物の事実的支配状態の法的な保護を実現することである。そのために，第一に，占有者には「占有訴権」が認められる（197条～202条）。すなわち，占有者は，他人に占有を妨害された場合には，その占有が正当な権限に基づくか否かに関係なく，妨害の排除を請求できる。その請求の内容は，物権的請求権の内容と重なる。

第二に，「占有者が占有物について行使する権利は，適法に有するものと推定する（188条）」。したがって，所有者として占有すれば正当な所有権者，賃借人として占有すれば正当な賃借権者と推定される。盗人が盗品を占有しても所有権者と推定されるので，真実の所有権者は，自分が正当な所有権者であることを証明して盗品の返還請求をしなくてはならない。

第三に，取引行為により，平穏且つ公然に動産の占有を始めた者は，善意・無過失である場合には，その動産を行使する権利について「即時取得」が認められる（192条）。たとえば，Ａから時計を借りたＢが，Ｃにその時計を自らの物だと偽って売却した場合に，Ｃはその時計の所有権を即時取得して，Ａからの返還請求に応じなくてもよい。この即時取得が適用される要件を要約すれば，①動産の取引によって占有を取得したこと，②動産の処分者

（上のケースではB）が，その動産の正当な処分権者ではないこと，及び，相手方（C）が処分者に正当な処分権があると信じ，そう信じることがもっともである状態があること，③取引が平穏且つ公然に行われることである。

4．所有権

所有権は，「法令の制限内において，自由にその所有物の使用，収益及び処分をする権利（206条）」である。用益物権や担保物権（これらを合わせて制限物権と呼ぶことは既に示した）と異なり，物に対する全面的支配権であることが所有権の最大の特徴である。「使用」とは，対象となる物を物質的に使用することをいう。たとえば，自分の土地に家を建てて住む。「収益」とは，目的物から生じる「果実（法律用語で物から生じる経済的利益のこと）」を取得することをいう。たとえば，マンションを建て，人に貸して家賃を取る。「処分」とは，物の物理的処分（消費，改造，破棄など）と，法的な処分（譲渡，用益物権・担保物権の設定など）をいう。これらの活動を通じて，所有権は資本としての大きな意味を有する。この意味で，所有権は財産権としても位置づけられ，憲法29条１項（「財産権は，これを侵してはならない」）の保障を受ける。所有権を尊重し保障することが，資本主義的経済体制の社会秩序を維持する根幹となる。

しかし，だからといって，所有権は絶対であると考えるわけにはいかない。憲法29条２項は「財産権の内容は，公共の福祉に適合するやうに，法律でこれを定める」としており，民法206条の「法令の制限内において」の文言と同旨であろう。また，そもそも民法上の私権行使についての基本原則として，１条１項が「私権は，公共の福祉に適合しなければならない」と定めている。すなわち，所有権は公共の福祉の観点から制限を加えられることが認められている。もちろん，何が公共の福祉か，どの程度の制限ならば許されるかは検討を要する問題である。たとえば，土地収用法は，道路用地，農業用排水路，鉄道用地，飛行場用地，教育施設など公共の利益になる事業のために，起業者が土地を必要とする時は，一定の手続と補償のもとに土地所有者から

コラム11 相隣関係

民法は一般生活に馴染みの深い法律である。そのことをよく表しているのが，209条以下にある「相隣関係」の規定ではないだろうか。簡単に言えば，自分とお隣さんとの土地利用方法を調整するルールである。お隣さんとの近所付合いでトラブルが生じた際には，安易に法律論を持出すよりも，まずは話合いが大事だと思うが，話合いの合意のラインを探るためには，相隣関係の規定を見ることが有用であろう。また，相隣関係の条文は，他の民法の条文と比較すると，驚くくらいに細かで具体的なことを定めており興味深い。たとえば，隣の家の木の枝が自分の敷地にまで伸びてきた時には勝手に切って良いのか。木の枝ではなく根っこだったらどうだろうか。自分の土地に建物を建てる時は，境界線から何センチ離さなくてはいけないか。井戸や肥溜めを作る場合にはどうか。隣の家の窓から自分の家の様子が常に丸見えの状態だが，気になって仕方がないとしたら何が言えるか。等々であり，一読していただきたい。

土地を取得しうることを認めている。

5．用益物権

(1) 用益物権の意義

用益物権は，一定の目的で，他人の土地を使用・収益するための物権である。土地所有者からみれば，自己の土地所有権のうち，使用・収益の機能が制限されることになる。民法が認める用益物権は，地上権，永小作権，地役権，入会権の4つである。

(2) 地上権

「地上権」とは，「他人の土地の上において工作物又は竹林を所有するため，その土地を使用する権利（265条）」をいう。工作物とは，家屋，橋梁，トンネル，水路，池，電柱，井戸などの地上及び地下の一切の建造物を含む。竹木とは，広く植林を目的にする竹や立木のことであり，農業作物は含まない（永小作権の目的になる）。

地上権は，物権としての強力な土地利用権である。しかし，土地所有者の優位性により，現実には建物を所有する目的には地上権が設定されることはなく，債権としての賃借権が利用されている。ただし，債権としての賃借権では，土地利用者（=賃借人）の保護は十分ではない。そこで，「借地借家法」という法律が，建物の所有という同一の目的を有する地上権と賃借権を，まとめて「借地権」と称して（借地借家法2条1号），権利者の保護を図っている。（結果的に，建物の所有を目的とする土地利用権は，借地権でまかなわれ，地上権はほとんど機能していない。）

(3) 永小作権

「永小作権」とは，「小作料を支払って他人の土地において耕作又は牧畜をする権利（270条）」をいう。ただし，わが国の現状では，物権としての永小作権を取得している者よりも，地主との賃貸借契約によって，賃借小作権を取得する者が圧倒的に多い。永小作人，賃借小作人ともに農地に関する権利義務については，現実には農地法の適用を受けることが多い。

(4) 地役権

「地役権」とは，「設定行為で定めた目的に従い，他人の土地を自己の土地の便益に供する権利（280条）」をいう。たとえば，Aの土地を利用するために，Bの土地を通行したり，Bの土地から水を引いたり，Bの土地にAの土地の日照を妨げるような高い建物を建てさせなかったりする権利である。これらの場合の物権的な役務を要求する，承諾するという意味で，Aの土地を「要役地」，Bの土地を「承役地」という。

(5) 入会権

「入会権」とは，一定の村落共同体（入会集団ともいう）の住民が山林原野や漁場（これらを「入会地」と呼ぶ）において，共同で雑草，牧草や薪用の枯枝などを採取したり，魚を採ったりすることができるための慣習上の権利である。入会権について，民法は263条と294条の2条のみ規定を有し，その内容（入会集団・入会権者の範囲，入会地の管理の仕方，各入会権者の使用収益の仕方など）は各地方の慣習に委ねる。これは，民法制定以前から存在する物の支配に関する前近代的なルールとしての入会権を，近代法としての民法の中に組み込んだことの結果である。

村落共同体の住民が目的地を共同で所有する場合の入会権は「共有の性質を有する入会権（263条）」といい，共有の規定を準用する。これに反して，入会権者が属する共同体以外の共同体や個人が目的地を所有する場合の入会権は「共有の性質を有しない入会権（294条）」といい，地役権の規定を準用する。いずれの場合にも，入会権の主体は第一次的には入会集団であり，土地に対する住民の使用収益権は部落全体に帰属する。各住民の持つ使用収益権は，共同体の一員であることによるものであり，各住民はこの権利を処分することはできない。住民としての地位が認められれば（共同体内に転入・居住すればそれだけで入会権を認める慣習は少ないようである），入会権を取得し，その住民としての地位を失えば，入会権も失う。

社会経済の発展に伴った農業生産や農村共同体の変化により，入会権の利用形態も当然に変わってきた。個々の農民単独の日常生活や農業のための利用から，入会権者各自の利用形態を差し止めて，入会集団が一括して造林の利用・管理を行い，収益を入会権者に分配したり，入会集団が管理する入会地を第三者に賃貸し，収益を入会権者に分配したりする。

6．担保物権

(1) 担保物権の意義

「担保」とは，債権が実現しない＝債務が履行されない場合に備えて，当事者間に設定される手段をいう。たとえば，金銭の借主である債務者が借金を返済しない場合に備えて，貸主である債権者がその弁済を確保するために予め講じる手段である。債務者（担保物権設定者）からみれば，自己の物に対する所有権のうち，処分の機能が制限されることになる（使用と収益の機能は自分の元に残る）。

何をもって債権を担保するかにより，担保制度は２つに分かれる。

第一に，債務者以外の人（＝保証人）が，債務者の債務の履行を保証し，債務者が履行できない場合には，保証人の財産をもって債務の弁済に充てる制度である。これを「人的担保」といい，民法では債権編（446条以下）で定める。

第二に，「物」をもって，債務者の債務の弁済に充てる制度であり，「物的担保」又は「担保物権」という。この担保物権について，２つの分類方法がある。１つは，民法の物権編（295条以下）に規定されるか否かであり，規定がある「典型担保」と，規定がない「非典型担保」に分かれる（具体的には，仮登記担保，譲渡担保，所有権留保である）。さらに，典型担保の中での分類をすると，成立の原因によって分類できる。担保権を設定するという契約（＝約定）によって成立する「約定担保物権（質権と抵当権）」と，当事者の契約によらず債権保護のために法律上当然に成立する「法定担保物権（留置権と先取特権）」である。

⑵ 留置権

「留置権」は，他人の物の占有者が，その物に関して生じた債権の弁済を受けるまで，その物を留置して，債権の弁済を間接的に強制する担保物権である（295条以下）。たとえば，時計を修理した時計屋は，修理代金を受取るまで，その時計を留置して返還を拒むことができる。時計屋に留置権が認められるのは，修理代を確保させるためであり，時計屋とお客との公平性を図るためである。

⑶ 先取特権

「先取特権」は，法律で定める特殊の債権を有する場合に，債務者の一定財産から，他の債権者に優先して，自己の債権の弁済を受ける担保物権である（303条以下）。先取特権が認められるのは，当事者の意思の推測，公正性の見地や社会政策的見地に基づく。以下，３種類の債権に基づく先取特権について述べる。

第一に，一般の先取特権である（306条）。共益費用，被用者の給料，葬式費用，日用品の供給に関して生じた債権を有する者は，債務者の総財産に対する先取特権を有する。

第二に，動産の先取特権である（311条）。不動産の賃貸借，旅館の宿泊，旅客又は荷物の運輸などについて生じた債権を有する者は，債権者の特定動産に対して先取特権を有する。たとえば，旅館の経営者は，宿泊客の宿泊代について，その旅館に持込んだ宿泊客の荷物に対して先取特権を有する。

第三に，不動産の先取特権である。不動産の保存・工事・売買により生じた債権を有する者は，債務者の特定不動産に対して先取特権を有する（325条）。たとえば，不動産の工事をした請負人は，工事費用について，債務者のその不動産に対して先取特権を有する。

同一目的物に対して，複数の先取特権が成立する場合や，先取物権と他の担保物権が競合して成立する場合があるが，その場合の優先順位についても，民法はルールを設けている（329条以下）。

⑷ 質　　権

「質権」は，債権者がその債権の担保として，債務者又は第三者から受取った物や財産権を，債務の弁済があるまで留置して債務の弁済を間接的に強制するとともに，弁済がない場合には，その物や権利から優先弁済を受ける担保物権である（342条以下）。質権は，債権者と債務者又は第三者との質権設定契約によって生じ，前者が質権者に，後者が質権設定者になる。たとえば，債権者Aが債務者Bに金を貸し，Bは自己所有の物を担保（質物）としてAに引渡す。この場合に，質物を提供するのは，第三者であっても良い（物上保証人と呼ぶ）。質物は譲渡できるものならば，動産（352条以下）と不動産（356条以下）のいずれでも良く，また財産権（362条以下）を質物にすることも認められている。ただし，現実には動産は譲渡担保に，不動産は抵当権に用いられることが多く，これらの質権はあまり利用されていないようである一方で，財産権への質権の設定はよく利用されているようである。

債務者が期限に債務を弁済しない場合に，質権者は質物を法律に従って競売し，競売代金の中から優先弁済を受けるのが原則である。また，質権者AがCに対する自らの債務を担保するために，自身が所有する質権（設定者はB）を，Cのために質入することもできる（「転質」という）。他方で，債務者の利益を保護するために，債務の弁済期前の契約で，債務を弁済しない場合に質物の所有権を債権者に移転したり，法律の定める方法によらずに任意に処分したりする旨に合意することは禁止される（「流質契約」の禁止）。

(5) 抵当権

「抵当権」は，債務者又は第三者が占有を移転させずに担保に提供した不動産（ただし，特別法により公示の可能な動産や企業の全財産なども担保物になりうる）につき，債権者が優先弁済を受けることを内容とする担保物権である（369条以下）。質権と違い，担保となる不動産（抵当物）を債権者＝抵当権者に引渡さず，債務者又は物上保証人＝抵当権設定者が継続して不動産を利用できることが，抵当権の特色であり，利点でもある。つまり，抵当権は，留置的効力や使用収益効力を有さず，優先弁済的効力のみを有する権利である。抵当権は，債権者と債務者又は物上保証人との間の抵当権設定契約によって発生する。ただし，抵当権は物権であるから，登記をしなければ第三者に対抗できない。

債務者が債務を弁済しない場合には，債権者はその不動産を競売し，自己の債権に充当することができる。他方，競売によらずに，当事者間の契約により，任意の方法で抵当物を換価したり，抵当物を直ちに債権者の所有に帰属させたりする旨の特約も有効である（質権の場合の流質契約の禁止に相当するものはない）。また，抵当物が売却された場合の売買代金に，賃貸された場合の賃料に，焼失した場合の火災保険金に抵当権の効力が及ぶ（抵当権の「物上代位」という）。

抵当権の設定後においても，抵当権設定者は抵当不動産を第三者に売却したり，不動産を賃借したりできる。しかし，債権者が抵当権を実行して（競売にかけ），抵当不動産が競落人の所有に帰すると，不動産を買受けた第三者や賃借人は自らの権利を主張できなくなるか，という問題がある。結論だけを述べておくと，買受人たる第三者と抵当権者の関係を整理するための制度として「代価弁済（378条）」，「抵当権消滅請求（379条）」がある。賃借人と抵当権者の関係では，かつては賃借人を保護する制度が採用されていたが，近時この保護制度が廃止された。

上記の基本形の抵当権に対して，目的に応じて変化させた2つの抵当権制度がある。1つは，1つの債権を担保するために，2つ以上の不動産の上に抵当権を設定する「共同抵当」である（392条）。これは，担保価値を集積させること，一部の抵当不動産の価値下落のリスクを分散させることを目的にする。もう1つは，「根抵当」という制度であり（398条の2以下），以下のような場合に活用することを想定する。たとえば，商人Aが，商売上の資金として銀行Bから金を借り，その際に自己所有の土地に抵当権を設定し，登記を作成する。AがBに無事に借金を返済すれば，Bの債権と抵当権は消滅し，登記は抹消される。これが1回限りのことであれば問題はないが，商人のように継続的に商取引を行う者にとっては，その度ごとに同じ手続を繰返すのは煩雑である。そこで，債務者Aと債権者Bの契約によって，「一定範囲に属する不特定の債権を極度額の限度において担保するために（398条の2）」設定するのが根抵当である。債権者たる銀行Bと，債務者たる家電販売店を経営するAとの間で，Aが家電の仕入れや販売のための資金を必要とする場合（これが「一定範囲」という要件になる），最高額（極度額）5000万円の範囲ならば，いつでも何度でも銀行から金を借り，返済もでき，その都度に登記とその抹消は必要としない代わりに，Aは5000万円の担保として自己所有の不動産を抵当物として銀行に差出すという根抵当契約を結ぶ。

(6)　非典型担保

上述の通り，債権者が債務者から債権を確実に回収するために，債務者又は物上保証人の物又は財産権を担保にする民法上の方法には，質権と抵当権があった。しかし，実務においては，質権や抵当権の短所（たとえば，動産は抵当権の目的物にはできないが，質物として質権者の占有に帰するのは，債務者にとって不都合であること，質権や抵当権を実行する際の競売は手続が煩雑な上に売却価格も低いことなど）を補うために，「非典型担保（変則担保，変形担保）」という担保制度が利用されている。

代表的な非典型担保は，次の３種類である。第一に，担保となる物の所有権自体を債権者に譲渡し，一定期間内に債務を弁済すれば，所有権を返還するという契約を結ぶ「譲渡担保」である。第二に，債務が履行されない場合には，債務者の担保物をもって弁済の代わりにすることを約束し，その債権者の権利を仮登記しておく「仮登記担保」である。これについては仮登記担保法という特別法がある。第三に，自動車，家具，宝石などの割賦払いの売買に多く用いられ，売買契約において，目的物の占有は買主が取得するが，物の所有権は代金の完済までは売主に留保される「所有権留保」である。

民　法

第３章 債　権

1．債権総論

人は他人との関係において生活を営む。現代においては，生活に必要な物資の殆どを市場を通じて他人から購入するか借りるかして入手するのであり，債権はそのための手段として重要な役割を果たしている。また，生活物資を他人に提供する者も債権を仲立ちとして自己の利益を確保する。経済システムの発展に伴い，債権それ自体に客観的価値が認められ，債権が動産化され，取引の対象にもなっている。

(1) 債権の意義

「債権」とは，ある特定人（「債権者」という）が，別の特定人（「債務者」という）に対して，特定の行為（「給付」という）をするように請求できる権利である。権利（債権）の裏には義務（「債務」という）が存在するが，１つの特定行為を巡る権利義務関係が債権債務関係である。たとえば，ＡがＢ書店から本を買った場合に，本の引渡しを巡ってＡは債権者でありＢが債務者になるが，本の代金の支払いを巡ってＡは債務者，Ｂが債権者になる。

債権の発生原因は，当事者間の取決めである「契約」と，「事務管理」，「不当利得」，「不法行為」である（詳しくは後述する）。特に契約に基づく債権は，給付が適法であること（奴隷契約，麻薬売買契約などは無効である），給付が現実的に可能であること，給付の内容が確定できることの制限をクリアすれば，その給付の内容を当事者間で自由に決めて良いのが原則である。

⑵ 債権の効力

債権を実効させるためには，まずは債務者が任意に債務を履行（＝債権を給付）することが期待されている。債務者の任意の履行がない場合には，債権者としては債務の履行請求を裁判において行うか（414条１項），債務の履行を諦めて債務不履行に基づく損害賠償を請求するか（415条）を選択する。社会一般的には，裁判外での履行の請求も選択肢として考えられるが，債務の強制履行は国家に独占して任されているので，債権者といえども債務者の財産を無理やり取上げることは許されない。

以上は，債権者と債務者との関係における債権の効力であるが（債権の対内的効力），債権者が債権を保全するために，第三者に対する権利を主張することもできる（債権の対外的効力）。１つは「債権者代位権」であり，「債権者は，自己の権利を保全するため，債務者に属する権利を行使することができる（423条１項）」。たとえば，Ａから借金をしたＢは財産がなく返済能力がないが，Ｃに貸した金を返してもらう債権を有する場合には，ＡがＢに代わってＢの債権をＣに対して行使できる。もう１つは「詐害行為取消権」であり，「債権者は，債務者が債権者を害することを知ってした法律行為の取消しを裁判所に請求することができる（424条１項）」。たとえば，貸金債権者Ａは，債務者Ｂが十分な返済資力もないのに，第三者Ｃに対して行った財産贈与行為を取消すことができる。

⑶ 債務不履行

「債務不履行」とは，債務者が債務の本旨に従う履行をしないことである（415条）。債務不履行には３つの態様がある。

第一に，債務を履行しなくてはならない期限までに，債務を履行しない「履行遅滞」である。債務を履行する期限について（期限が確定しているか否か，期限を決めていなかった場合にどうするか）は，412条に定められている。

第二に，債務者の責めに帰すべき事由によって債務の履行ができなくなってしまう「履行不能」である。たとえば，建物の売主Aが買主Bに引渡す前に，失火によって建物を消失してしまう場合や，Aが不動産のBとCへの二重売買をして一方の買主Cに登記も移転した場合に，AとBの間には履行不能の関係が生じる。

第三に，債務の履行は一応なされたが，その内容が完全なものではなかった「不完全履行」である。たとえば，車を買ったが，その車のエンジンが実は壊れていた場合である。

これらの債務不履行があった場合に債務者がとりうる手段については，債権の対内的効力として既に述べた。

(4) 多数当事者の債権・債務関係

債権者又は債務者が常に1対1であるとは限らず，それぞれが複数人の場合も現実には少なくない。この多数当事者の債権債務関係について，民法は次の4種類を定める。

分割債権・分割債務 複数の債権者又は債務者がいる場合の債権債務関係は，原則的には「分割債権・分割債務」であると考える。すなわち，別段の意思表示がない場合には，各債権者又は各債務者は，それぞれ等しい割合で権利を有し，義務を負う（427条）。分割されたそれぞれの債権又は債務は，相互に全く独立したものとして扱われる。

不可分債権・不可分債務 たとえば，AとBの2人が共同して1軒の家をCから買って，Cに対して家の引渡しを求める債権を有する場合や，反対にAとBの共同所有する車をCに売って，Cに車を引渡す債務を負う場合には，AとBの債権又は債務の内容は分割することができない。このように債権又は債務の内容の性質上又は当事者の意思表示によって不可分な債権又は債務を「不可分債権」又は「不可分債務」という（428条，430条）。

不可分債権においては，各債権者は単独で債権全部を履行するように債務者に請求でき，その請求は債権者全員のために効力を生じる。また，債務者は，多数債権者のうち1人に対して債務全部の履行をでき，一債権者への履行は債権者全員に対して履行したものと扱われる。履行された債権は，多数債権者の中で分与される。

不可分債務については，次の連帯債務の規定が準用される（434条〜440条の規定は準用されない）。

連帯債務　たとえば，ＡとＢの２人が共同事業を始めるために，ＡＢの連帯債務である旨の契約によりＣから1000万円を借りた場合に，ＣはＡ又はＢに対して任意に1000万円全額又は一部の返済を請求できる。ＡもＢも請求されれば，全額返済の責任を負うのである（債務が履行されれば，ＡＢ間での負担部分についての求償関係になる）。つまり，数人の債務者が債権者に対して，共同して同一且つ全部の給付をなす義務を負い，数人の債務者間に負担部分の取決めがある債務関係を「連帯債務」という（432条）。これは，債権の担保又は債権の効力の強化を目的とした制度である。連帯債務においては，多数債務者の１人に生じた事由（弁済，相殺，履行の請求など）が，他の債務者にも影響を及ぼすことが多い（434条〜439条）。

保証債務　他人Ａの債務を保証することを契約した者Ｂは，Ａがその債務を履行しない場合に，Ａに代わってその債務を履行する責任を負う。この場合のＡの債務を主たる債務といい，Ｂの債務を「保証債務」という（446条１項）。あくまで保証債務は，主たる債務に対する従たる債務であるから，保証債務者は債権者に対して，まず主たる債務者に履行を求める旨の２つの抗弁権を有する（452条，453条）。保証債務者が債務を履行した場合には，主たる債務者に対して求償権を行使できる（459条〜463条）。

また，保証債務者が主たる債務者と連帯して債務を負担する場合の保証を「連帯保証」という。通常の保証債務との最大の違いは，上述の抗弁権を有さない点であり，債権者は主たる債務者の資力の有無に関わらず，直ちに連帯保証人に債務の履行を請求できる（454条）。実際に行われる金銭消費貸借契約において立てられる保証人は，通常の保証契約ではなく連帯保証契約に基づく保証人であることが圧倒的に多い。

(5) 債権の消滅

債権は権利であるので，権利一般に認められる消滅原因（消滅時効の完成など）によっても消滅するのは当然である。それ以外の民法が定める債権の消滅原因には，次の7つがある。

「弁済（473条以下）」は，債権の給付内容を実現させる行為をいい，履行と同旨である。弁済によって債権者は満足を受け，債権が消滅する。

「代物弁済（482条）」は，債権者の承諾を得て，債務者が本来の給付に代えて他の給付をなすことによって債務を消滅させることをいう。たとえば，1000万円の借金を返済できないので，代わりに借金に相当する土地を弁済に供する。

「供託（494条以下）」は，債務者が債権者の弁済の受領をまたないで債権を消滅させたい場合に用いる制度である。債権者が弁済を受領しない場合などには，債務者は債務不履行の責任を免れるが（492条），債務そのものが消滅するわけではなく，物の引渡しが債務の内容の場合には物の保管義務は残る。このような場合に，債務履行地の供託所に弁済の目的物を供託するのである。

「相殺（505条以下）」は，相対立する債権を各債権者の一方的意思表示によって消滅させることをいう。たとえば，AがBに対して5万円の貸金債権を有し，BもAに対して10万円の売買代金債権を有していて，BがAに10万円の弁済を求めてきた場合に，Aは自らの有する債権分の5万円について双方の債権債務を消滅させる意思表示をして，支払いを拒むことができる。これは，双方の弁済にかかる時間や費用のコストを節減すること，一方は債務を履行したのに他方は履行しないという不公平な状態を回避することを目的にした制度である。

「更改（513条以下）」は，契約によって債務の要素を変更することをいう。更改によって，旧債務が消滅して，新債務が発生することになる。債務の要素の変更には，債権者の交替，債務者の交替，目的の変更が考えられている。たとえば，旧債務は100万円の弁済であったが，それに代えて車1台を給付するという新債務に変更することは目的の変更である。

「免除（519条）」は，債権者が債務者に対する一方的な意思表示により，その債権を消滅させることをいう。

「混同（520条）」は，債権者の地位と債務者の地位が同一人に帰することをいう。たとえば，父から子が借金をしていたが，父の死亡により子が父の財産を相続した場合には，自ら負担する債務の債権者になることは無意味であるから，債権債務関係は消滅する。

2．契　約

(1) 契約総論

契約の意義　債権の発生原因のうち最も重要なものが「契約」である。契約は，複数当事者の相対立する意思表示が合致することで成立する。合致する意思表示のうち先になされたものを「申込み」，申込みを受けて契約を成立させる意思表示を「承諾」という。契約が成立すれば，当事者の権利義務関係（債権債務関係）に変動が生じる。

契約については，契約を結ぶか否か，誰と契約を結ぶか，どんな内容の契約を結ぶかなどについて，契約を結ぶ当事者の自由意思に任せるという「契約自由の原則」がある。しかし，これは契約に関する大原則ではあるが，資本主義社会が発展して，個々人の社会的・経済的な力関係が必ずしも平等ではなくなっている現代において，契約自由の原則を貫徹させると，法の考える理想からは望ましくない結果が生じる場合もあり，契約自由の原則を修正する場面も少なくない（消費者契約法の制定，約款内容の規制，医師の応召義務など）。

契約の種類　契約は様々な観点から分類されていて，ここでは主なものをいくつかを挙げる。

まず，民法は社会で用いられることの多い13種類の契約を「典型契約・有名契約」とする（第3編 第2章 第2節～14節に定める）。反対に，民法に規定のない契約を「非典型契約・無名契約」という。

契約当事者双方がお互いに債務を負う契約を「双務契約」，一方当事者のみが債務を負担する契約を「片務契約」という。また，双務契約は両当事者が財産上の支出をするので「有償契約」，片務契約は一方当事者のみが財産的な支出をするので「無償契約」という分類もなされる。

契約当事者の口頭の合意のみで成立する契約を「諾成契約」，合意以外の一定の方式（書面など）を成立に必要とする契約を「要式契約」，物の交付が成立に必要な契約を「要物契約」という。

契約の効力　契約が当事者の意思表示どおりに履行されることが契約の本来的な効力であろうが，常にそうなるわけではなく，問題が生じることもある。民法は，そのような場合に備えて，当事者間の公平を図る2つの制度をおく。

たとえば，AとBの間でAの所有する車を売買する契約が成立したが，履行期日までにBが車の代金を支払わない場合には，Aも車をBに引渡さなくて良いと考えるのが通常である。このように，「双務契約の当事者の一方は，相手方がその債務の履行を提供するまでは，事故の債務の履行を拒むことができる」という権限が「同時履行の抗弁権（533条）」である。

また，AとBの間でAの所有する家を売買する契約が成立したが，その後にBに引渡す前に地震によって家が倒壊してしまった場合に，Aは代金債権を主張できるのか（＝Bの代金債務は消滅するのか）否かは判断の難しい問題である。これを「危険負担（534条～536条）」の問題といい，民法は双務契約の態様に応じて，債権者と債務者のいずれに負担を負わせるかを定める。

契約の解除　「解除」とは，契約成立後に生じた一定の事由に基づき，契約の効力を一方的に破棄して，自らの債務を免れるための意思表示である（540条以下）。一定の事由が法律で定められたものである場合には法定解除，一定の事由を当事者間で取決めておく場合には約定解除という。最も重要なのは，債務不履行を理由にする法定解除である。解除権が行使されると，各当事者は契約がなかった元の状態に戻す義務（原状回復義務）を負う（545条1項）。

(2) 契約各論

以下では，13種類の典型契約について概観を述べる。典型契約は一般社会において多く用いられる契約であるから，民法が重視することは既に述べた。現実の非典型契約の契約内容が十分に明確でない場合には，典型契約に見られる契約当事者の利害調整の考え方を参考にすべきである。

贈　与　「贈与」は，当事者の一方が自己の財産を無償で相手方に与える意思を表示し，相手方がそれを受諾をすることで効力を生ずる契約である（549条）。無償・片務契約であり，口頭での約束だけでも効力を生ずる諾成契約である。

売　買　「売買」は，当事者の一方が財産権を相手方に移転し，それに対して相手方が金銭を支払うことを約束する契約である（555条）。有償・双務・諾成契約である。特に，有償契約の典型として，売買に関する規定は他の有償契約に準用されることは重要である（559条）。また，現代社会の複雑化に伴う売買形態の多様性により，一般法としての民法だけでなく，種々の特別法が設けられている。

貸　借　物の貸し借りについて，民法は3つの契約類型を用意する。

「消費貸借」は，当事者の一方が種類，品質及び数量の同じ物を返還することを約束して，相手方から金銭その他の代替物を借りる契約である（587条）。売買と並んで現代社会で最も重要な契約になっている。要物契約であるから，貸主の貸す義務は存在しない片務契約である。

「使用貸借」は，当事者の一方が無償で使用・収益した後に返還することを約束して，相手方から物を借りる契約である（593条）。無償・片務・要物契約である。消費貸借では，借主が借りた物の所有権を取得して消費できるのに対して，使用貸借では，借りた物を一定期間保管して使用できるにすぎない。

「賃貸借」は，当事者の一方が物の使用・収益をさせることを約束し，相手方が賃料を支払うことを約束する契約である（601条）。有償・双務・諾成契約である。現代社会においては経済的・社会的意義が大きく（レンタル業やリース業など），特に不動産の賃貸借は重要且つ頻用される。民法以上に賃借人を保護するために，借地借家法が設けられている。

労務供給　他人の労働力を使用するための契約について，民法は次の4種類を規定する。

「雇用」は，当事者の一方（労働者）が労働に従事することを約束し，相手方（使用者）がその報酬を与えることを約束する契約である（623条）。有償・双務・諾成契約である。現代社会において重要な地位を占める企業が，従業員を用いて活動することから，雇用は経済的・社会的に重要な契約である。雇用は，労働の結果ではなく労働力の提供に対して報酬が支払われる点で「請負」と相違し，労働力を提供する側には広く自由裁量が認められない点で「委任」と相違する。民法上の雇用契約は，当事者間の自由な合意で雇用条件が決まることを想定するが，現実には使用者と労働者が対等な力関係にあるわけではない。労働者に不利な契約内容が押付けられないよう，労働者を保護するために労働法があり，雇用にとっても重要な法律である。

「請負」は，当事者の一方（請負人）が仕事を完成させることを約束し，相手方（注文者）がその仕事の結果に報酬を与えることを約束する契約である（632条）。有償・双務・諾成契約である。家屋の建築，オーダーメイド服の作成，講演など結果を重視する故に専門性を要する労務に対することの多い契約である。

「委任」は，当事者の一方が法律行為を行うことを相手方に委託し，相手方が承諾することで効力が生じる契約である（643条）。委任は報酬の支払いが要件ではないので，無償・片務・諾成契約である。もちろん，現代社会において委任は多く見られる契約であり，それらは報酬が伴うのが殆どであるので契約内容によって有償・双務契約になる。委任はいわゆるプロフェッションと呼ばれる職業人（医師や弁護士など）に仕事を依頼する際に用いられる契約類型である。法律行為以外の事実行為を委託する際には準委任契約になる（656条）。

「寄託」は，当事者の一方が相手方のために物を保管することを約束して，物を受け取る契約である（657条）。無償・片務・要物契約である。労務の内容が物の保管に限られる点が，上記3類型の労務提供契約と大きく異なる。

その他　「組合」は，各当事者が出資をして共同事業を営むことを約束する契約である（667条１項)。有償・双務・諾成契約である。出資は金銭とは限らず，労務でも良い（同２項)。組合は人の集合である点で社団法人と類似するが，社団法人と違い，個々人（組合員）の個性を強く残したまま集合体が形成され，個々の組合員に権利義務が帰する。

「終身定期金」は，当事者の一方が，自己，相手方又は第三者の死亡時まで，定期的に金銭その他の物を相手方又は第三者に給付することを約束する契約である（689条)。

「和解」は，当事者が互いに譲歩して紛争を終結させることを約束する契約である（695条)。

3．法定債権関係

契約が当事者の意思によって債権関係を発生させるのに対して，「事務管理」，「不当利得」及び「不法行為」は，当事者の意思ではなく，法律がそれぞれの法政策的な目的から債権関係を発生させる。これを法定債権関係という（その対比で契約を約定債権関係と呼ぶこともある)。

⑴　事務管理

求められていないのに他人の事務に関与することはお節介と見なされる場合があり，法的には不法行為を構成することになる。しかし，たとえば，隣人の留守中に頼まれていないが台風接近に備えた隣家の補強処置を行ったり，道端で倒れているけが人を病院まで運んだりする場合には，隣人やけが人は関与行為によって実質的に助かっているし，相互扶助や社会連帯（助け合い）の精神からは望ましく奨励されて良い行為である。

そこで，民法は，法律上の義務がない他人の事務の管理でも，他人のためにする意思があって，それが他人の利益と意思に合致する場合には，それを適法な行為とした。これを「事務管理」という（697条以下)。

事務管理をするようになれば，管理者には一定の義務が生じるし，報酬を請求する権利はないが，かかった費用の償還を請求する権利は有する。

(2) 不当利得

AがBの畑の野菜を勝手に収穫して売却した場合には，BはAに売却代金を渡してほしいと思うし，ＸＹ間の売買契約が無効になった際には，品物を返したＸはＹに代金の返還を求める。このように，正当な理由もなく他人の財産や労力で利益を受けた者に対しては，その利益を返せと思うことは普通であるし，民法は当然にそれを保護する。それが，703条に定められる「不当利得」制度である。すなわち，他人の財産又は労務による利益の享受，他人への損失，受益と損失の因果関係，以上に関する法的な原因理由の不存在という要件を満たす受益者は，その利益を返還する義務を負う。

善意の（法律上の原因がないことを知らなかった）受益者は，その利益が現存する限りで返還すれば良い（703条）。現物が破損していてもそのまま返還すれば良いし，現物を消費してしまえば現存する利益はないということになる（売買代金が残っていれば，それは現存する利益である）。反対に，悪意の受益者は，利益に利息を付けて返還しなくてはならず，損害がある場合には賠償もしなくてはならない（704条）。

(3) 不法行為

意　義　ある行為によって他人に損害を生じさせた場合に，その損害について賠償する責任を負わされる行為のことを「不法行為」といい，転じてそのような損害賠償制度を不法行為制度と呼ぶ（709条以下）。不法行為が問題となる場面は様々である。単純な暴力行為による加害に始まり，名誉毀損，プライバシー侵害，交通事故，火事，医療ミス，公害，欠陥製品による事故などがある。それは，トラブル発生以前から契約という一定の法的な関係にあった当事者同士間のトラブルを処理するのが債務不履行制度である（415条以下）のに対して，不法行為制度は，トラブル発生前は法的な関係にはなかった他人同士にトラブルが生じた場合という日常的には想定外のあらゆる問題に対応するからである。

不法行為制度の原則は「過失責任主義」である。しかし，被害者の救済という不法行為制度の最大の目的に基づき，損害の合理的配分という要請が働き，「無過失責任主義」が一定領域で採用されるようになったのは，民法の基本原則の部分でも述べたとおりである。

要　件　ある行為が不法行為として成立する，つまりある行為に不法行為責任を負わせられるためには，いくつかの要件がある。

第一に，加害者に故意又は過失があることである。故意とは，結果が発生することを認識しながら，その結果を回避しなかったことをいう。過失とは，注意すれば結果の発生を予見できたのに，不注意により予見できずに，結果を回避できなかったことをいう。

第二に，権利又は法律上保護される利益が侵害されたことである。逆にいえば，法が守るに値しない利益が侵害されても問題にしないということである。平成16年の改正前の709条では，「法律上保護される利益」という文言がなかった。民法改正によりこの文言が加筆されたことは，法が守るべき対象を広く緩やかに考えようという趣旨である。

第三に，被害者に損害が発生し，その損害と加害行為との間に因果関係があることである。因果関係があることを証明するのは被害者側である（故意又は過失があることの証明も同様である）が，これが現実的には難しい。判例上は，因果関係のあることについて高度の蓋然性を証明すれば足りるとされている。

第四に，加害者に責任能力があることである（712条，713条）。自己の行為の責任を弁識できるだけの知能を備えていない未成年者と，精神上の障害により同様の状態にある者は，責任無能力者として免責される。

効　果　不法行為の効果とは，被害者に損害賠償を受けさせることである。損害賠償の方法は金銭賠償を原則とする（722条１項による417条の準用）。

加害行為の結果生じる様々な損害のうち，どの範囲のものを賠償させるかは難しい問題である。これについては債務不履行に対する損害賠償の範囲を定める416条を類推適用して，通常生ずる損害と当事者が予見した又は予見できた損害とを不法行為の損害賠償の対象とする。加害行為と「相当因果関係」にある損害について賠償すべきである。具体的には，積極的に支出せざるをえなかった「積極損害」（交通事故の場合ならば，治療費や入院費など），得られたはずの利益又は失われた利益という意味での「逸失利益」ともいわれる「消極損害」（事故で働けなくなった後に得られたはずの収入など），精神的な慰謝又は財産的損害の補完調整機能としての「慰謝料（710条，711条）」（事故が与えた被害者又は家族の精神的苦痛に対するもの）がある。

特別類型　709条は不法行為の一般形を定めるが，それに当てはまらない態様の不法行為については714条以下で定める。

「責任無能力者の監督者責任（714条）」と「使用者責任（715条）」は，加害者以外の者が責任を負うタイプの不法行為責任である。

「土地工作物責任（717条）」と「動物占有者責任（718条）」は，物によって生じた損害に物の支配管理者が責任を負うタイプの不法行為責任である。

「共同不法行為（719条）」は，複数の加害者による不法行為責任である。

また，民法にとどまらず特別法という形で規律される不法行為類型も存在する。自動車損害賠償法，製造物責任法，失火責任法，国家賠償法が主なものであり，これらは上記の過失責任主義の修正を図る目的を有する。

コラム12　身体の物化・資源化・商品化

自分の身体を自分で所有していると考えたことはあるだろうか。普通に生活している限りは意識しないだろう。それでは，自分の身体からその一部分が離れた時には，どうだろうか（髪を切った時，検査や献血で血を抜いた時，手術で臓器や細胞を切除した時など）。あまり関心はないが，粗末に扱われたり悪用されたりするのは嫌だというところだろうか。さらに，その身体の一部が研究に用いられ，そこから経済的利益が生み出されているとしたらどうだろうか。現実に，研究材料や検査指標として用いられ，その結果として新たな薬品が作られ製品化されている。当然このような利用については説明と同意（インフォームド・コンセント）が求められる。医学研究の発展による人体の物化・資源化・商品化は進むが，それを正当化するには当事者の同意（＝債権的なアプローチ）だけでは不十分である。問題になるのは人間の身体であり，その（法的）位置付けを考えること（＝物権的なアプローチ）が重要である。

民　法

第４章
親　　族

「親族法」とは，民法の第４編「親族」を中核にして，夫婦や親子を中心にする親族関係を規律する法の総称である。その他，人の身分関係を明らかにするための戸籍の作成や手続について定める「戸籍法」，人の身分上の法的な問題や家庭内での争いについて，家庭裁判所の行う調停と審判について定める「家事審判法」が重要である。

「親族」とは，６親等内の血族，配偶者，３親等内の姻族である（725条）。「親等」は，親族間の遠近を測る尺度であり，世代数を数える（726条）。親子は１親等，祖父母と孫は２親等であり，これらを「直系血族」という。兄弟姉妹は２親等，おじ・おばと甥姪は３親等，いとこは４親等であり，これらを「傍系血族」という。

1．夫　　婦

(1) 婚　　姻

成　立　「婚姻」が有効に成立するには，次の要件を満たさなくてはならない。

第一に，当事者間に婚姻意思の合致があること（742条１号）。

第二に，731条以下に定める婚姻障害事由（婚姻適齢にない，重婚である，女性が再婚禁止期間にある，近親婚である，未成年者の婚姻に親の同意がない）がないこと。

第三に，婚姻の届出をすること（739条）。この第三の要件を必要とする婚姻制度を採用することを「法律婚主義」という。反対に，婚姻の届出をしないままの実質的な夫婦関係を「内縁」という。

第三の要件を満たさない場合には，婚姻は不成立である。第一の要件を満たさない婚姻は無効である（742条）。第二の要件を満たさない婚姻は取消しの対象になる（743条以下）。

効　果　婚姻が成立すると，夫婦間に次のような効果が発生する。

第一に，夫婦は婚姻の際に協議して夫又は妻の姓を名乗る（750条）。これに対して，10年来の民法改正案が夫婦別姓制度を提案していることは周知であろう。

第二に，夫婦はお互いに，同居・協力・扶助しなくてはならないという義務が生じる（752条）。精神的，経済的なものをはじめとして全生活面に渡る義務である。

第三に，未成年者が婚姻すると，成年に達したと見なされる（753条）。

第四に，夫婦間での契約は，婚姻中いつでも取消しできる。ただし，第三者の権利を害することはできない（754条）。

また，夫婦間の財産関係については，婚姻の届出前に契約（「夫婦財産契約」という）で自由に取り決めることができる。しかし，実際の利用は稀であり，760条以下に定められる法定財産制に従う（755条）。具体的には，夫婦別産制を採用し（762条），婚姻費用は収入などの一切の事情を考慮して分担し（760条），日常家事に伴う債務は夫婦の連帯債務になる（761条）。

⑵ 離　婚

成　立　まず，婚姻の解消理由には，当事者の死亡と離婚の２つがある。離婚に至る方法には，「協議離婚（763条以下）」と「裁判離婚（770条以下）」の２つがある。

協議離婚は，夫婦の話合いによって離婚を決めることである。日本の離婚の圧倒的多数（９割以上）が協議離婚である。成立には，意思の合致と届出という実質・形式両面の要件を必要とする。離婚に至る理由は，何ら問われない。

離婚をめぐる当事者の合意が得られない場合には，裁判所に離婚の訴えを提起する。しかし，家事審判法が「調停前置主義」を採用するために，裁判の前に当事者は家庭裁判所において「調停」を受ける（家事審判法18条）。調停の席で離婚の合意が成立すれば，それには裁判所の判決と同じ効力が認められる。調停で合意が成立しなければ，家事審判官が職権で「審判」をすることができる（同法24条）。この審判に対して異議申立てがある場合，あるいは家裁が審判を行わない場合に，裁判離婚に移行する。

裁判離婚が認められるためには，770条１項が定める離婚原因がなくてはならない。すなわち，①配偶者の不貞行為（異性との肉体関係），②悪意の遺棄，③３年以上の生死不明，④回復の見込みのない強度の精神病，⑤その他婚姻を継続しがたい重大な事由のいずれかである。かつては，離婚原因を生じた責任を負う側（有責配偶者）からの離婚請求は認めない立場が強かったが，その後，破綻主義という考え方が判例・通説になった。すなわち，長期の別居期間があるなど夫婦関係が破綻していて，未成熟の子どももおらず，相手方配偶者が離婚によって精神的・経済的・社会的に苛酷な立場に置かれない場合には，有責配偶者からの離婚請求を認めても良いという考え方である。

効　果　離婚によって，婚姻関係により生じた諸々の効果は解消する。姻族関係は終了し（728条１項），婚姻前の氏に復帰するのが原則であるが，そのままでも良い（767条）。

離婚に伴う重大な問題の１つは，子どものことである。離婚に際しては，夫婦のどちらが「親権者」になるかを決めなくてはならない（819条１項，２項）。また，親権者の他に「監護者」を定めることができる（766条）。親権を持たない側の父母には，子どもに会う機会を認める「面接交渉権」が与えられると考えられているが，明文上の規定はない。

離婚に伴うもう１つの重大な問題は，お金のことである。協議離婚をした者の一方は，相手方に「財産分与」を請求できる（768条１項）。当事者間の協議で決着できない場合には，家裁の審判を求めることができる（同２項）。財産分与には，婚姻中に蓄積した財産の清算，離婚後に経済的に弱い立場に置かれる側の当事者の生活保障，離婚に伴う慰謝料という３つの要素が含まれている。

2．親　子

(1) 実親子

法的な意味での親子関係には2種類あり，実親子関係と養親子関係（後述）である。実親子関係は，自然血縁関係のある親子関係である。母子関係については，女性が子を懐胎（＝妊娠）・分娩（＝出産）した事実から明確にできる。他方，父子関係については100％確実に証明する方法は医学的にもない。そこで，民法は嫡出推定と認知という制度で父子関係を確定する。

嫡出子　「嫡出子」とは夫婦間で生まれた子であり，「非嫡出子」とは婚姻外の男女間に生まれた子である。772条は，1項「妻が婚姻中に懐胎した子は，夫の子と推定する」，2項「婚姻の成立の日から200日を経過した後又は婚姻の解消若しくは取消しの日から300日以内に生まれた子は，婚姻中に懐胎したものと推定する」と定める。これを「嫡出推定」という。妻が婚姻中に懐胎した子は，夫の子であるという蓋然性が高いからである。2項の規定に厳密に従うと，婚姻後200日以内に生まれた子は嫡出推定されないが，実際には夫婦の子である蓋然性が高いであろうから，「推定されない嫡出子」として嫡出子の身分を与えることが実務上の扱いである。772条2項の規定自体は，いわゆる「300日問題」として物議を醸している。

「推定」された内容は反対の証明があれば覆すことができ，夫は子が自らの嫡出子であることを否認できる（774条）。夫のみに，しかも子の出生を知ってから1年以内に限って（777条）認めるのは，親子関係の安定・平和を図る趣旨である。

772条によって夫の子として推定されるが，客観的事実から夫の子ではありえない子が生まれる場合もある。たとえば，夫が長期海外単身赴任であるとか，病気や治療などの結果，生殖能力を失ったとかの場合である。このような子を「推定の及ばない子」といい，夫は親子関係不存在確認の訴えができる（嫡出推定されないので，嫡出否認の対象にならない）。

非嫡出子　非嫡出子は，婚姻関係にない男女間に生まれたので，生まれながらに法律上の父を持たない。そこで，父が「認知（779条）」することで，出生の時に遡って父子関係が生ずる（784条）。認知は戸籍法に従って届出によって行い，遺言によってもできる（781条）。子が成年になっても父親は認知できるが，その場合には子の承諾を要する（782条）。子が未成年の間は認知せずに養育を放棄していた父親に，認知した成年子からの扶養を得させるのは公平を欠くからである。その他，胎児も母の承諾があれば認知できるし，死亡した子も直系卑属（孫など）があれば認知できる（783条）。反対に，子その他の利害関係人は，認知に反する事実を主張して，認知無効を訴えることができる（786条）。父親が進んで認知することを「任意認知」というのに対して，子，直系卑属又はそれらの法定代理人が父親に認知を求めることを「強制認知」という。ただし，父母の死亡から３年以内に求めなければならない（787条）。

非嫡出子が父母の婚姻によって嫡出子になることを「準正」という（789条）。認知後に婚姻した場合を「婚姻準正（同１項）」，婚姻中に認知した場合を「認知準正（同２項）」という。

⑵ 養　子

養親子関係は，当事者間の法律行為（普通養子縁組）又は家庭裁判所の審判（特別養子縁組）を通じて成立させる親子関係である。家庭環境に恵まれない子に適正な家庭を与えることで，子の福祉を図ることが制度趣旨である。

普通養子　「普通養子縁組」が成立するには，養親になろうとする者と養子になろうとする者との合意があって，戸籍の届出があることが必要である。その他の要件としては，以下の通りである。養親は成年者でなくてはならない（792条）。尊属又は年長者は養子になれない（793条）。後見人が被後見人を養子にする場合は，家裁の許可を要する（794条）。未成年者を養子にする場合には，養親夫婦は共に縁組をしなくてはならない（795条）。養親・養子ともに配偶者がいる場合には，単独縁組には配偶者の同意を要する（796条）。未成年者が養子になる場合には，家裁の許可を要する（798条）。さらに，養子になる者が15歳未満ならば，その法定代理人が代わって縁組を承諾できる（797条）。

養子縁組が成立すれば，その日から養子は養親の嫡出子の身分を得る（809条）し，養親の血族とは血族関係を生じる（727条）。養子と養子の実親及びその親族との間には関係の変化は生じない。養子は養親の氏を称する（810条）。

養親子関係は，一方当事者の死亡又は離縁によって終了する。離縁には協議上の離縁（811条）と裁判上の離縁（814条）がある。裁判上の離縁は，調停前置主義の適用を受け，他の一方からの悪意の遺棄，3年以上の生死不明などの離縁原因を要する。

特別養子 昭和62年の民法改正法によって新たに導入されたのが「特別養子縁組」である。普通養子縁組では限界のある実親子関係に近い養親子関係を創設して，より厚い子の福祉を達成することが狙いである。普通養子縁組との違いが明らかな点を挙げて，特別養子縁組の概要を示す。

特別養子縁組には，家庭裁判所の審判を要する（817条の2）。配偶者がない者又は配偶者の一方当事者だけが養親になることはできない（817条の3）。養親になる者は25歳以上（817条の4），養子になる者は6歳未満でなくてはならない（817条の5）。養子になる者の父母の同意が必要になる（817条の6）。実親による監護が著しく困難又は不適当であるなどの事情が必要である（817条の7）。養子縁組を認めるには，養親となる者が養子となる者を6ヶ月以上監護した状況（試験的養育期間）を考慮しなくてはならない（817条の8）。養子と実親及びその血族との親族関係は，特別養子縁組によって終了する（817条の9）。離縁は原則として認められず，養親による虐待や遺棄など養子の利益を著しく害する事由があって且つ実父母が相当の監護をできる場合に，家裁が認めることができる（817条の10）。

(3) 親　権

「親権」とは，父母が未成年の子に対して有する様々な権利と義務の総称である（818条1項，2項）。父母の婚姻中は，父母が共同して行うが，一方が

コラム13　医療と家族

医療の発展により，従来考えられなかった状況で子どもが生まれ，患者が死に逝くようになった。たとえば，夫の精子を冷凍保存しておき，夫の死後にその精子を用いて妻が子どもを産む。夫の死後３年以上経過して生まれた子には法的な父親が存在しないのか。また，代理母から生まれた子の法的な母親は代理母になり，不妊カップルとの間に親子関係は認められないのか。

意識がなく回復の見込みのない末期状態で延命される患者の治療を中止する判断は，医師と家族に預けられている。医師には医学的観点からの判断が期待されるが，家族に期待されることは何だろうか。患者の希望を推測して尊重することか。それを（患者の親友より）家族ができる（又は引受けざるをえない）のは何故か。家族だからこそ生じる患者との利害対立はないのか。

これらはいわゆる「生命倫理」という分野が専門とする問題であるが，家族法からもアプローチできる。ただし，そのためには「家族とは何か」という古くて新しい問題を避けて通ることはできない。

親権を行えない場合には，他の一方が行う（同３項）。父母が親権を濫用したり，著しく不行跡であったりするような場合には，親権の喪失が認められる(834条)。子の財産の管理についても同様である（835条)。これらの権利の喪失は，その原因がなくなれば取消すこともできる（836条)。

親権の内容は大別すれば，「身上監護権」と「財産管理権」である。

身上監護権　820条が定める「子の監護及び教育をする権利…義務」が，身上監護権である。具体的には，子の居所を指定する権利（821条)，子を懲戒する権利（822条)，子の職業を許可する権利（823条）が挙げられる。

財産管理権　824条が定める「子の財産を管理し，かつ，その財産に関する法律行為についてその子を代表する」権利が，財産管理権である。管理には，保存，利用，改良，処分などが含まれる。

また，子の財産管理に際して，親の利害と子の利害が対立することや，複数の子の利害が互いに対立することは少なくない（たとえば，父が死亡して，母と２人の未成年の子が財産を相続する場合)。この場合に親権者は「利益相反行為」

をする立場に置かれることになるので，親権者は子のために「特別代理人」の選任を家裁に請求しなくてはならない（826条）。

3．後見・保佐・補助と扶養

(1) 後見・保佐・補助

後見・保佐・補助については，既に1章において制限能力者の類型の中で述べたので，ここでは繰返さない。しかし，たとえば，「成年後見人は，…成年被後見人の意思を尊重し，かつ，その心身の状態及び生活の状況に配慮しなければならない（858条）」から，近親者がなることが現実的であり，後見・保佐・補助は親族法の重要な問題でもあることは言うまでもない。

(2) 扶　養

自ら生計を立てられない者に対して，一定の関係にある親族が経済的な給付をすることを「扶養」という（877条以下）。これは，社会における「私的扶助」であり，親族が存在しない場合や扶養できる余力がない場合には，「公的扶助」としての生活保護などが活用される。

扶養をする義務は，その親族間の距離と扶養義務のレベルに即して，2つに大別される。1つは，配偶者と未成熟の子に対する「生活保持義務」である。これは，自らと配偶者・未成熟な子は互いに同レベルの生活水準を享受しなくてはならず，それで自らの生活水準が下がっても当然であると考える。もう1つは，成人した子や親又は兄弟姉妹に対する「生活扶助義務」である。これは，扶養の相手方に対して，自らと同レベルの生活水準までを享受させる義務はないと考える。

互いに扶養義務を負う者は，直系血族と兄弟姉妹である（877条1項）。さらに，特別な事情がある場合には，家裁は，3親等内の親族にも義務を負わせられる（同2項）。扶養義務者が数人いる場合に誰が扶養するかという順位，扶養の程度と方法については，当事者間の協議によって決めるのが原則であり，そこで決まらない場合には家裁が決める（878条，879条）。

民　法

第5章 相続

「相続」とは，ある人の死亡によって，その人の財産上のものを中心にした法律関係を他の人（主に親族）が承継することをいう。相続の形態は，時代や社会によって様々である。たとえば，第二次世界大戦前の旧民法の下では，家長・戸主の身分と財産を（子どもが何人いようとも）1人の人間が受継ぐ単独相続の形をとる「家督相続」が採用されていた。問題を掘下げれば，私有財産制を前提にする現行の民法制度の下でも，一見自明に思ってしまう「親の財産を子どもが受継ぐのは何故か？」という相続制度・相続権の根拠は難しい問題である。また，「相続法」は，かつての「家制度」の存在や，現在でも親族間の相続が基本であることから，親族法とセットにした家族法として語られることが多いが，財産の移転や権利義務の承継という問題を扱うので，物権法・債権法と並んで財産法の一部とも言える。

1．相続人と相続分

(1)　相続の開始

相続の開始原因は，被相続人の死亡である（882条）。相続は，被相続人の住所地において開始する（883条）。その後の相続をめぐる争いの裁判管轄地になる。

(2) 相続人と相続分

相続人と法定相続分　被相続人の配偶者は，常に相続人になる（890条）。以下に述べる各順位の相続人がいれば，共同相続人の関係になる。ここでの配偶者とは，法律婚の配偶者のみであり，内縁の配偶者を含まない。

第一順位の相続人は，非相続人の子である（887条1項）。実子，養子，嫡出子，認知された非嫡出子のいずれも含む。胎児にも相続権が認められる（886条1項）。子が相続人より先に死亡している，欠格者である，又は，廃除されている場合には被相続人の孫が相続人となる（887条2項）。これを「代襲相続」という。

子と配偶者が相続人である場合には，子の相続分と配偶者の相続分は1/2ずつである（900条1号）。子が数人いる場合には，各自の相続分は相等しい（同4号）。ただし，非嫡出子の相続分は嫡出子の相続分の1/2である（同ただし書）。

第一順位の相続人がいない場合には，被相続人の直系尊属が第二順位の相続人になる（889条1項1号）。直系尊属と配偶者が相続人である場合には，直系尊属の相続分が1/3であり，配偶者が2/3である（900条2号）。親等の等しい直系尊属が数人いる場合には，各自の相続分は相等しい（同4号）。

第二順位の相続人がいない場合には，被相続人の兄弟姉妹が第三順位の相続人になる（889条1項2号）。兄弟姉妹と配偶者が相続人である場合には，兄弟姉妹の相続分が1/4であり，配偶者の相続分が3/4である（900条3号）。父母の一方のみを同じとする兄弟姉妹（半血の兄弟姉妹）の相続分は，父母双方を同じとする兄弟姉妹（全血の兄弟姉妹）の相続分の1/2である（同4号）。

指定相続分　上記の法定相続分に拠らずに，被相続人は遺言によって共同相続人の相続分を定めることができるし，第三者にそれを定めることを委託することもできる（902条1項）。ただし，相続人に認められる遺留分を侵害できない（同ただし書）。

欠格と廃除　相続人の資格を有する者でも，891条の「欠格事由」に該当する者は資格を失う。欠格事由は，被相続人や他の相続人を殺害する行為に関わること（1号，2号），被相続人の遺言に関する不正行為を行うこと（3～5号）である。

遺留分を有する推定相続人（すなわち兄弟姉妹以外の相続人）が，被相続人に対して虐待又は重大な侮辱を行った場合，その他著しい非行があった場合には，被相続人はその推定相続人の「廃除」を家庭裁判所に請求でき，結果として廃除された者は相続権を失う（892条）。廃除は被相続人の遺言でもできる（893条）。

欠格は891条の要件に該当すると当然に相続権を失うが，廃除するか否かは被相続人の意思次第であるという点，廃除には取消しが認められるが，欠格には取消しが認められない点に相違がある。

特別受益　法定相続分は「特別受益（903条）」によって修正を受ける。たとえば，Aの3人の子B，C，Dが，Aの遺産240万円を相続する場合に，等分に相続すれば80万円ずつである。ところが，Bだけが生前のAから結婚資金として60万円を贈与されていた場合には，Aの財産全体を見た場合に，BとC・Dとの間に不公平が生じる。そこで，903条は，共同相続人の間の公平を図るために，生前の贈与や遺贈の分（これが特別受益である）を相続分の算定に際して考慮することを定める。上記の例では，240万円＋60万円＝300万円を相続財産とみなして，3人で100万円ずつ等分し，Bは相続時には100万円－60万円＝40万円だけを受取る。

特別受益となる生前贈与は，全ての贈与ではなく，「婚姻，養子縁組のため若しくは生計の資本としての」贈与である。たとえば，被相続人の扶養義務に基づく金銭給付などは，特別受益には当たらない。

上記の例で，Bへの生前贈与が150万円であったならば，みなし相続財産は390万円であり，3等分すれば各自の相続分は130万円ずつである。そうすると，Bは20万円余分に多く相続することになるが，その分はCとDが負担する（903条2項）。

被相続人が903条の1項・2項と異なる意思表示をした場合には，その意思表示は遺留分の規定に反しない限りで尊重され，有効である（同3項）。これを「持戻しの免除」という。

寄与分　特別受益とは逆の意味で法定相続分を修正するのが「寄与分（904条の2）」である。たとえば，父Aが死亡した際に，相続人には配偶者B，長男C，父の事業を長年手伝った次男Dがいる。Aの遺産が4000万円であったならば，Bが2000万円，CとDが1000万円の相続分ずつである。しかし，Aの遺産4000万円のうち，Dが事業を手伝うことで財産の増加に寄与した分があるはずである。したがって，法定相続分に従って機械的に分割することは，Dの協力や努力を無視することになり，Dにとっては不公平な分割になる。そこで，Dが遺産の増加に寄与貢献した分を「寄与分」として評価して，Dに個別に与えて，寄与分を控除した遺産を相続財産とみなし，相続分に応じた分割を行う。Dの寄与分が1000万円と算定されたとすれば，4000万円－1000万円＝3000万円が相続財産になり，各自の相続分はBが1500万円，Cが750万円，Dが1750万円になる。

寄与分として認められるのは，「被相続人の事業に関する労務の提供又は財産上の給付，被相続人の療養看護その他の方法により被相続人の財産の維持又は増加について特別の寄与をした者（同1項）」である。

寄与分の算定は，共同相続人の間での協議で定めるのが原則であり（同1項），協議が不調に終わった場合は，家裁が一切の事情を考慮して決定する（同2項）。

2．相続財産・相続人の確定と遺産分割

(1)　相続財産の共有と確定

相続人と相続分が決まれば，遺産分割の段階に入るが，遺産分割の前段階にある相続財産については，相続人間での共有になる（898条）。そして，各相続人は各々の相続分に応じた持分で相続財産を共有する（899条）。

だが，この相続財産に含まれない財産がある。まず，被相続人の一身に専属した権利義務である（896条ただし書）。「一身専属権」の具体例は，生活保護受給権，扶養請求権，婚姻費用分担請求権などである。これらは，当事者間の親族関係，個々人の収入，資産，生活状況など個人的な要素を考慮する

必要がある権利であるから，相続の対象には相応しくない。次に，「祭祀財産（897条）」である。民法が例示する祭祀財産は，系譜，祭具，墳墓所有権である。これらの承継者は，慣習によって決めるのが原則である（同1項）。

(2) 相続の承認・放棄

通常の法定相続によれば，相続人は被相続人のプラスの財産もマイナスの財産（債務）も承継する。それでは，被相続人の財産額は100万円であるが，借金が300万円もある場合に，相続人はこれを必ず承継しなくてはならないだろうか。このような場合に対して，民法は個人主義思想に立って，3通りの選択肢を相続人に認める。

第一に，プラスの財産もマイナスの財産も全てを承継するという「単純承認（920条）」である。したがって，相続財産をもって被相続人の借金を弁済できない場合には，相続人自身の財産をもって弁済しなくてはならない。わが国で最も多く単純承認となるのは，相続人が，自分が相続人であることを知って，3ヶ月以内に限定承認も放棄もしない場合である（921条2号）。

第二に，「相続によって得た財産の限度においてのみ被相続人の債務及び遺贈を弁済することを留保して相続の承認をする」という「限定承認（922条）」である。上記の例では，限定承認することで，借金は100万円まで弁済すれば良く，残りの200万円の債務については弁済の責任を負わない。遺産の清算手続を簡略にするために，限定承認は共同相続人が全員で行わなくてはならない（923条）。限定承認をするには，3ヶ月の考慮期間内に，財産目録を作成して家庭裁判所に限定承認する旨を申述しなくてはならない（924条）。

第三に，相続によって財産や権利義務を承継しないという「放棄（938条）」である。放棄する場合にも，相続人は家裁にその旨を申述しなくてはならない。放棄は，各共同相続人が単独でできる。相続放棄をすれば，初めから相続人とならなかったものと見なされる（939条）。

⑶ 遺産分割

相続財産と相続人・相続分が確定することで，ようやく「遺産分割」の段階に入ることができる。遺産分割によって，その遺産は相続人各自の単独所有になる。遺産には種々雑多なものがあり，相続人も年齢，職業，生活状況などの点は各々であるから，民法は，「遺産に関する物又は権利の種類及び性質，各相続人の年齢，職業，心身の状態及び生活の状況その他一切の事情を考慮して」遺産の分割をすることを定める（906条）。

遺産分割は，被相続人が遺言で分割を禁止した場合（908条）以外には，いつでも共同相続人の間の協議によって分割することができる「協議分割」を基本とする（907条1項）。分割の方法としては複数考えられる。遺産そのものを相続分に従って分割するやり方が，現物分割である（たとえば，土地は長男，建物は次男，銀行預金は三男）。遺産を処分して代金を分割するやり方が，換価分割である。一部の相続人が遺産を取得する代わりに，その者が他の共同相続人に対して各自の相続分に相当する債務を負担するやり方が，債務負担による分割である（たとえば，被相続人が農業を営んでいたり，医師であったりして，長男が家業を継ぐ場合を想定してみる）。

分割の協議が調わない場合には，家庭裁判所に遺産分割の調停を申立てることができる。この調停が成立しない，共同相続人の1人が不明で協議をできない，遺産の範囲や価額に争いがあるなどの場合には，家裁へ分割の審判を申立てることができる（907条2項）。

3．遺言と遺留分

⑴ 遺　言

意　義　私有財産制の下において，人はその生存中自分の財産は自由に処分することができるが，この制度をさらに推し進めれば，自分の死後においても効力を生ずる財産の処分を認めることになる。また，人の死亡に際して，その故人の残した遺志を尊重しようという考え方は古来よりある。「遺言」は，このような考え方に立脚して認められた制度である。人の最後の意思を尊重し，なるべく広く遺言の機会を与えるために，15歳以上の未成年者（961条），成年被後見人，被保佐人，被補助人も，意思能力を有する限り単独で有効に遺言をすることができる（962条）。

遺言できる事項は，認知（781条2項），未成年後見人の指定（839条1項）などのように身分に関する事項もあるが，遺言による財産の移転が多い（「遺贈」という）。遺贈には，権利と義務を包括的に，遺産の1/3とか2/5とかの割合を指定する包括遺贈と，遺産の中から特定する（たとえば，○○番地所在の家屋）特定遺贈とがある（964条）。ただし，遺産を好きなだけ誰にでも自由に遺贈できるわけではなく，遺留分の規定に反しない限りで認められる。

方　式

遺言については方式が厳格に定められており，それに従わない遺言は無効になる（960条）。遺言の効力は，遺言者の死後に生ずるので，遺言者の真の意思を明確に保持させ，利害関係人の間での争いを防ぐためである。方式は大別すると，普通方式と特別方式に二分される（967条）。

普通方式には，遺言者が単独で作成できる「自筆証書遺言（968条）」，専門家である公証人が作成する「公正証書遺言（969条）」，遺言者が遺言を記載した上で公証人が形式を完成させる「秘密証書遺言（970条）」がある。

特別方式には，「死亡危急者遺言（976条）」，「伝染病隔離者遺言（977条）」，「在船者遺言（978条）」，「船舶遭難者遺言（979条）」がある。

ここで，自筆証書遺言について若干を述べる。遺言者が，その全文，日付，氏名を自筆して，ここに印を押さなくてはならない（968条1項）。したがって，ワープロで作成した文書や，ビデオやテープレコーダーでの録画・録音などの遺言者の自筆でないものは遺言として無効である。自筆証書中の加除や変更は，遺言者がその場所を指示し，変更した旨を付記して特に署名して，変更箇所に押印しなければ効力を生じない（同2項）。

効力と執行

遺言は，遺言者の死亡の時から効力を生ずる（985条1項）。

遺言書の保管者や遺言書を発見した相続人は，相続開始後に遅滞なく，遺言書を家庭裁判所に提出して，検認を請求しなくてはならない（1004条1項）。検認とは，後に争いが生じる場合に備えて，遺言書の原状を保全するために記録する手続である。遺言の現状の記録にすぎず，遺言の効力の有無には直接的に関係しない。

遺言を具体的に執行するのは，通常は相続人である。しかし，遺言による指定（1006条）や家裁による選任（1010条）によって，遺言執行者が選ばれることがある。遺言執行者が就職を承諾したら，直ちに任務を行わなければならず（1007条），相続財産の管理その他遺言の執行に必要な一切の行為を行う権利義務を有する（1012条1項）。

⑵ 遺留分

「遺留分（1028条以下）」とは，相続人に保障された最低限度の相続分あるいは財産額のことである。この限りで遺言の自由は修正される。しかし，遺留分に反する遺贈も当然に無効とはされず，「遺留分減殺請求（1031条）」によって遺贈の効果が覆される。遺留分権利者と遺留分は以下の通りである（被相続人の兄弟姉妹には遺留分が認められない）。

直系尊属のみが相続人である時は，被相続人の財産の1/3である（1028条1号）。たとえば，子Aの父母B・Cが相続人の場合には，総体的な遺留分は1/3であり，B・Cの相続分は1/2ずつであるから，各々の遺留分は1/3×1/2=1/6ずつである。

その他の場合には，被相続人の財産の1/2である（同2号）。たとえば，Aの相続人が配偶者Bと子C・Dである場合には，総体的な遺留分は1/2であり，Bの相続分が1/2，C・Dの相続分が1/2であるから，各々の遺留分はBが1/2×1/2=1/4，C・Dがそれぞれ1/2×1/2×1/2=1/8ずつである。

この割合に基づいて，具体的な遺留分の額を算定する。すなわち，遺留分算定の基礎になる財産は，「被相続人が相続開始の時において有していた財産の価額」+「贈与した財産の価額」−「債務の全額」という式に基づいて算定する（1029条1項）。贈与には，遺贈はもちろん，被相続人の死亡前の1年間にした贈与，当事者双方が慰留分権者を害すると知って行った生前1年以上遡る贈与も含む（1030条）。

刑　法

第１章
刑法総論

1．刑法の意義と機能

(1)　刑法の意義

我々は，平和で円満な社会生活を望む。したがって，個人の利益を侵害し，社会秩序を乱す行為を未然に防止することは，国家の重要な任務であるが，この種の行為がすでになされてしまった場合でもこれを放置することなく行為者の責任を問い，相応の制裁を加える必要がある。民事上の損害賠償はその一手段であるが，それだけでは十分でないので，さらに強力な物理的制裁として刑罰を科すことも法律制度に組み込まれている。どのような行為を行えばどのような刑罰を科せられるかを規定した法律を刑法といい，刑罰を科せられる行為を犯罪という。

今日，刑罰を法効果とする法律は数多く存在するが，最も基本的なものは，1907年（明治40年）に制定された刑法典である（平成７年に現代語化された。以下で刑〜条と表記する法律はこれである)。刑法典（以下「現行刑法」と呼ぶ。）は，「第１編　総則」と各則に相当する「第２編　罪」とから構成されている。前者は個々の犯罪と刑罰に共通の一般原則を定め，後者は個々の犯罪についての固有の成立要件および法律効果を明示する。これに対応して，刑法に関する学問研究（刑法学）も，前者を対象とする刑法総論と後者を対象とする刑法各論に分かれる。

(2) 刑法の機能

刑法は，一定の犯罪に対し一定の刑罰を加えることを国民に明らかにすることによって，今日，２つの重要な機能を果たしている。

犯罪からの法益保護　犯罪は，法の禁止する行為であるが，今日，禁止の根拠は，それが単に道徳秩序を乱すということではなく，法益を侵害する性質を備えている点に求められる。法益とは，法秩序によって保護されるべき社会生活上の利益をいい，生命・身体・財産・名誉などの個人の権利・利益はもとより，交通の安全，通貨・文書の真正についての一般の信用，さらには国家の存立・国家の作用の適正など，我々が社会生活を営むうえで守られるべき価値を有するいっさいのものを指す。

刑法は，犯罪を行おうとする者を威嚇することによって，あるいは，実際に犯罪を行った者に刑罰を科すことによって，国民の法益を保護する機能を営む。法益保護は，刑法に課せられた任務であり，刑法の目的であるといってよい。そして，法益を保護し国民の安全を確保することは，国家に対する信頼感を高め，社会秩序の維持に役立つのである。（コラム１「刑法と犯罪被害者」）

犯罪者の人権保障　刑法は，犯罪者を懲らしめるためにのみ存在するわけではない。刑罰を科す権限（刑罰権）を持っているのは国家だけであるが，民主主義体制が整備された今日においても，権力濫用の危険を完全に払拭することはできない。刑法は，一定の要件を充たす行為が行われたときに所定の科刑を命ずる規範であるから，その要件が充たされなかったときは，国家に対し科刑を禁じるのである。刑法に規定されていない刑罰を科すことも許されない。このように，刑法は，国家権力の行使に歯止めをかけ，犯罪者ひいては一般国民の人権を保障する機能を果たしているのである。

(3) 刑法の場所的適用範囲

我が刑法は，①日本国内で行われたすべての犯罪に対して適用される（刑１条１項)。②次に，内乱，通貨偽造など日本国または日本国民の重要な利益

コラム14 刑法と犯罪被害者

犯罪被害者とは，犯罪によって害を被った者（犯罪被害者等基本法２条はその家族・遺族も含める。）をいうが，刑法は，犯罪被害者を直接保護の対象としているわけではない。法益侵害やその危険を処罰の対象とすることによって被害を受けないよう法益保護機能を営むが，刑罰を科しても被害が回復するわけではなく，具体的な被害者に対しては無力である。もっとも，個人的復讐の禁止された現代社会において，刑罰に被害者の報復感情を満足させる作用があることも事実である。近時，犯罪被害者の保護・支援が我国刑事政策上の重要な柱となっているが，被害者重視政策は刑事法全体にも大きな影響を及ぼしている（重大犯罪の法定刑の引き上げ，刑事裁判への被害者参加，量刑における被害者感情の重視など）。しかし，法制度のなかで犯罪被害者の立場を尊重することと刑罰制度を正しく設計・運用することとは別次元の問題であり，違法行為をした者の責任を問うという刑法の本質的構造に由来する限界を忘れてはならない。

を侵害する罪を犯したすべての者に適用される（刑２条，公務員犯罪につき４条）。③さらに，外国で放火，強姦，殺人などの一定の罪を犯した日本国民に対しても適用される（刑３条，なお，国外で日本国民が被害を受けた場合について刑３条の２）。すなわち，①の属地主義を原則とし，②の保護主義および③の属人主義によって補充されている。

２．刑法の理論（学派の争い）

近代刑法学は，18世紀の啓蒙思想から生まれた。フォイエルバッハは，刑の予告によって一般人を犯罪から遠ざけるとする功利的刑法理論を展開したのに対して，ヘーゲルは，犯罪は理性人による法の否定であるから刑罰で対抗することによって法の回復が果たされるとする倫理的刑法理論の基礎を築いた。両者の刑法理論はかなり性格を異にするとはいえ，自由に意思決定する能力を備えた合理的人間像を基礎とし，刑罰自体は犯罪に対する反作用であるとする点で共通していた。19世紀後半に入ると，合理的人間像を批判して科学主義に基づく刑法理論が台頭することになる。先に登場した理論を古典学派（旧派）と呼び，これに対する批判として登場した理論を近代学派（新派）と呼ぶ。両学派の間で，犯罪と刑罰の本質の理解についてさまざまな論争（学派の争い）が行われたが，両学派の内容を要約すると以下のとおりである。

(1)　古典学派の理論

古典学派は，刑罰の本質を応報，すなわち違法行為に対する反作用として捉える（応報刑論）。違法行為をしたということだけが科刑の根拠であるから，刑罰が何らかの目的に役立つかどうかは本質と無関係である。しいて目的を挙げれば，正義の回復実現であり，国家を解散する日を間もなく迎えるとしても死刑は執行されるべしと説いたカントの絶対的応報刑論はその代表である。しかし，今日の多くの応報刑論者は，刑罰が国家の行事である以上は合理的な目的を必要とするという見地から，刑罰の予告や執行を通じて一般人を威嚇することが犯罪予防に役立つ（この作用を一般予防という。）という考え方を受け入れている（相対的応報刑論）。

犯罪の重点は，外界に生じた行為そのものに置かれるので，客観主義刑法理論と呼ばれる。例えば，行為の危険性が現実化して実害の発生に至った場合といまだ危険にとどまった場合とでは，前者のほうが重い処罰に値することになる。

さらにまた，応報という性質から，違法行為をしたことについて行為者に責任を問いうること，すなわち自由な意思決定を根拠として行為者を非難できることも科刑の前提である（道義的責任論）。したがって，刑罰の大小は実害の大小だけでなく責任非難の大小にも比例することになり，例えば人を死亡させた行為も，殺意があった場合と不注意による場合とでは，前者の方が重い処罰に値する。客観主義刑法理論においても，犯罪の認定に際して，行為者の意思決定に至った主観的過程を考慮することは不可欠である。

⑵ 近代学派の理論

19世紀の産業革命は資本主義を飛躍的に発展させた反面，大量の失業者を生み，貧困を理由とする犯罪の増加を招いた。また同時期における精神医学や心理学などの発達は，人間が生まれながらにして平等の理性の持ち主ではないことを明らかにした。ここに，犯罪は自由意思の産物であるとする古典学派に対抗して，犯罪者の意思と行動は個人的素質と環境によって決定されたものだとする近代学派の理論が台頭することになった。

近代学派は，決定された行為について応報ということは無意味であるとして，社会防衛という目的に役立つ点に科刑の根拠を求め（目的刑論），刑罰は，保安隔離にとどまらず，個々の犯罪者に将来再び犯罪を行わせないよう積極的に働きかけるための措置（この作用を特別予防という。）であると主張した。

犯罪の重点は，除去されるべき行為者の危険な性格に置かれるので，主観主義刑法理論と呼ばれる。危険な性格が行為に表れることが介入の根拠であるから，実害の発生の有無は重要でない。また，自由意思を否定するから非難の大小も問題にならず，性格の危険性の大小が刑罰の大小を決める。病人に対する治療と同じように，矯正や教育が刑罰の内容をなすので，近代学派の理論は，犯罪者処遇（行刑）の改善に大きな寄与を果たした。我国の現行刑法の法定刑の幅が広いことも，この理論の影響といわれる。

⑶ 論争の帰結

我国でも第２次大戦前に古典学派と近代学派との間で活発な論争が行われたが，戦後，近代学派は急速に衰退し，古典学派の立場が通説的地位を確保するに至った。刑法の介入が早くなりがちな主観主義的刑法理論が人権保障を謳う現行憲法の立場と相いれないこと，客観主義刑法理論のほうが犯罪の認定について明確で安定した基準を提供できることなど種々の理由があるが，根本的理由は，刑罰を推進されるべき「善」とみなし，その適用を国家に一任する近代学派の楽観的国家観が支持を集めなかったことにある。応報刑論にもさまざまな批判はあるが，刑罰は「悪」であるから必要最小限度に抑制されなければならないという考え方は，国家権力にする歯止めとして今日においても意義を失っていない。ただし，今日の支配的見解は，近代学派の理論の影響を受けて一般予防だけでなく特別予防をも重視する相対的応報刑論であり，道義的責任論も規範的責任論として理論的発展を遂げていることに注意を要する。

3．罪刑法定主義

(1) 意　　義

「法律がなければ犯罪もなく，刑罰もない。」，すなわち犯罪とこれに対する刑罰の内容は，あらかじめ法律によって定めておかなければならないという原則を罪刑法定主義という。罪刑法定主義は，国家による恣意的な刑罰権行使を防止し，個人の人権・自由を保障するための近代刑法の大原則である。我国においても，すでに明治憲法23条にその趣旨の規定が設けられ，そのため現行刑法に罪刑法定主義を直接定めた規定は置かれず，日本国憲法も31条および39条でこれを保障している。

(2) 思想的根拠

罪刑法定主義の思想的根拠として，モンテスキューの三権分立論とフォイエルバッハの心理強制説を挙げることができる。それぞれ罪刑法定主義の民主主義的意義と自由主義的意義に対応する。

三権分立論　モンテスキューの提唱した三権分立制においては，裁判官は，犯罪の認定や刑罰の決定に際して，立法府の制定した法律を適用することだけが許される。国民の代表者から構成された国会の作る法律によってのみ処罰は可能であることになり，いわば国民が刑事司法機関の権力濫用を防止する点で民主主義的意義を有する。

心理強制説　フォイエルバッハは，犯罪はそれによって得られる快楽と刑罰による苦痛との計算の所産であるので，事前に罪刑を法定することが犯罪予防の見地から合理的であるとする心理強制説を主張した。裏を返せば，刑罰による犯罪予防も国民の予測の限度でしか行うことは許されないということであって，罪刑の予告は，裁判官の恣意を防止するだけでなく，国家による不意打ち処罰を禁止し，国民の行動の自由を保障する点で自由主義的意義を有する。立法府の尊重という見地からは裁判でつねに新法を遡及適用すべきことになるが，不意打ち防止の見地からは遡及処罰は絶対的に禁止されることになる（憲法39条）。

⑶ 内　容

罪刑の法定性　刑法の法源は，国会で制定された法律のみであり，慣習法による処罰は禁止される。ただし，例外として，法律による委任（特定委任）によって，政令に罰則を設ける場合（憲法73条6号）と地方自治体の議会が制定する条例に罰則を設ける場合（地方自治法14条3項）とがある。

罪刑の明確性　どのような犯罪に対してどのような刑罰が科されるかについて一般国民が理解できるように，犯罪の成立要件と刑罰は明確に規定されていなければならない。処罰される行為とそうでない行為との区別が困難な不明確な刑罰法規は，憲法31条違反となる。刑種だけを言い渡し，期間の定めのまったくない絶対的不定期刑も，宣告刑に対する予測が困難であるため禁じられる。

遡及処罰の禁止　不意打ち防止の見地から，刑罰法規は，その公布，施行前の行為にさかのぼって適用してはならない。憲法39条はこの趣旨を明文化している。もっとも，裁判時の新法のほうが刑が軽い場合は，行為者に有利な扱いなので新法の適用を認めて差し支えない（刑8条参照）。

類推解釈の禁止　刑法の解釈は，条文の言葉の意味の範囲内で行われる。処罰の必要からその範囲を超えて，法律に直接規定のない事項に関しこれと類似した性質の事項に関する法律を適用するという手法を類推解釈というが，これを認めてしまうと，国民の予測可能性を害する結果になるため，類推解釈は禁止される（通説）。もっとも，許される拡張解釈と禁止される類推解釈の厳密な区別は実際上困難であり，平均的な国民が条文の文言から理解できる意味から著しくかけ離れた解釈は禁止されるという趣旨で満足するほかはない。戦前に，ガソリンカーが刑法129条の過失往来危険罪のいう「汽車」に含まれるかどうかが問題になったが，大審院は，129条の「交通往来の安全」という立法目的や，鉄道線路上を運転し多数の貨客を迅速安全容易に運輸する陸上交通機関であるという類似点を考慮すれば，汽車とガソリンカーとで取締りに差を設ける理由はないとして，ガソリンカーも汽車に含まれるとする解釈を容認した。

4．犯罪の成立要件

(1)　犯罪論の体系

1　意　義

犯罪とは何かと問われれば，通常，殺人，窃盗，放火などを思い浮かべるだろう。刑罰の対象となる行為を予め法律に定めておくことは罪刑法定主義の要請であり，現行刑法第2編「罪」は，まさにこれらの行為のカタログである。これらの罪に当たる行為をすれば，それぞれに対応して規定されている刑罰（法定刑）の範囲で処罰される。このように刑罰の対象となっている行為を犯罪と呼ぶことは，一般の用語法には適っているが，刑法上は，まだ犯罪の型にあてはまるという意味にとどまる。その場合であっても，第1編第7章に定められている「犯罪の不成立」の事由のどれかが存在する場合には「罰しない」とされており，刑罰を科せられる行為という意味での犯罪は成立していないからである。そこで，犯罪が成立するかどうかを確定するには，その行為が第2編「罪」に定められた犯罪の型（これを「構成要件」という。）のどれかに該当するかをまず調べ，次いで犯罪不成立事由の有無を検討すればよいように思える。しかし，「正当な業務による行為」（刑35条）とはどのような行為を指すのか，「心神喪失者」（刑39条1項）とはどのような者をいうのか，さらに同じ7章にある各種の「刑の減免」はいかなる場合をいうのかを明らかにするためには，なぜ刑罰が科されるのかという根本問題にまでさかのぼって考察しなければならない。

国家が刑罰を科すことができるのは，まず，法の禁止する行為，すなわち違法な行為である。刑法が一定の行為を禁止し，これに違反した場合に刑罰をもって介入する根拠は，その行為が法益侵害性を有することにある。また，刑罰の本質が応報であることから，行為者に責任を問えないような場合にまで刑罰を科すことも許されない。刑罰を科すためには，行為が，違法性と有責性（責任を問いうる性質）を備えていることが必要であり，刑法総則第７章の犯罪不成立事由や刑の減免事由は，違法性または責任が欠如または減少している場合である。

以上の結論として，刑罰を科せられる行為という意味での犯罪概念は，構成要件該当性，違法性，有責性という３つの要素に分析・整序することが有用であり，犯罪とは，「構成要件に該当する違法かつ有責な行為」と定義される。このように犯罪を一つの体系として定義することによって，犯罪を犯罪でない現象から理論的に区別する原理が明確になるとともに，実際に起こった出来事が犯罪行為に当たるかどうかについて統一的基準に基づく判断が可能となるのである。

2 各成立要件の概要と相互関係

① まず前提として，犯罪は人の行為である。ここでいう行為とは，例えば刀を握り，腕を振り上げ，振り下ろすという個々の有意的物理的動作そのものではなく，これらの一連の動作に社会的意味（「刀で切りつける」）を付与して把握される人の外部的態度を指す。

行為は，作為と不作為に分かれる。作為とは，一定の身体運動をする場合をいい，不作為とは，一定の身体運動をしない場合をいう。例えば，人が溺れているのを傍観する者について，「じっと見ている」という身体の動静自体に意味があるわけではなく，「救助する」という期待される作為をしないことで「救助しない」という社会的意味を獲得する点が刑法上重要なのである。不作為で犯罪を行う場合の要件については後述する。

② 犯罪の第１の成立要件は，問題となる行為が構成要件に該当することである（構成要件該当性）。199条の殺人罪の構成要件は，「人を殺した」ことであり，ＸがＹを射殺したという現実世界の出来事は，殺人の構成要件にあてはめられることによって抽象化され，刑法的議論の対象とな

るのである。

③　次に，違法性とは，行為が規範に違反して許されないことをいい，その実質は法益侵害性である。構成要件は，処罰に値する法益侵害行為を類型化して定めたものであるから，構成要件に該当する行為は原則として違法である。例外的に，違法性を否定するような事情（これを違法性阻却事由または正当化事由という。）があれば，犯罪は成立しない。

④　最後に，違法行為をした者に刑罰を科すためには，責任を問いうることが必要である。責任とは行為者に対する非難可能性を指し，行為が有するこのような属性を有責性という。違法行為したことについて行為者を非難できなければ処罰できないとする原則を責任主義という。責任非難を基礎づける要素（責任要素）としては，故意および過失，責任能力，違法性の意識の可能性，期待可能性がある。構成要件は，故意犯および過失犯を類型化したものであるという意味では責任の類型であるが，非難可能性の生じるすべての事情を類型化したものではないから，行為が構成要件に該当するからといって責任が論理的に推定されるという関係はない。

(2)　構成要件該当性

[1]　構成要件の意義

構成要件とは，法益侵害の性質や行為態様の特徴に応じて類型化された各種犯罪の観念的な型である。構成要件の役割は，処罰される行為と処罰されない行為を限界づけることにある。例えば，窃盗罪（刑235条）の構成要件は「他人の財物を窃取した」ことである。「Aから金を借りたXは，返済期限が過ぎてもAに返さなかった」という事例の場合，XはAからみれば泥棒に等しいとしても，窃盗罪の構成要件に該当しない以上，それだけで窃盗罪の成立は否定される。

構成要件は，条文そのものではなく，条文に合理的解釈を施して得られる観念像であるから，条文に明示されていない構成要件要素も存在する（例えば，通説・判例は「不法領得の意思」を窃盗罪の主観的構成要件要素とする。第2章2(3)

1)。

現行刑法が具体的にいかなる行為が刑罰の対象にしているか，という犯罪構成要件の個別の内容については第2章「刑法各論」で概観するので，以下では各構成要件に共通する要素のうち重要なものについて概説する。

2　実行行為

構成要件に該当することを「行う」という形で把握される構成要件の中核部分を実行行為という。殺人（刑199条）の実行行為は，人を殺すことを行うこと，すなわち人の死亡を惹起する行為である（この場合の「人」を行為の客体という）。構成要件には，実行行為だけで犯罪が完成する場合（挙動犯）と，実行行為に加えて一定の結果の発生を予定している場合（結果犯）とがある。人の死亡という結果の発生を必要とする殺人罪は後者の例である。結果犯の場合，実行行為と結果との間に因果関係がなければならない。

実行行為は，構成要件の客観面であり，類型的な違法行為であるが，構成要件上主観的な要素を必要とする犯罪もある。例えば，偽造罪においては「行使の目的」でなされた偽造行為だけが犯罪を構成する。

故意及び過失が構成要件の主観的要素かどうかは議論がある。銃を発砲して人を死亡させた場合に，行為者に殺人を犯す意思があれば，殺人罪（刑199条）の責任が問われる。これに対して，弾が入っていないと思って冗談のつもりで引き金を引いたところ，弾が発射されて人を死亡させた場合には，殺人の故意がなく殺人罪は成立しない。ただし，「過失により人を死亡させた」行為を処罰する過失致死罪の規定（刑210条）があることから，注意すれば弾が入っていることに気付けたという過失が認められれば，同罪の責任が問われる。その限りで，殺人も過失致死も客観的構成要件は共通であり，故意，過失という責任要素が，それぞれの構成要件の主観的要素となっている，と解することもできる。もっとも，この場合の構成要件該当性の判断は，体系上，故意犯という型にあてはまるのか，過失犯という型にあてはまるのかを振り分けるだけの一応の判断でしかない。また，通説は，傷害の故意のある誤想防衛の事案に対して過失傷害罪の適用を認めるので，この区別も徹底されているわけではない。

3　犯罪の種類

犯罪は，保護法益との関連で，侵害犯（実害犯）と危険犯に分類できる。侵害犯とは法益を現実に侵害する行為をいい，危険犯とは法益に対して侵害の危険を生じさせる行為をいう。危険犯は，さらに具体的危険犯と抽象的危険犯に分かれる。前者は，法益侵害の危険が現実に発生したことを要件とするものをいい，後者は，その行為が一般的にみて法益侵害の危険を含むものを指す（前者の例として刑108条，109条1項，後者の例として109条2項，110条）。

また，基本となる故意犯から行為者の予見しない重い結果が生じた場合に，これについても併せ責任を問われ，刑を加重される場合がある。これを結果的加重犯という。傷害致死罪（刑205条）がその代表例である。

4　因果関係

Xが殺意をもってAに毒液を注射したところ，数分後にその毒がAの呼吸神経機能を麻痺させ，Aは心肺停止に陥り死亡したという場合に，Xの毒液注射行為が殺人の実行行為であり，Aの死亡との間に因果関係があることは明らかである。それでは，毒が効き始める前に無関係のYが突如乱入してAの胸部に数発の銃弾を浴びせ，Aは心肺を損傷して直ちに絶命した場合に，Xの行為とAの死亡との間に因果関係はあるだろうか。

刑法上の因果関係を認めるためには，まず条件関係が肯定されなければならない。条件関係とは，その行為がなかったならばこの結果は発生しなかっただろうという関係である。実際に起きた出来事について，Xの毒液注射行為がなかったならばどうであっただろうかを考えると，AはYの発砲行為によってやはり死亡したであろうから，条件関係は否定される。他方，Yの発砲行為とAの死亡との間には条件関係が認められる。

条件関係さえあれば刑法上の因果関係を認めるのに必要十分であるとする見解を条件説という。Xが殺意をもってAに向けて銃を発砲したが，弾はAの右足に当たり，Aは治療のため病院に入院したところ，その晩病院に火災が発生し，Aは逃げ遅れて焼死したとしよう。Xの発砲行為とAの死亡との間に条件関係はあるといわざるをえず，条件説によれば，Xには殺人罪が成立する。しかし，この事例でXがAを殺したとする結論には違和感が残る。

我々の経験上，銃撃されて負傷した者が入院することはよく起こりうるとしても，病院は防火体制がしっかりしているのが通常であるから，入院先で焼死するという出来事が，Xの発砲行為がもとで発生した結果であるとは考えにくいからであろう。そこで，条件関係が認められる場合について，その結果がその行為から発生することが，我々の経験上予想される範囲内の出来事である（相当である）といえるときに刑法上の因果関係（相当因果関係）を肯定する考え方が支配的になった。一定の行為から一定の結果が生じるのが我々の経験上通常かどうかという観点から上述の事例を見ると，異常な経路をたどって焼死という結果に至ったと評価されることから，相当因果関係が否定され，Xの行為は殺人罪の構成要件に該当しないことになるのである（別に殺人未遂の成否の問題が残る）。このような考え方を相当因果関係説という。

5 不作為犯

不作為で行う犯罪を不作為犯という。各則上の犯罪には，「〜しなかった」という形式で定められた構成要件（刑130条の不退去罪，刑218条後段の不保護罪など）がある。例えば，育児が面倒になって母親が赤ん坊に授乳しない行為は「保護する責任のある者が，生存に必要な保護をしなかった」行為として不保護罪の構成要件に該当する。このような場合を真正不作為犯という。これに対して，殺人罪のように「〜した」という形式で定められた犯罪の場合においても，不作為で実現する場合が考えられる。例えば，母親が殺意をもって赤ん坊に授乳しないで餓死させた場合，「人を殺した」と評価できる。このような場合を不真正不作為犯という。

不作為犯が成立するためには，一定の不作為が刑法上の作為義務に違反することが必要である。法益保護に万全を期すという見地からは，結果を防止できる者に常に救助義務を課すことになるが，それでは自由の制約が大きすぎる。溺れている者を救助しないで見殺しにした行為が直ちに殺人罪になるわけではなく，救助する義務を負う者の不作為だけが殺人罪の構成要件に該当すると解される。作為義務は保証人的義務とも呼ばれ，作為義務を負う者という保証人的地位は不作為犯の構成要件要素である。

どのような場合に作為義務を負うかは議論がある。法令や法律行為に基づく場合や，条理に基づく結果防止義務（先行行為に基づく場合，法益保護を事実上引き受けた場合，法益に対する排他的支配を有する場合）などが論じられている。

(3) 違 法 性

1　違法性阻却の一般原理

構成要件に該当する行為は，原則として違法であるが，事情によっては法の立場から見て許容され，したがって適法である場合も考えられる。このような場合を違法性阻却（正当化）という。

法益保護という刑法の目的からみると，その行為が法益侵害性を有するだけで直ちに違法という評価が確定するわけではなく，その行為によって他に保護・増進される利益がある場合にはそれとの比較衡量のうえで最終的な違法評価が行われるべきである。侵害される法益と保護される法益のどちらが重要か（優越的か）が判断され，後者が前者に優越する場合は，法の立場から見てその行為は有用であり是認できるので，違法性は阻却される。このような考え方を優越的利益説という。また，それ自体として法益侵害性をもつようにみえても，具体的な事情において，その法益を保護する必要性がないと考えられる場合も，違法性は阻却される。なお，処罰に値するだけの一定の質と量を備えた違法性（可罰的違法性）が存在しない場合にも犯罪は成立しない（構成要件該当性を欠く場合と違法性阻却の場合とがありうる）。

刑法は，35条から37条で3種類の違法性阻却事由を法定しているが，法律に定められていない（超法規的な）違法性阻却事由も認めてさしつかえない。

2　正当行為

刑法35条は，「法令または正当な業務による行為は罰しない」と定め，法令に基づく行為や正当な業務としてなした行為について違法性の阻却を認める。例えば，死刑の執行は殺人罪の構成要件に該当するが，刑事訴訟法の規定によって違法性が阻却される。正当業務行為の例としては，手術などの医師の治療行為やボクシングなどの格闘スポーツがある。傷害の構成要件に該当するとしても，上述の違法性阻却の一般原理から社会的有用性が認められるために，法的に許容される。

③　緊急行為としての正当防衛・緊急避難

法益を侵害から保護することは，元来は国家の任務であるが，法益に対する攻撃が突発的に発生して国家の保護作用が間に合わない事態も予想される。このように法益侵害の危険が切迫している状況（緊急状況）においては，法秩序は，私人に対しても（行き過ぎにならないよう厳格な制約を課した上で）法益保護のための実力行使を容認していると考えられる。これを緊急行為といい，刑法は，正当防衛（刑36条１項）と緊急避難（刑37条）を認めている。

刑法36条１項は，「急迫不正の侵害に対して，自己又は他人の権利を防衛するため，やむを得ずにした行為は，罰しない。」と定め，いわれのない攻撃を受けたときに権利防衛のために攻撃者に向けて反撃行為（正当防衛）に出ることを容認している。正当防衛は，「正は不正に譲歩する必要はない」という原理に由来するが，やむをえない限度を越えた場合，例えば素手で向かってくる者に体力に優る者が銃で対抗したような場合は，過剰防衛となる（同２項）。

次に，刑法37条は，「自己又は他人の生命，身体，自由又は財産に対する現在の危難を避けるため，やむを得ずにした行為は，これによって生じた害が避けようとした害の程度を超えなかった場合に限り，罰しない。」と定め，例えば落石をよけるために近くの人を突きとばした場合のように，危難を第三者に転嫁する行為（緊急避難）についても違法性阻却を認めている。緊急避難は，正当防衛に比べて厳格な制約が課されており，第１に，避難者側の法益を保護する必要性が相手方の法益を保護する必要性に劣らないこと（法益権衡の原則）が必要である。第２に，危難を転嫁して法益を害する以外に手段がないこと（補充性の原則）を要する。

④　被害者の承諾

自分の利益を自ら侵害する行為は犯罪にならない。同様に，他人の利益を侵害する場合でも，その者（被害者）がこれに承諾を与えていれば犯罪にならない場合がありうる。被害者の承諾により法益保護の必要性が脱落し，違法性が阻却されるためである。もっとも，被害者の承諾が違法性阻却の効果を有するのは，人の身体，自由，財産などの個人法益に関する犯罪に限られる。生命については，被害者の承諾は違法性を阻却せず，減少させるにとどまる（刑202条参照）。

なお，自由や財産については，住居侵入罪（刑130条）や窃盗罪（刑235条）のように，被害者の意思に反することがそもそも構成要件要素（侵入，窃取）として要求されているものも少なくない。これらの場合，被害者の承諾があれば構成要件該当性をすでに欠く。

被害者の承諾による違法性阻却が問題となる代表例が，傷害罪である。身体法益については原則として個人の処分権が及ぶので，生命の危険の大きい傷害行為を別として，違法性阻却を肯定できる。もっとも，保険金詐欺を目的とした偽装交通事故によって比較的軽微な傷害を負わせた事案につき，被害者の承諾は傷害罪の違法性を阻却しないとした最高裁の判例がある。

(4) 有責性（責任）

[1] 総　説

行為が構成要件に該当しかつ違法であっても，責任を問えるという属性（有責性）を備えていなければ，刑罰を科すことはできない。責任とは，違法行為をしたことについて行為者を非難できること，すなわち非難可能性を意味する。行為者には違法行為をするという選択肢とこれをしないという選択肢があったが，前者を自由意思で選んだということが非難に値するのである。

犯罪の成立に責任がなぜ要求されるのかという問題は，犯罪に対してなぜ刑罰を科すのかという根本問題に帰着する。すでに述べたように，刑罰は，違法行為をしたことに対する報いとして科される。行為者に対して非難という形で責任を問い，刑罰という形で責任を果たさせるという応報刑論は，「罪を犯した者は罰を受けて償うべきだ」という世の中に広く共有されている観念によって支えられている。ちなみに，予防という視点からみても責任は有用である。責任なき行為の処罰は，行為者に反省心を呼びおこさないだろうし，一時的には一般人に対して威嚇効果をもつとしても，それが長期的に持続するとは考えられないからである。

責任は，単なる心理的な事実そのもの（例えば邪悪な心情）ではなく，非難という評価に関係した規範的なものである。刑法は，犯罪を行おうとする者に対して，犯行を思いとどまるように期待をする。責任非難は，行為者が，犯行を思いとどまることができたにもかかわらず法の期待を裏切って犯行を決意したという点に向けられる。したがって，行為者の能力や行為時の具体的状況に照らして，犯行を思いとどまることが期待できない場合には，責任非難を向けることはできない。このような考え方を規範的責任論（期待可能性の理論）という。

責任非難を基礎づける要素，すなわち責任要素としては，責任能力，故意または過失，違法性の意識の可能性，適法行為の期待可能性がある。もっとも我々の経験上，責任能力，違法性の意識の可能性，適法行為の期待可能性は，通例，その存在に問題がないので，犯罪認定の実際の場では，それぞれの不存在を責任阻却事由として扱うことも許されよう。

[2] 責任能力

応報刑を基礎とする刑法をもつ社会においては，その構成員が責任を負担する能力（責任能力）を有することが暗黙の前提となっている。他方，生物学的な原因でこの能力を欠く者（責任無能力者）が現実に存在することも社会の認めるところであり，そのような者が刑法に違反する行為をしても，責任を問えないため刑罰を科すことはできない。

現行刑法は，責任能力が何であるかを積極的に定義することなく，責任能力を欠く場合（責任無能力）と責任能力が著しく低い場合（限定責任能力）について規定している。まず，刑法39条１項は，「心神喪失」を責任阻却事由と定め，同２項は，「心神耗弱」を責任減少事由と定めている。通説・判例の定義によれば，心神喪失とは，精神の障害により，行為の是非を弁識し，またはその弁識に従って行動を制御する能力を欠く場合をいい，心神耗弱とは，精神の障害により，弁識能力または行動制御能力が著しく減少している場合をいう。この定義のうち，「精神の障害」が生物学的要素であり，弁識・制御能力が心理学的要素である。次に，刑法41条は，14歳未満の者を一律に責任無能力者と定めている。

責任能力の判定に際しては，生物学的要素と心理学的要素をあわせて判定する混合的方法がとられている。責任能力の判断は，法律学的判断である以上，その前提となる生物学的要素および心理学的要素についても，精神鑑定に拘束されることなく，最終的には裁判所の評価に委ねられる。もちろん，拘束力がないといっても，裁判所は，精神医学の専門家の意見である精神鑑定の内容について十分吟味した上で判定を行わなければならない。（コラム2「罪を犯した精神障害者の処遇」）

③　故意犯と過失犯

刑法38条1項本文は，「罪を犯す意思がない行為は罰しない。」と定めている。罪を犯す意思のことを故意といい，故意で行う犯罪を故意犯という。刑法は故意犯の処罰を原則としている。

故意とは，犯罪事実の認識を意味する。例えば殺人の場合，行為者は，人を殺すことの認識があれば，人を殺す行為に出ないよう規範から期待され，それにもかかわらず，この期待を振り切ってあえて行為に出たことについて厳しい非難が加えられる。この非難が故意責任を構成する。なお，犯罪事実の認識に加えて違法性の意識が故意に必要かどうかについて争いがあり，違法性の意識が現に存在して初めて責任非難が基礎づけられるとする必要説もあるが，通説は不要とする。

故意がない場合であっても，「法律に特別の規定がある場合」には処罰の対象となる（同項ただし書）。特別の規定とは，過失によって行う犯罪（過失犯）を処罰する規定のことである。過失とは，不注意によって犯罪事実の認識を欠くことを指す。過失の場合，犯罪事実の認識がないから，規範は，「注意を払って事実を正しく認識せよ」と要求し，結果発生を予見するよう注意する義務を課すにとどまる。このような注意義務を怠って行為に出た不注意に対する非難が，過失責任を構成する。

人を死亡させた場合，故意があれば殺人罪（刑199条）として「死刑又は無期若しくは5年以上の懲役に処する」のに対して，単純な過失しかない場合は，「50万円以下の罰金に処する」にとどまる（刑210条）。故意犯と過失犯の法定刑の差は，犯罪事実の認識の有無にある。

故意があるというために，犯罪事実の認識だけで足りるのか，犯罪事実を

コラム15 罪を犯した精神障害者の処遇

精神障害を原因として責任能力を欠く者が殺人や放火をしても，刑罰の対象外である。他方，そのような者が適切な治療を受けることなく社会の中に放置されるならば，市民の安全上問題が大きい。そこで，本人の意思にかかわらず入院させて治療を受けさせる制度が必要とされてきた。海外では，再犯のおそれが認められる責任無能力者に対し，刑法上の効果として自由を剝奪し，治療を強制する保安処分の制度を設けている国が少なくないが，我国では再犯の予測が困難であるという反対論が根強く，導入が見送られてきた。しかし，従来の精神保健法上の措置入院の運用ではもはや限界があるため，強制入院についての手続保障や退院後のフォローを含めた総合的な精神医療のための法整備が求められ，2003年に心神喪失者等医療観察法が制定された（2005年施行）。同法は，検察官の請求に基づいて裁判官と精神科医が共同して入院・通院の必要性について審理・判断する手続，地域社会の中で関係機関が協力して適切なケアを保障する仕組などを定めている。

実現する意思まで必要なのかなど，故意の内容については種々の議論があるが，通説は，結果発生をいったんは予見しても後にこれを打ち消した場合は過失であるとしつつ，結果発生を積極的に意欲した場合だけでなく，消極的に認容した場合（仕方がないと思った場合）も故意に含ませている。これを未必の故意という。

過失犯における過失は，結果発生を予見すべき注意義務に違反することである。結果予見義務は，結果発生の予見可能性を前提とするので，過失の有無は，ひとえに結果予見可能性の有無にかかる。しかし，予見可能性の判断は漠然としすぎるということから，注意義務の内容を，結果を回避するためには具体的にどのような措置をとるべきだったかという結果回避義務に求める見解も有力である。この見解によれば，そのような回避措置をとることが期待できたかどうかという結果回避可能性の判断が重要となる。

④ 事実の錯誤

錯誤とは，行為者の認識内容と現実の発生事実とが一致しない場合を指す。事実認識に誤認のある場合を事実の錯誤という。まず，犯罪事実が存在するのに存在しないと誤認した場合には，故意は否定され（故意の阻却ともいう），過失犯の成否が問題となる。例えば，山中で人を不注意に熊と誤認して発砲して死亡させた場合，人を殺すことの認識が欠けているから，殺人の故意は阻却され，過失致死罪が成立するにとどまる。

他方，一定の犯罪事実を他の犯罪事実と誤認した場合は，発生事実について直ちに故意が阻却されるわけではない。犯罪事実とは客観的構成要件に該当する事実であるから，構成要件を基準として具体的事実の錯誤と抽象的事実の錯誤とに分けて考察する必要がある。具体的事実の錯誤とは，例えばAを殺害するつもりでBを殺害してしまった場合のように，（殺人という）同一構成要件内の事実に誤認のある場合をいい，抽象的事実の錯誤とは，例えば物を壊すつもりで人を殺害してしまった場合のように，（器物損壊と殺人という）異なる構成要件に属する事実の間に誤認のある場合をいう。

通説・判例は，認識事実と発生事実とが構成要件的に符合している場合には故意を阻却しないと解するので，具体的事実の錯誤の場合，人を殺すつもりで人を殺しているのだから，Bに対する殺人罪を肯定できる。これに対して，より具体的な符合を重視して，例えばAを殺害しようとして発砲したところ弾がそれて意外のBに命中してこれを死亡させた事例については，「その人を殺そうとして別の人を殺した」として符合を否定し，Aに対する殺人未遂罪とBに対する過失致死罪の成立を主張する見解も有力である。また，通説の陣営内でも，この事例でBに対する殺人罪のほかに，Aに対する殺人未遂罪の成立を認めるべきかで議論がある。

抽象的事実の錯誤について，刑法38条2項は，「重い罪に当たるべき行為をしたのに，行為の時にその重い罪に当たることとなる事実を知らなかった者は，その重い罪によって処断することはできない。」と定めて，軽い罪を犯す意思で重い罪の事実を発生させた場合に，重い罪の刑で処罰することはできないとするのみで，重い罪が成立するかどうかは明確でない。例えば，他人の飼い犬を傷害しようとして発砲したところ弾が人に命中して死亡させた場合（器物損壊の故意で殺人の事実を実現した場合），構成要件を基準に符合を考える通説によれば，殺人罪の成立は認められず，過失致死罪が成立するにとどまる（飼い犬に対する器物損壊罪の未遂は不可罰）。これに対して，許されない行為という抽象的なレベルでの符合を認めて，殺人罪の成立を認めつつ器物損壊の法定刑の限度で処罰するという説もある。なお，通説・判例は，抽象的事実の錯誤の場合であっても構成要件の実質的な重なり合いが認められるときには，重なり合う限度で故意犯の成立を認めている（法定刑に違いがある場合には軽い罪の故意犯が成立し，法定刑が同じ場合は発生事実についての故意犯が成立する）。

5　違法性の意識の可能性

事実認識に誤認はないが，法的評価の誤りにより違法な行為を適法な行為と誤信した場合を違法性の錯誤という。刑法38条3項は，「法律を知らなかったとしても，そのことによって，罪を犯す意思がなかったとすることはできない。ただし，情状により，その刑を減軽することができる。」と定めるが，通説は，ここでいう「法律」とは「違法性」を意味すると解するので，違法性の錯誤は故意を阻却しないことになる。たしかに，責任能力を有する者であれば，犯罪事実を認識した以上，それが違法であることを知っているのが通常であるが，ごく例外的とはいえ，例えば地方自治体が新法令について誤った解説書を住民に配布して，これを信じて違法性の錯誤に陥ったというような場合にまで行為者を処罰することは妥当ではない。そこで，違法性を意識することが可能性であったことは，故意犯・過失犯共通の責任要素であり，違法性の意識を欠いたことについて行為者に落ち度がない場合は，責任が阻却されて，故意犯も過失犯も成立しないと解する見解が有力である。

なお，違法性阻却事由に当たる事実が存在しないのに存在すると誤信した場合，通説は，事実の錯誤と解して故意犯の成立を否定し，過失犯の成否の問題としている。急迫不正の侵害について誤信したという，いわゆる誤想防衛がその典型例である。例えば，郵便配達人を強盗と誤認して防衛行為に出て，これに傷害を負わせた場合，通説は，傷害の故意を否定して，過失傷害罪の成否を問う。これに対しては，人の身体を傷つけるという傷害罪の構成要件該当事実の認識がある以上，傷害の故意は阻却されないとする見解もある。

事実の錯誤の場合は原則として故意を阻却するが，違法性の錯誤の場合は故意を阻却しないということから，どちらの錯誤なのかが重要な意味をもつ。

⑥　適法行為の期待可能性

規範的責任論によれば，責任能力者が故意又は過失で違法行為に出た場合において，違法性の意識の可能性が認められる場合であっても，行為当時の諸事情に照らして，違法行為に出ないことが期待不可能な場合には，責任非難を行うことができない。現行刑法も行為者の人間的弱さに配慮して，期待可能性の思想を刑法総則および各則の規定の一部に取り入れている（例えば，刑104条，105条，36条2項・37条ただし書など）。期待可能性は，責任の量に反映するから量刑上も重要な資料となるが，それを越えて独自の責任要素として意味をもつことは現実には考えにくい。例えば，失業中の貧困者が空腹に耐えかねて窃盗をした場合に期待不可能として無罪とすることはできないだろう。しかし，異常な社会状況下での行為について期待可能性が問題となる余地はなお残っている（例えば敗戦後の経済混乱期における経済統制法違反など）。

5．犯罪の段階

(1)　未遂の意義

刑法各則の罪は，「～した者」または「～しなかった者」という形で規定されているが，これはそれぞれの犯罪を遂げた場合（既遂）を意味している。すべての構成要件要素を充たした行為を既遂犯という。他方，犯罪を遂げなかった場合について，刑法43条は，「犯罪の実行に着手してこれを遂げなかった者は，その刑を減軽することができる。」とし，44条は，「未遂を罰する場合は各本条で定める。」としている。すなわち，既遂犯の処罰が原則であり，未遂処罰は，例外的に，「～の未遂は罰する」という条文がある場合に限られる。さらに，犯罪の実行に着手する以前，すなわち未遂以前の行為の段階について，刑法は，例外中の例外として，ごく少数の重大犯罪についてのみ予備罪および陰謀罪を設けるにとどめている。予備とは，犯罪意思を実現するためになす準備行為をいい，陰謀とは，2人以上の者が一定の犯罪を実行することにつき謀議することをいう。

未遂犯とは，広義では，犯罪の実行に着手してこれを遂げなかったすべての場合をいう。このうち，自己の意思によらないでこれを遂げなかった場合が狭義の未遂犯である。これに対して，自己の意思により犯罪を中止したときは，中止未遂（中止犯）である。

(2) 未遂犯（狭義）の成立要件

未遂犯（狭義）が成立するためには，犯罪の実行に着手したことと自己の意思によらないでこれを遂げなかったことが必要である。人を射殺しようと銃を構えた時点で取り押さえられた場合，発砲したが弾がはずれた場合，命中して重傷を負わせたが治療が功を奏して一命をとりとめた場合，いずれも殺人の実行に着手してこれを遂げなかったという殺人未遂の構成要件（刑43条，199条）に該当する。

実行の着手時期は，形式的には，実行行為を開始しようとした時点を指すが，何が実行行為であるかは明白でない場合も少なくない。したがって，危険性という実質的観点から把握し，構成要件の実現に至る現実的危険性を含む行為を開始することが実行の着手と解されている。そして，行為の危険性の判断は，客観的な事情だけでなく，行為者の意図や計画も考慮に入れて行われる。冗談で人に向けて銃を構えた場合，引き金を引く意思がない以上，生命に対する現実的危険性はいまだ発生しないと考えられるからである。

実行の着手がいつの時点であるかは，予備と未遂を区別するうえで重要な意義をもつ。被害者を毒殺しようと考えて，毒入りの菓子を被害者宅に郵送した場合，被害者宅に配送された時点で殺人の実行の着手を認め，郵便局の窓口に菓子折りを差し出した時点ではまだ殺人予備（刑203条）にすぎないとする見解も有力である。

また，ある犯罪に伴って別の行為が行われたときまたは重い結果が生じたときにこれを重く処罰する構成要件（例えば刑181条の強制わいせつ等致傷，240条の強盗致死傷など）の場合には，基本となる罪（強制わいせつ，強盗）の実行に着手したことが犯罪成立の前提になる。夜間，強姦の意図で，抵抗する女性を無理やりダンプカーの運転席に引きずりこみ，その際負傷させ，発進して約5キロメートル離れた護岸工事現場まで走行して運転席内で強姦したという事案で，運転席に引きずりこむ時点で強姦の実行の着手を認めて強姦致傷罪の成立を肯定した最高裁判例がある。ダンプカーの運転席が脱出困難な密室であることを考慮すれば，計画された強姦の実現の危険がすでに発生したとみることができる。

(3) 中止犯

中止犯（中止未遂）とは，犯罪の実行に着手したが，自己の意思により犯罪を中止した場合をいう（43条ただし書）。狭義の未遂犯が刑の任意的減軽にとどまるのに対して，必ず刑を減軽または免除しなければならない（刑の免除の場合も，一応未遂犯としては成立している）。そのように寛大に扱う根拠は，実行に着手した者についても最後の瞬間まで中止を期待し，奨励することにある。中止行為の態様としては，犯罪の実行に着手したが，その完了前に実行行為を中止する場合（着手中止）と犯罪の実行に着手してこれを完了したが，結果の発生する前にその結果発生を防止した場合（実行中止）がある。着手中止の場合は，例えば銃の引き金にかけた指を引かないというように，それ以降の実行行為を行わないという不作為だけでよい。これに対して，実行中止の場合は，行為者に結果発生を防止する積極的な中止行為が要求される。銃を発砲して命中させてしまったときには，自ら救命措置を施しまたは救急車を呼んで病院で治療を受けさせるなど，被害者が死亡しないように真剣な努力を尽くす必要がある。そのような努力を尽くしても，被害者が死亡してしまえば中止未遂とはならない。また，銃を発砲したが弾が外れた場合に，銃に弾がもう残っていない場合には，中止行為を行う余地はない。

中止行為が「自己の意思」に基づいていたかどうか，すなわち中止の任意性は，外部的要因によって強制的な影響を受けたかどうかで判断される。行為者が反省・悔悟の情に目覚めて中止した場合に任意性を肯定することには異論がない。犯行の発覚のおそれや恐怖驚愕，嫌悪が動機となって中止した場合については，一般に，任意性は否定される。

⑷ 不能犯

不能犯（不能未遂）とは，行為者としては犯罪の実行に着手したつもりであったが，結果の発生が不能であるため，これを遂げることができない場合であって，未遂犯として処罰できないものをいう。例えば，人を呪い殺そうとしてわら人形に五寸釘を打ち付ける行為は，人を死亡させる危険性が全く存在しないので，殺人の実行の着手を認めることができず，殺人未遂は成立しない。

不能犯が問題となる事例としては，客体の不能と方法の不能が重要である。客体の不能とは，行為の客体が現実には存在しなかったため結果発生の危険性がない場合をいう。例えば，寝ている人を殺そうと思って日本刀を胸部に突き刺したところ，その時点で被害者はすでに病死していた場合である。次に，方法の不能とは，実行方法がおよそ結果を実現するのに適さなかったため結果発生の危険性がない場合をいう。例えば，巡査が実弾をこめるのを忘れたため空の拳銃を携帯していたところ，それとは知らずに，この拳銃を奪って同巡査めがけて引き金を引いた場合である。突き刺した時点では死体であり，また，銃を発砲する時点で弾が入っていないから，両事例とも殺人が実現することは不可能である。構成要件の実現に至る現実的危険性を純粋に客観的な危険性と解するならば，どちらの場合も実行の着手は認められず，殺人未遂は成立しないことになる。しかし，これらの場合に常に不能犯であるとすべきではない。例えば，満員電車内で財布をすろうとポケットに手をさしいれたが，そこに財布がなかったため窃盗を遂げなかったという場合に，窃盗未遂が成立しないという結論は妥当性を欠く。通説は，行為の危険性の有無につき，行為当時に一般人からみて当該行為に結果発生の具体的危険を感じるかどうかを判断基準とする。また，より客観的に，被害者が生きていた可能性，巡査の拳銃に実弾がこめられていた具体的可能性が一般人からみてどの程度あったかを考え，相応の可能性が認められるときは，生きている人，実弾入りの拳銃を前提として殺人の実行の着手を認めるべきとする見解もある。どちらの見解からも，上記の巡査の拳銃の事例では，殺人未遂の成立を肯定できる。

6．共　　犯

(1)　正犯の概念

1個の犯罪に複数の者が関わることは社会現象として珍しくない。個人責任の原理に立脚する近代刑法においても，他人の行為に関与した場合に刑事責任を問う必要性は否定できないが，他人の行為への関与にいかなる法的意味を与えるかは，立法政策の問題である。イタリアのようにすべて正犯として共犯を認めない立法形式もありうるが，我が刑法は，正犯と共犯を区別する法制を採用している。

現行刑法の60条から62条に「正犯」の文言があるが，正犯に関する積極的な定義はない。正犯とは，形式的には，実行行為をする者，すなわち構成要件に該当する行為を行う者をいい，自ら実行行為をする意思（正犯意思）を有していることが必要である。問題は，いかなる場合に「実行行為をする」といえるのかという実質論である。

1人で犯罪を実行する者を単独正犯と呼ぶ。単独正犯は，直接正犯と間接正犯に分かれる。直接正犯とは，自分の手で直接犯罪を実行する場合をいい，間接正犯とは，他人の行為を道具として利用して犯罪を実行する場合をいう。現行刑法は，間接正犯に関する規定をとくに設けておらず，刑法各本条が適用される。

正犯の実質的特徴について例をあげて説明しよう。医師Xが患者Aを毒殺するやり方として，①自ら毒液をAに注射する場合（直接正犯）と，②事情を知らない看護師Yに対し毒液であることを隠してAに注射するよう指示して計画を実現する場合（間接正犯）がある。②の場合，Xは，Yを自己の犯罪実現のための道具として利用したのであり，Xが毒液とは知らない看護師に対して「この薬液を患者に注射しろ」と指示する行為は，自ら毒液を注射しようとAの腕に注射器を近づけた行為と同じように，患者の生命に対して危険であると評価できる。

他方，③Xが殺し屋ZにAの殺害を依頼してこれを実行させた場合，Xは間接正犯ではなく，教唆犯（狭義の共犯）である。Ｚがどんな殺人依頼でも忠実に実行する腕のいい殺し屋である場合，Ｘの依頼行為はＡの生命に対して相当に危険であるが，この場合の殺人の正犯はＺであって，依頼したＸではない。事情を知らずに指示に従うＹは注射をやめることが期待できないが，殺人の意思のあるＺは犯行を断念することが期待できるので，②の指示行為と③の依頼行為とではＡの生命に対する危険性に差があるとみることも可能であるが，そのことが絶対的基準であるかどうかについては議論がある。いずれにせよ，正犯か狭義の共犯かの区別にあたっては，構成要件実現に対する行為の危険性の観点だけではなく，主導的な役割を果たしたと評価できるかという規範的観点も重要である。行為の客観的事情だけでなく，正犯意思を含む主観的側面をも総合的に考慮して，構成要件実現に対して重要な役割を演じた者が正犯であり，そうでない者が共犯であるとする見解が有力である。

⑵　共犯の概念

最広義の共犯は，数人が共働して構成要件の実現に関与したすべての場合をさす。現行刑法は，総則第11章に「共犯」という章を設けて，共同正犯，教唆犯，従犯の３種類を規定している。これを広義の共犯という。共同正犯とは，数人が共同して犯罪を実行する場合をいう。教唆犯は人を教唆して犯罪を実行させる場合であり，従犯は正犯を幇助する場合（幇助犯ともいう。）である。教唆犯と従犯はいずれも正犯の実行に従属するもので，狭義の共犯である。

最広義の共犯は，任意的共犯と必要的共犯に分かれる。前者は，ひとりでも行いうる犯罪を数人で犯す場合をいい，刑法総則の共犯規定の適用を受ける広義の共犯を指す。必要的共犯とは，本来多数人の協力を必要とする犯罪をいい，刑法各則に独立の犯罪類型として規定されている。内乱罪や騒乱罪，贈収賄罪などがこれである。

(3) 狭義の共犯

[1] 教唆犯

刑法61条1項は，「人を教唆して犯罪を実行させた者には，正犯の刑を科する。」と定める。「人を教唆して犯罪を実行させた」とは，その意思のない者に対して特定の違法な実行行為をする意思を生じさせ，かつ被教唆者がその決意を実行に移したことを指す。命令，指示，依頼，そそのかしなど教唆の方法は問わない。XがYをそそのかしてAを殺害させた場合，自ら殺人を実行したYが殺人罪の正犯である。Xは，自ら実行したわけではないから，正犯ではない。Xは，刑法61条1項により，殺人罪の教唆犯として処罰される（刑は，正犯者Yと同じく殺人罪の法定刑が適用される）。

XがYにA殺害を教唆したが，Yが殺人の実行に結局着手しなかった場合は（「教唆の未遂」と呼ばれる。），Xに殺人未遂の教唆犯は成立しない。正犯者の実行行為がなければ教唆犯が成立しないことを，共犯の実行従属性という。なお，特別刑法の分野には，教唆行為自体を独立して処罰する規定がある。

被教唆者をして犯罪の実行に着手させるが未遂に終わらせる意思で教唆する行為について教唆犯が成立するかという問題がある（「未遂の教唆」と呼ばれる）。例えば，Xが金庫の中がたまたま空であることを知りながら，これを隠してYに窃盗をそそのかし，Yは窃盗の故意で金庫を開けたがこれを遂げることができなかったという場合である。教唆行為は実行行為でないから，結果発生の認識までは必要なく，被教唆者をして犯罪の実行に着手させる意思があれば教唆犯の故意として十分であるので，未遂を処罰する犯罪については教唆犯が成立する。事例で，Xには窃盗未遂の教唆犯が成立する。しかし，近年では，共犯の処罰根拠は正犯を介して間接的に法益を侵害することにあるという因果的共犯論の立場から，教唆犯の故意には法益侵害の意思（既遂に終わらせる意思）が必要であるとして，「未遂の教唆」を不可罰と解する見解も有力となっている。

[2] 従犯（幇助犯）

刑法62条1項は，「正犯を幇助した者は，従犯とする。」と定め，63条は「従犯の刑は，正犯の刑を減軽する。」と定めている。Xは，A殺害の決意をしているYに拳銃を貸してやり，YがAを射殺したのを助けたという場合，Xは，刑法62条1項により，殺人罪の従犯（幇助犯）として処罰されるが，正犯の刑よりも軽く処罰される点に特徴がある（殺人罪の法定刑を軽く修正した処断刑の範囲で処罰される）。幇助とは，正犯者の犯罪の実行を容易にすることをいう。器具を提供する物質的幇助だけでなく，助言や激励を与える精神的幇助でもよい。従犯にも実行従属性があてはまるので，上の例で，拳銃を受け取ったYが殺人の実行に着手しなかった場合には，Xに従犯は成立しない。これに対して，YがXから借りた拳銃を使用せず，別の方法でAを殺害した場合，ただちに従犯の成立が否定されるわけではなく，Xの行為がYの実行行為を精神的に容易にしたかどうかが問題となる。

(4) 共同正犯

1 意　義

刑法60条は，「2人以上共同して犯罪を実行した者は，すべて正犯とする。」と定める。例えば，XとYが，共同してAを殺す計画を立て，ともにAに向けて発砲したところ，Xの弾丸が命中してAは死亡したが，Yの弾丸はAに命中しなかったという場合，XとYは，殺人罪の共同正犯として処罰される。この場合，Yの発射した弾丸はAに命中しなかったにもかかわらず，Yは刑法60条の適用により「Xと共同してAを殺した」と評価されるので，Xと同様に刑法199条の殺人罪で処罰される（X・Yどちらの弾が当ったか不明な場合も同じ結論になる）。これに対して，XとYがお互い無関係にたまたま全く同じ時刻にAに向けて発砲したところ，Yの弾ははずれ，AはXの発射した弾丸で死亡したという場合，共同して実行したのではないから，Yは単独正犯として殺人未遂にとどまる。

2 共謀共同正犯の理論

かつての通説は，刑法60条の共同正犯が成立するためには，各人が少なくとも実行行為の一部を分担することが必要であると考えていた。例えば，①「XとYが一緒に強盗をしようと企て，Xが暴行脅迫を，Yが財物奪取をそれぞれ担当した」場合には，XとYは強盗の共同正犯となるが，②「XとY

は，一緒に強盗しようと企て，Xが場所の選定と下見，凶器の調達や逃走用の車の手配などいっさいの準備を担当した。当日，実際に屋内で強盗の実行行為をしたのはYであったが，その最中，Xは屋外で見張りをするとともに，逃走の際の運転および凶器の処分を行った。」という場合，Xは，本件強盗の成功に対して実行担当者Yに劣らない寄与をしたにもかかわらず，強盗の実行行為について何の分担もないという理由だけで強盗の従犯にとどまるとしたのであった。

他方，実務では，複数の者が犯罪実行に合意して，その合意（共謀ともいう。）が実行に移された場合，実行行為をしない者も，合意に参加した以上は刑法60条が適用されて共同正犯になると解してきた。これによれば，事例②のように，実行行為の分担のないXについても60条が適用され，XはYとともに共同正犯として処罰される。このような形態の共同正犯を共謀共同正犯と呼び，事例①のように各人が実行の一部を行う形式を実行共同正犯と呼ぶ。

今日では，学説においても共謀共同正犯を是認する見解が有力になっている。その理論的根拠について，(ア)共同正犯の本質は共犯であるというアプローチと(イ)共同正犯の本質は正犯であるというアプローチとで説明の仕方が異なる。(ア)のアプローチからは，XとYが特定の犯罪の実現に向けて共謀することによって一致団結したときに「XおよびY」という１個の団体（共同意思主体と呼ばれる。）が形成され，以後はこの団体が犯罪を実行の主体となり，各構成員はその寄与度に応じて共同正犯または従犯に振り分けられることになるので，全く実行を担当しない者（X）も重要な寄与をすれば，実行担当者Yと共同して犯罪を実行したと評価して共同正犯として処罰できるとする。これに対して，(イ)のアプローチからは，XとYが犯罪実行について共謀した場合，Yの実行行為は，Y単独の意思に基づくものではなく，XおよびYの共謀の効果であり，その共謀がXの正犯意思とYの正犯意思とから成り立っている限り，Yの実行行為は，Xの正犯意思を実現する意味を有するので，Y自身の行為であると同時に，（実行行為の分担のない）Xのした実行行為でもあると評価することができ，結果，Xも（Yと共同して）実行行為をしたといえるとする。

7．刑　　罰

(1) 刑罰の種類

刑法は，死刑・懲役・禁錮・罰金・拘留および科料を主刑とし，没収を付加刑として規定している（刑9条）。主刑とは，独立に言い渡すことのできる刑をいい，付加刑とは，主刑に付加して言い渡すことのできる刑をいう。

死　刑　生命を奪う刑罰である。死刑は憲法36条の「残虐な刑罰」にあたらないとする最高裁判例がある。死刑の是非をめぐって，死刑存置論は被害者遺族の感情を前面に出し，死刑廃止論は人道主義や誤判による回復不可能性を根拠としている。最高裁は，死刑適用の基準について，犯行の罪質・動機・態様（殺害方法の執拗性・残虐性），結果の重大性（殺害された被害者の数），遺族感情，社会的影響，犯人の年齢・前科，犯行後の情状等をあわせ考慮したとき，その罪責が重大であって，罪刑の均衡の見地からも一般予防の見地からも極刑がやむをえないと認められる場合に死刑の選択が許される，と判示している。いわゆる永山基準であるが，更生可能性という特別予防的考慮が含まれていない点に特徴がある。（コラム3「死刑制度の行方」）

自由刑　自由を奪う刑罰である。懲役は，刑事施設に拘置して所定の作業を課する。無期と有期とに分かれ，有期は1月以上20年以下である。禁錮は，同じく自由刑であり，期間も懲役と同じであるが，労働強制を伴わない点が異なる。もっとも，本人の請願により作業に従事しているのが現状である。拘留は，1日以上30日未満とし，拘留場に拘置する。

財産刑　財産を奪う刑罰である。罰金は，金額が1万円以上のものをいい，科料は1000円以上1万円未満のものをいう。罰金を完納することができない者は，1日以上2年以下の期間，労役場に留置する。科料の場合には，1日以上30日以下の期間，労役場に留置する。

没　収　犯罪と一定の関係がある物の所有権を剥奪して，国庫に帰属させる処分をいう。例えば賭博の賭金，殺人に使用したピストル，偽造し

コラム16　死刑制度の行方

今日，世界の趨勢は，執行の停止を含め死刑廃止にあるといってよい。先進国中なお死刑を存置し執行を続けている国は，アメリカの一部の州と日本だけである。我国の場合，世論調査をすると，廃止は時期尚早であるとする存置論がつねに多数派を占めている。人権論に基づく廃止論は，殺された被害者の人権こそが尊重されるべきとする市民感情の前では説得力に乏しい。廃止国の中には，過去に死刑が権力者の道具として濫用されたり，誤判のために無実の者が処刑されたりするなどの事情をふまえて，死刑廃止に向けて政治家が強力なリーダーシップを発揮した例も見受けられるが，我国では，これまで表向きはそのような事情がなく，死刑廃止が政治課題に上ることもなかった。それでも，死刑判決が確定しながら，再審で無罪になった冤罪者が４名もいる事実は重い。なによりも2009年の裁判員制度施行により，一般市民が死刑と直接向き合わなければならなくなった。代替刑としての「終身刑」の提案も行われるなど，死刑制度をめぐる我国の状況も新しい段階を迎えつつある。

た通貨などである。なお，公務員が賄賂として収受した現金を消費してしまった場合には，その価額を追徴することができる。

⑵　刑の執行猶予

犯人の改善・更生の促進という刑事政策的見地からみて，犯人を刑務所で服役させるよりも，むしろ服役させないで社会で過ごさせたほうが妥当と考えられる場合，一定の条件の下に，裁判所は刑の執行猶予を言い渡すことができる。裁判所の定めた一定の期間刑を執行せず，その期間内に再び罪を犯すなどして執行猶予が取り消されない限り，刑の言い渡しは将来に向かってその効力を失う。その結果，刑の言い渡しを受けなかったのと同一の状態に戻ることになる。

執行猶予者に対して保護観察に付することができる。

第2章
刑法各論

1．序　　論

刑法各論の課題は，各則に相当する刑法典第2編「罪」に定められた各種犯罪固有の成立要件を解明することである。犯罪は，保護法益の種類に応じて，国家的法益に対する罪，社会的法益に対する罪，個人的法益に対する罪の3種に分類できる。明治憲法下に制定された刑法典の第2編罪の配列はおおむねこの順序になっているが，個人の尊重を最大限に重視する現行憲法のもとでは，講義や教科書の叙述について，まず個人的法益に対する罪から始めて国家的法益に対する罪に至る方法が支持を集めている。

個人的法益は，主として生命・身体および自由という人格的利益と財産的利益とに区別できる。社会的法益とは，個人の共同生活の平穏や安全を保護するための利益を指し，国家的法益とは，共同生活の基盤を保護するための国家の存立・作用にかかわる利益を意味する。以下では，主に個人的法益に対する罪について述べることとする。

2．個人的法益に対する罪

(1)　生命・身体に対する罪

1　殺人罪，自殺関与罪・同意殺人罪

殺人は人を殺すことである（刑199条）。「人」の始期は，胎児の一部が母体

コラム17　臓器移植と刑法

死の定義をめぐる論争は，移植目的で脳死状態の者の臓器（例えば心臓）を摘出する行為をどのようにして正当化するかという問題と密接に関係する。脳死説によれば，死体から心臓を摘出する行為は死体損壊罪の構成要件に該当するが，通例，移植によって得られる利益が摘出から生じる不利益に優越するので，行為の違法性阻却を肯定できる。これに対して，心臓死説の立場では，心臓摘出は積極的に生命を絶つ行為として殺人罪の構成要件に該当することになり，（自己決定の利益を考慮しても）生命に優越する利益を認めえない以上，違法性阻却は困難である。1997年に制定された臓器移植法は，本人の書面の意思表示により臓器移植のための脳死判定を受けた場合（および家族が拒否しない場合）に限って脳死を人の死とするという妥協策で一応の解決を図った。その後，移植医療の一層の推進の必要から，移植医療については脳死が人の死であることを前提とする法改正が2009年に行われ，本人の拒否の意思表示がない場合にも家族の承諾があれば脳死判定・臓器摘出が可能になった。

から露出した時点と解されている。人の終期については，従来は，心臓死説が通説であったが，最近では脳の機能が不可逆的に喪失した時点と解する脳死説が台頭している。（コラム4「臓器移植と刑法」）

人を教唆・幇助して自殺させた者，人をその嘱託を受けまたは承諾を得て殺した者は，通常の殺人罪よりも軽く処罰されている（刑202条）。

[2]　傷害罪，傷害致死罪，暴行罪，危険運転致死傷罪

傷害罪は，人の身体を傷害する罪をいう（刑204条）。傷害とは，人の生理的機能を害し，または健康状態を不良に変更することをさす。

傷害致死罪は，人の身体を傷害し，よって死亡させた場合をいう（刑205条）。結果的加重犯の一種である。

暴行罪（刑208条）における暴行は，人の身体に向けられた不法な有形力の行使をさす。必ずしも人の身体に接触することを要しないので，脅かすつもりで人に向けて石を投げたが当たらなかった場合も暴行となる。なお，暴行の結果負傷させてしまった場合（暴行致傷）は，204条の傷害罪の規定の適用により処罰されると解されている。

危険運転致死傷罪（刑208条の２）は，酩酊運転，高速度運転，無技能運転，妨害目的の割込み・幅寄せ，赤信号無視という５種類の危険な自動車走行によって人を死傷させた場合を重く処罰するものである（法定刑の長期が傷害罪・傷害致死罪と同一）。

3　過失傷害の罪

刑法各則第28章は，過失によって人の生命・身体を害する罪として，過失傷害罪（刑209条），過失致死罪（刑210条），業務上過失致死罪・重過失致死傷罪（刑211条１項），自動車運転過失致死傷罪（同条２項）の５つの類型を定めている。（コラム５「自動車事故と刑法」）

4　堕胎罪，遺棄罪

堕胎とは，自然の分娩期に先立って人工的に胎児を母体外に分離・排出させる行為をいう（刑212条以下）。ただし，堕胎行為は，母体保護法により，一定の要件の下で，医師による人工妊娠中絶として許容されている。

遺棄罪とは，扶助を必要とする者を保護されない状態に置くことによって，その者の生命・身体を危険にする犯罪をさす（刑217条，218条）。例えば，親が赤ん坊を自宅に置去りにして旅行に出かける行為は保護責任者遺棄罪を構成する。

⑵　自由に対する罪

1　逮捕監禁罪

人の行動の自由を奪う犯罪である（刑220条）。部屋に閉じ込める場合だけでなく，バイクの荷台に乗せて疾走する行為も監禁である。

2　略取誘拐罪

人をその従来の生活環境から離脱させて，自己または第三者の実力的支配のもとにおく犯罪である。暴行・脅迫を手段とする場合が略取であり，欺罔・誘惑を手段とする場合が誘拐である。未成年者の略取・誘拐は目的を問わずに処罰される（刑224条）のに対して，成年者の略取・誘拐は営利，わいせつ，結婚，身体加害の目的が必要である（刑225条）。身代金目的の誘拐はとくに重く処罰される（刑225条の２）。

コラム18　自動車事故と刑法

従来，過失による自動車人身事故については，刑法211条の業務上過失致死傷罪が適用され（最高懲役5年），例えば飲酒運転によって死傷事故を引き起こした場合でも道路交通法違反と併せて懲役7年6月を超えることはできず，悪質・危険な運転をした加害者に対する刑罰としては軽すぎることが問題となり，2001年，危険運転致死傷罪の規定が「傷害の罪」として導入された。さらに，同罪の適用のない自動車人身事故についても重く処罰するために，2007年，自動車運転過失致死傷罪（211条2項）が新設され，「自動車の運転上必要な注意を怠って，よって人を死傷した者」は，7年以下の懲役・禁錮または100万円以下の罰金に処することになった。また，飲酒運転やひき逃げ（救護義務違反）についての道路交通法上の罰則も強化されている（前者については，同乗者や酒を提供した者の処罰も導入された）。もっとも，交通違反，とりわけ飲酒運転の持続的抑止には，確実な検挙，安全教育の徹底，運転ロック措置を備えた車の普及など総合的な取組が不可欠である。

3　強制わいせつ罪・強姦罪

13歳以上の男女に対し，暴行・脅迫を用いてわいせつな行為をした場合は強制わいせつ罪が成立し（刑176条前段），暴行・脅迫を用いて13歳以上の女子を姦淫した場合は，強姦罪が成立する（刑177条前段）。13歳未満の者に対する強制わいせつ罪・強姦罪については，暴行・脅迫は不要であり，相手方の承諾があっても犯罪が成立する（刑176条後段，刑177条後段）。

4　住居侵入罪・名誉毀損罪

正当な理由なく他人の住居等に侵入すると，住居侵入罪が成立する（刑130条）。

公然と事実を摘示し，他人の名誉を低下させた者は，その事実の真否を問わず，名誉毀損罪が成立する（刑230条）。ただし，公共の利益のために真実を摘示する行為については一定の要件の下で免責が認められている（刑230条の2）。

⑶ 財産に対する罪

1 窃盗罪

他人の財物を窃取する行為である（刑235条）。窃取とは，他人の占有する財物をその者の意思に反して自己または第３者の占有に移すことをいう。物の占有が認められるためには，必ずしも現実の所持または監視を必要とするものではなく，社会通念上物が占有者の支配力の及ぶ場所に存在すれば足りる。これに対して，占有を離れた他人の物（例えば遺失物）を領得する行為は占有離脱物横領罪にとどまる（刑254条）。

通説・判例によると，窃盗罪が成立するためには，他人の物を自己の所有物のように使用処分する意思（不法領得の意思）が必要である。したがって，いやがらせの目的で他人の物を持ち出す行為は窃盗罪の構成要件に該当しない。（コラム６「企業秘密と窃盗罪」）

2 強盗罪

暴行・脅迫を用いて他人の財物を強取する行為，および，暴行・脅迫を用いて財産上不法の利益を得る行為である（刑236条）。本罪にいう暴行・脅迫は，被害者の反抗を抑圧するに足りる程度のものでなければならない。その程度に至らないときは恐喝罪が成立するにとどまる。

窃盗犯人が，財物を得てこれを取り返されることを防ぐため，または，逮捕を免れるため，または罪跡を隠滅するため，暴行または脅迫をした場合を事後強盗といい，強盗として扱われる（刑238条）。

3 詐欺罪・恐喝罪

人を欺いて財物を交付させた者，または人を欺いて財産上不法の利益を得た者には，詐欺罪が成立する（刑246条）。人を恐喝して財物を交付させた者，または人を恐喝して財産上不法の利益を得た者には，恐喝罪が成立する（刑249条）。

4 横領罪・背任罪

会社の金の使い込みや，銀行の不良貸付などが問題となる。業務上横領罪（刑253条）は，「業務上自己の占有する他人の物を横領した」ときに成立し，背任罪（刑247条）は「他人のためにその事務を処理する者が，自己もしくは

コラム19　企業秘密と窃盗罪

窃盗罪の客体は，他人の財物である（刑235条）。財物とは財産的価値を有する物をいうが，物の意義については有体物に限るとする有体性説と物理的に管理可能であればエネルギーのような無体物も物に含まれるとする物理的管理可能性説が対立している。「電気は，財物とみなす。」という刑法245条は，前者からは特別の例外規定と位置づけられるのに対して，後者からは注意規定にすぎないことになる。企業秘密のような情報については，有体性説からはもちろん，物理的管理可能性説によっても物とみることは困難である。したがって，企業秘密が記録されている書類やフロッピーディスクを盗んだ場合は窃盗罪になるが，他社の機密書類をひそかに撮影する行為やデータを自己のディスクに無断でコピーする行為は，窃盗罪を構成しない。ただし，不正競争防止法21条は，営業秘密に対する侵害行為として，不正に営業秘密を取得・複製する行為を窃盗罪と同程度に重く処罰している（10年以下の懲役もしくは1000万円以下の罰金またはその併科。親告罪である）。

第3者の利益を図りまたは本人に損害を加える目的で，その任務に行為をし，本人に財産上の損害を加えたとき」に成立する。なお，会社法960条以下には，特別背任罪の規定が置かれている。

5　器物損壊罪

他人の物を損壊しまたは他人の動物を殺傷する行為である（刑261条）。損壊とは，物質的に破壊することだけでなく，その効用を失わせる場合も含む。建造物の損壊は重く処罰している（刑260条）。公園の公衆便所の外壁にペンキで大きな落書きをした行為について，美観を著しく汚損し，原状回復に相当の困難を生じさせたことを理由として，建造物損壊罪を認めた最高裁判例がある。

3．社会的法益に対する罪

公共の安全に対する罪として，騒乱罪，放火罪，出水罪，往来危険罪などがある。放火罪は，放火によって建造物などを燃やすことによって，不特定または多数の人々の生命・身体・財産に対する危険を生ぜしめる犯罪である。公共の信用に対する罪としては，通貨偽造罪，文書偽造罪，有価証券偽造罪，印章偽造罪がある。風俗に対する罪としては，公然わいせつ罪やわいせつ物頒布罪，賭博罪，死体損壊罪などがある。

4．国家的法益に対する罪

国家の存立に対する罪としては内乱罪と外患罪がある。国家の作用に対する罪としては，公務執行妨害罪，証拠隠滅罪，偽証罪，贈収賄罪などがある。

編著者紹介
岩志和一郎（いわし わいちろう）
早稲田大学大学院法務研究科教授
執筆担当：第１編法一般論

著者紹介
岩切大地（いわきり だいち）
立正大学法学部教授
執筆担当：憲法
一家綱邦（いっか つなくに）
国立研究開発法人国立精神・神経医療研究センター
トランスレーショナル・メディカルセンター
臨床研究支援部倫理相談・教育研修室長
執筆担当：民法
宮崎英生（みやざき ひでお）
拓殖大学政経学部講師
執筆担当：刑法

新版 法学の基礎　定価（本体2500円＋税）

2010年３月20日　初版第１刷発行
2017年４月20日　初版第４刷発行

編著者　岩志和一郎

発行者　阿部成一

〒162-0041　東京都新宿区早稲田鶴巻町514
発行所　株式会社　成文堂
電話 03（3203）9201（代）　Fax 03（3203）9206
http://www.seibundoh.co.jp

製作：藤原印刷
© 2010 W. Iwashi　Printed in Japan
☆乱丁・落丁本はおとりかえいたします☆　**検印省略**
ISBN978-4-7923-0483-6　C3032